PRINCIPES GÉNÉRAUX

d'Administration et de Comptabilité Communale,

Par M. GENREAU,

Président du Tribunal civil de Chartres

2me Édition.

à Chartres,

Adrien L'ANGLOIS, Éditeur, Papetier-Libraire et Imprimeur-Lithographe,
Rue des Changes N° 32 aux Quatre Coins

1846
1847

Lithographie d'Adrien L'anglois

AVIS.

Les chiffres placés après chaque texte sont ceux des articles de la Loi citée en tête du tableau, *(Voir tableaux 8 42 69.)* lorsque plusieurs Loi, Décret, Ordonnance, Réglement ou Circulaire, sont indiqués en tête du tableau, on a eu soin, pour éviter toute confusion, d'indiquer au bas de chaque citation la Loi, le Décret, l'Ordonnance ou la Circulaire par sa date, *(Voir tableaux 24 33 44 etc.)*

Abréviations employées dans l'ouvrage:

A.O.	Ordonnance-Arrêt du Conseil d'Etat.
Arr.	Arrêté.
Av.	
Av. du C. d'E.	Avis du Conseil d'État.
Cass.	Cour de Cassation.
Circ.	Circulaire.
C C.	Code civil.
C P.	Code pénal.
Conc.	Concordat.
Const.	Constitution.
D.	Décret.
Inst.	Instruction Ministérielle.
L.	Loi.
Lett.	Lettre du Ministre.
O.	Ordonnance.
P.C.	Code de Procédure civile.
Parl.t	Arrêt du Parlement.
Régl.t	Réglement.
Rép.	Réponse du Ministre.

PRÉFACE.

Si, dans chaque Commune, il se trouvait un homme pénétré de cette vérité, que toutes nos Lois sont fondées sur des principes constants de morale et de justice, il imposerait aisément silence, par de sages observations, aux plaintes individuelles qui se répètent, se propagent et forment un mécontentement général dont les agitateurs profitent dans l'intérêt de leurs passions politiques.

La Loi est bonne à connaître pour tous, et malheureusement cette connaissance ne sera longtemps encore qu'une théorie qu'une fiction, mais en attendant que l'Éducation publique propage les principes de morale et de justice qui sont la base de notre Législation, disons combien il est nécessaire qu'au moins les Maires aient quelques notions exactes sur la mission qui leur est confiée. C'est donc un service à leur rendre que de leur faciliter l'exercice des fonctions municipales, sans leur imposer l'étude, d'ailleurs impossible, des théories de l'Administration Communale.

Bien des livres existent sur cette matière, mais les uns, œuvres de science, ne peuvent être d'aucune utilité pratique, les autres, simples formulaires, donnent des modèles dans lesquels les Maires s'embarrassent à la moindre circonstance qui n'aura pas été prévue.

J'ai pensé que des tableaux seraient plus utiles et mieux accueillis, en ce qu'ils présentent l'ensemble des attributions municipales au lieu de commentaires et de discussions plus ou moins difficiles à saisir; ils donnent les principes posés par la loi sur chaque matière et leurs conséquences deviennent plus saisissantes, je dirai presque, plus logiques par l'ordre sous lequel elles sont présentées. Ces tableaux offrent donc un **Guide infaillible** pour celui qui n'est pas encore initié aux fonctions municipales, ils sont un **Memento** pour ceux qui les ont déjà remplies.

Comme Secrétaires de Mairie, les Instituteurs doivent connaître les Attributions du Maire, pour apprécier la nature et l'étendue des actes dont la rédaction leur est confiée, il est donc nécessaire que, dans toutes les Écoles Normales, il y ait des explications pour initier les Élèves-maîtres aux travaux dont plus tard ils seront chargés. Pour être vraiment utiles, ces leçons doivent éviter tout ce qui est du domaine des discussions théoriques et des spéculations gouvernementales, il suffit, en expliquant la Loi, de la montrer toujours équitable et sage. Pour la faire aimer de tous, pour rendre son exécution plus facile, que faut-il? Démontrer son utilité et sa moralité. Voilà sous quel point de vue j'ai envisagé les Cours à faire dans les Écoles Normales pour la tenue des registres de l'État Civil, pour la rédaction des Procès-verbaux et pour les notions d'Administration communale, voilà comment, en instruisant les Instituteurs dans les limites de ce qui peut leur être utile, on en fera des hommes attachés à nos institutions, utiles à leurs semblables et dévoués aux intérêts du Pays.

CHARTE CONSTITUTIONNELLE.

Elle est confiée au patriotisme et au courage des Gardes
nationales et de tous les Citoyens. *(66).*

Droit public des Français, considéré
sous trois points de vue, de

Le Roi et ses successeurs, à leur avènement, jureront en présence
des Chambres réunies d'observer fidèlement la Charte constitutionnelle.
(65)

Droits particuliers
garantis par l'État.

l'Égalité :
Les Français sont égaux
devant la Loi, quels que soient
d'ailleurs leurs titres et
leurs rangs. *(1.)*

la Liberté :

la Propriété :
Toutes les Propriétés sont
inviolables sans aucune exception
de celles qu'on appelle Nationales,
la Loi ne mettant aucune différence
entre elles *(8.)*

la Conscription est abolie,
le mode de Recrutement de
l'Armée de terre et de mer
est déterminé par une loi *(11)*

Aucun impôt ne peut être
établi ni perçu, s'il n'a été
consenti par les 2 Chambres
et sanctionné par le Roi *(40)*

La France reprend ses Couleurs,
il n'y aura d'autre cocarde
que la Cocarde tricolore *(67)*

Ils contribuent tous
dans la proportion de
leur fortune aux charges
de l'État. *(2.)*

Ils sont également
admissibles aux emplois
civils et militaires *(3)*

Personnelle
Le seul arrêt embrassant
est garantie, personne
ne pourra être poursuivi
ni arrêté que dans les cas
prévus par la Loi et dans
la forme qu'elle prescrit
(4)

Religieuse
Chacun professe sa Religion
avec une égale liberté, et
obtient pour son culte la
même protection *(5.)*

d'Opinion
Ils ont la liberté de publier
et de faire imprimer leurs
opinions en se conformant
aux Lois. *(7.)*

La Censure ne pourra jamais
être rétablie. *(7.)*

L'État peut exiger le sacrifice
d'une propriété pour cause
d'intérêt public légalement
constaté, mais à une indemnité
préalable. *(9.)*

Aucun sel ni impôt n'exigera ni aura été adressé
au service de l'État
Soldats en retraite, les Voeux,
les Officiers et Soldats
pensionnés conservent
leurs grades, honneurs
et pensions *(50)*

Les Militaires en activité
de service, les Officiers et
qu'en vertu d'une Loi
(13)

L'impôt ni ne s'est
consenti que par un an
(41)

Les impositions indirectes
pourront être prorogées
en bis *(42)*

La Dette publique est
garantie, toute espèce
d'engagement pris par
l'État envers ses créanciers
est inviolable *(61)*

La Légion d'Honneur
est maintenue, le Roi
détermine les règlements
intérieurs et la décoration
(62)

La Noblesse ancienne
reprend ses titres, la
nouvelle conserve les
siens *(62)*

Les Ministres de la Religion
Catholique, Apostolique
et Romaine, professée par la
majorité des Français, et ceux
des autres Cultes Chrétiens
reçoivent des traitements
du Trésor public. *(6.)*

Toutes recherches des Opinions et
des Votes émis jusqu'à la Restauration
sont interdites, le même oubli est
commandé aux Tribunaux et aux
Citoyens *(10)*

Toute pétition à l'une des Chambres ne peut
être faite et présentée que par écrit, la Loi interdit
d'en apporter en personne à la barre. *(45)*

Le Roi fait des Nobles
à volonté, mais il ne leur
accorde que des rangs et
des honneurs, sans aucun
exemption des charges et
des devoirs de la société
(62)

CHARTE CONSTITUTIONNELLE.

Forme de Gouvernement.

Puissance exécutive,
elle appartient au Roi seul.
(12)
Il est le Chef suprême de l'État. *(13)*

Puissance législative.
(Voir Tableau 3)

Sa personne est inviolable et sacrée *(12)*

Il commande les forces de terre et de mer; déclare la guerre *(13)*

Il fait les traités de Paix, d'Alliance et de Commerce. *(13)*

Il nomme

Il convoque les deux Chambres chaque année. *(21)*

Il sanctionne et promulgue les Lois. *(18)*

Toute Justice émane du Roi.

Il a le droit de faire grace et celui de commuer les peines. *(58)*

Sa Liste Civile est fixée pour toute la durée du Règne par la 1.ère Législature assemblée depuis l'Avénement du Roi. *(19)*

Ses Ministres sont responsables *(12)*

Aucune Troupe étrangère ne pourra être admise au service de l'État qu'en vertu d'une Loi. *(13)*

les Pairs de France, leur nombre est illimité il peut en varier les dignités. *(23)*

à tous les emplois d'Administration publique. *(13)*

Il les proroge, et peut dissoudre celle des Députés, mais, dans ce cas, il doit en convoquer une nouvelle dans le délai de 3 mois. *(42)*

Il fait les règlements et ordonn.ces nécessaires pour l'exécution des Lois, sans pouvoir jamais ni les suspendre ni dispenser de leur exécution. *(13)*

Elle s'administre en son nom par des Juges qu'il nomme et qu'il institue. *(48)*

La peine de la Confiscation est abolie et ne pourra pas être rétablie *(57)*

Nulle ne pourra être distrait de ses Juges naturels. *(53)*

Les débats seront publics en matière criminelle, à moins que cette publicité ne soit dangereuse pour l'ordre et les mœurs. *(55)*

Ils peuvent être Membres de l'une ou de l'autre Chambre, ils y ont leur entrée, et doivent être entendus quand ils le demandent. *(46)*

Voir pour les conditions la Loi du 29 déc.bre 1831.

La Session d'une Chambre commence et finit en même temps que celle de l'autre. *(21)*

Les Juges nommés par le Roi, sont inamovibles. *(49)*

Les Cours et les Tribunaux ord.res actuellement existants, sont maintenus, il n'y sera rien changé qu'en vertu d'une Loi *(50)*

Il ne pourra être créé de Commissions et de Tribunaux extraordinaires à quelque titre et sous quelque dénomination que ce puisse être. *(54)*

Dans ce cas, le Tribunal le déclare par un jugement. *(55)*

Est conservée l'Institution

Les Colonies sont régies par des Lois particulières. *(64)*

des Juges de Commerce *(51)*

de la Justice de Paix. *(52)*

des Jurés. *(56)*

Les Juges de Paix, quoique nommés par le Roi, ne sont point inamovibles. *(52)*

Les changements qu'une plus longue expérience feront juger nécessaires, ne pourront être effectués que par une Loi. *(56)*

CHARTE CONSTITUTIONNELLE.

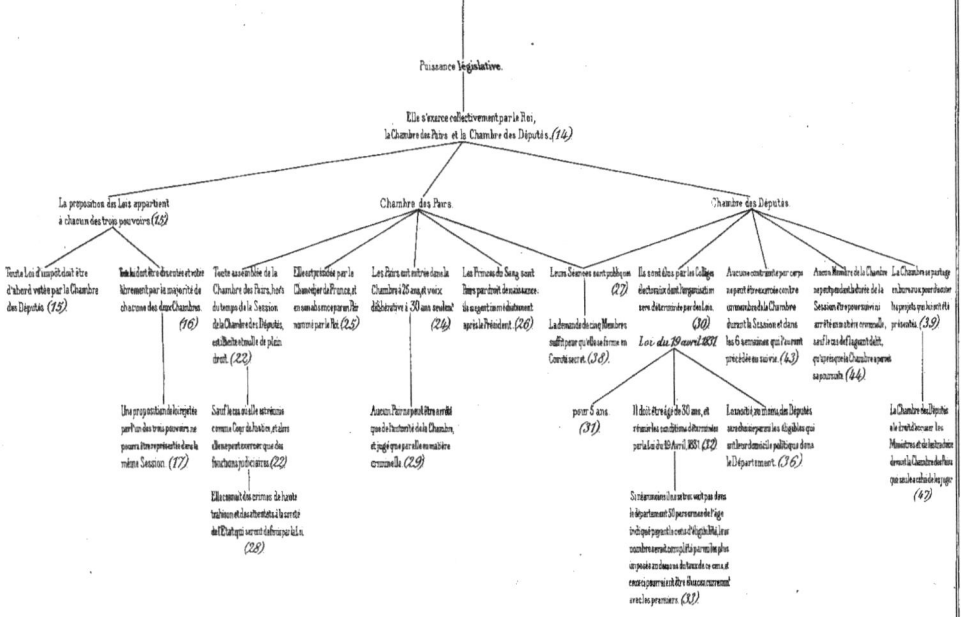

Puissance législative.

Elle s'exerce collectivement par le Roi, la Chambre des Pairs et la Chambre des Députés. (14)

La proposition des Lois appartient à chacun des trois pouvoirs (15)

Chambre des Pairs

Chambre des Députés

Toute Loi d'impôt doit être d'abord votée par la Chambre des Députés. (13)

Toute loi doit être discutée et votée librement par la majorité de chacune des deux Chambres. (16)

Toute assemblée de la Chambre des Pairs, hors du temps de la Session de la Chambre des Députés, est illicite et nulle de plein droit. (22)

Elle est présidée par le Chancelier de France, et en son absence par un Pair nommé par le Roi. (23)

Les Pairs ont entrée dans la Chambre à 25 ans, et voix délibérative à 30 ans révolus. (24)

Les Princes du Sang sont Pairs par droit de naissance; ils siégent immédiatement après le Président. (26)

Leurs Séances sont publiques. (27)

La demande de cinq Membres suffit pour qu'elle se forme en Comité secret. (38)

Ils sont élus par les Collèges électoraux dont l'organisation sera déterminée par des Lois. (30) Loi du 19 avril 1831

Aucune contrainte par corps ne peut être exercée contre un membre de la Chambre durant la Session et dans les 6 semaines qui l'auront précédée ou suivie. (43)

Aucun Membre de la Chambre ne peut pendant la durée de la Session être poursuivi ni arrêté en matière criminelle, sauf le cas de flagrant délit, qu'après que la Chambre a permis sa poursuite. (44)

La Chambre se partage en bureaux pour discuter les projets qui lui ont été soumis. (39)

Une proposition de loi rejetée par l'un des trois pouvoirs, ne pourra être représentée dans la même Session. (17)

Sauf le cas où elle se réunira comme Cour de Justice, et alors elle ne peut s'occuper que d'affaires judiciaires. (22)

Elle connaît des crimes de haute trahison et des attentats à la sureté de l'État qui seront définis par la loi. (28)

Aucun Pair ne peut être arrêté que de l'autorité de la Chambre, et jugé que par elle en matière criminelle. (29)

pour 5 ans. (31)

Il doit être âgé de 30 ans, et réunir les conditions déterminées par la Loi du 19 Avril, 1831. (32)

Lorsqu'il y a moins de 50 Députés réunissant les qualités exigées pour être éligible dans le Département. (36)

La Chambre des Députés a le droit d'accuser les Ministres et de les traduire devant la Chambre des Pairs qui seule a le droit de les juger. (42)

Si néanmoins dans un bureau sort par suite dans le département 50 payeurs de cet âge le plus imposé proportion cens d'éligibilité, leur nombre sera accompli, à prendre parmi les plus imposés au dessous du taux de ce cens, et ceux ci pourront être élus dans ce ordre successivement avec les premiers. (33)

IL Y A DANS L'ÉTAT :

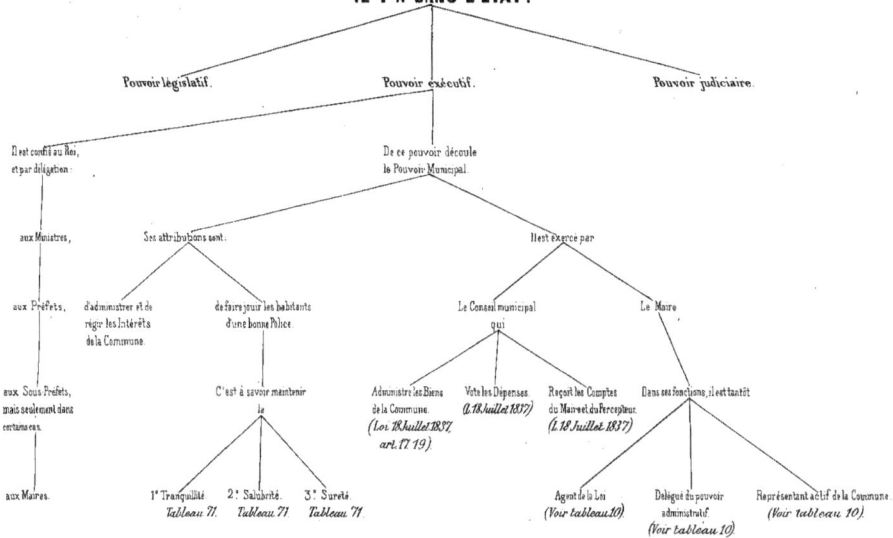

Pouvoir législatif.   Pouvoir exécutif.   Pouvoir judiciaire.

Il est confié au Roi, et par délégation :

De ce pouvoir découle le Pouvoir Municipal.

aux Ministres,

Ses attributions sont.

Il est exercé par

aux Préfets,

d'administrer et de régir les Intérêts de la Commune.

de faire jouir les habitants d'une bonne Police.

Le Conseil municipal qui

Le Maire

aux Sous-Préfets, mais seulement dans certains cas.

C'est à savoir maintenir le

Administre les Biens de la Commune. (Loi 18 Juillet 1837, art. 17 19.)

Vote les Dépenses. (L. 18 Juillet 1837)

Reçoit les Comptes du Manuel du Percepteur. (L. 18 Juillet 1837)

Dans ses fonctions, il est tantôt

aux Maires.

1° Tranquillité. Tableau 71.

2° Salubrité. Tableau 71.

3° Sûreté. Tableau 71.

Agent de la Loi (Voir tableau 10)

Délégué du pouvoir administratif (Voir tableau 10)

Représentant actif de la Commune. (Voir tableau 10).

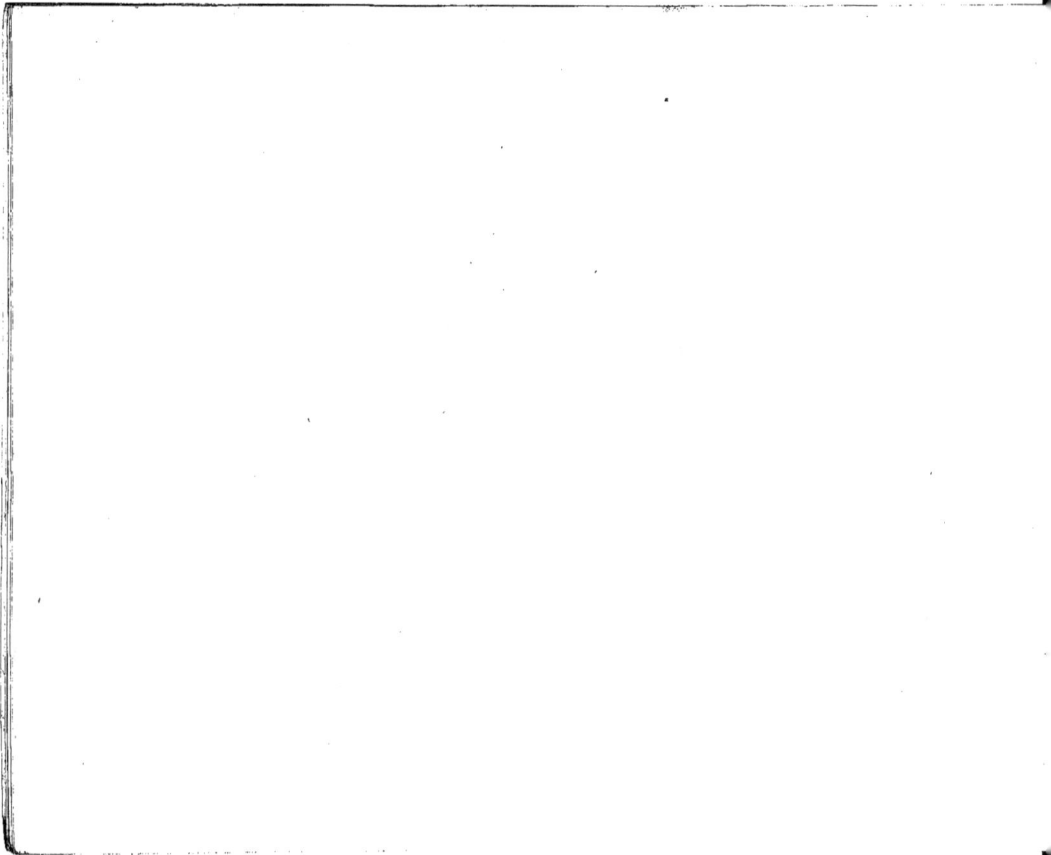

CONSEIL MUNICIPAL.

Installation   Suspension par le Préfet.   Renouvellement   Sessions.   Attributions.
                                        (30)   (Voir tableau 6)   (Voir tableau 7)

plein droit, s'il n'y a   jusqu'à l'installation   L'annullation de l'élection   Elle a lieu par   Si le Conseil se mettait   Si le Conseil publiait   Partiel   Entier
eu de réclamation,   des nouveaux membres   d'un ou de plusieurs membres   le Maire.   en correspondance avec   des proclamations ou
sur le Conseil de Préfecture les anciens continuent   n'empêche pas l'installation   un ou plusieurs autres.   des adresses aux citoyens.
chargé de prononcer   leurs fonctions (52)   des autres   (30)   (30)
sur le renvoi. (52)   (Circ 11 Août 1831)

Le Conseiller qui a perdu   Pourvu que la moitié   Il donne lecture   Ils ont leurs serment   Les Membres peuvent   Toutes les 3 ans   Quand il manque plus   Par suite de dissolution.
la qualité d'Électeur ne sert restante et les nouveaux   conféré à la loi du   être pour mieux indivi- par moitié.   des 3 quarts des Membres
pas de droit du Conseil   élus forment les 3 quarts   31 Mars 1830.   duellement conformé-   (17)   par suite de décès ou de
municipal.   des Conseillers monopoue   à l'art. 288 du Code   démissions. (22)
(Circ 30 Nov^bre 1832,   (22)   d'instr^on Crim^le (28,30)
et 27 Avril 1843.)

Il en est de même de celui   du Procès verbal   de l'autorisation   de la décision   Procès-verbal en   La 1ère moitié   ou d'exclusion :   Dans quel cas :   Elle est prononcée   L'ancien Conseil reste   Dans le cas de réélection après
qui a cessé d'habiter la   des Élections.   donnée par le   rendue s'il y a en   est dressé.   est tirée au sort.   1° par privation des droits   par le Roi. (27)   en fonctions jusqu'à   dissolution, le sort désigne
Commune et d'y payer   (Circ)   Préfet.(Circ)   des contestations.   (Circ)   (53)   civiques,   l'installation du nouveau   ceux des Membres qui
des Impositions. (id.)   (Circ)   2° par empêchement pour   (52)   doivent sortir au bout
                                                                                                                                           incompatibilité ou refus   des 3 ans. (31)
                                                                                                                                           de serment,
                                                                                                                                           3° pour parenté ou alliance
                                                                                                                                           (Circ 30 Nov^bre 1831)

                                        publiquement à une séance   Si la totalité du Conseil   Par excès de pouvoir :   L'Ordonnance fixe   Le Roi ou le Préfet peuvent désigner sur la liste des Electeurs
                                        fixée par le Préfet, et une semaine   municipal est en nombre   l'époque des réélections.   les citoyens qui sauront ou qui provisoirement les fonctions municipales.
                                        au moins avant les élections.   inégal, la fraction la plus   (27)   (27)
                                        (Circ)   forte sorte la première.
                                                                        (53)
                                                                                                                                   en se mettant en   ou tenant séance   L'on peut y avoir plus
                                                                                                                                   correspondance av^c   hors de la réunion   de 3 mois d'existence
                                                                                                                                   (29)   légale (29)   (27)

CONSEIL MUNICIPAL.

Sessions.

de deux natures.

Convocations.

Délibérations.

Ordinaires
au commencement des mois de

Extraordinaires

par le Maire,

Par lettres remises à domicile

Sous la présidence du Maire, ou à son défaut de l'Adjoint ou d'un Membre du Conseil municipal (24)

Avant tout, nomination d'un Secrétaire parmi les Membres présents (24)

Validité.

Nullité.

Février Mai Août. Novembre. (23)

Toutes les fois que les intérêts de la Commune l'exigent. (24)

Prescrites ou autorisées par le Préfet ou le Sous-Préfet. (24)

Authentique possible toujours à l'avance (Circ.)

Avec l'indication du motif de la réunion pour les Sessions extraordinaires.

Sans publicité. (29 L. 1837)

Au scrutin secret et à la majorité des suffrages. (24)

Si tous les Membres refusent, s'ajourner la délibération.

Il faut la majorité des Membres en exercice. (25)

Quand elle porte sur des objets étrangers aux attributions du Conseil municipal, ou qu'elle est prise hors de sa réunion légale. (28-29)

Elle est prononcée par le Préfet en Conseil de Préfecture. (28)

Ils peuvent se réunir 10 jours. (23)

Le Conseil municipal s'occupe de toutes les matières qui rentrent dans ses attributions. (24)

On ne peut s'y occuper que des objets pour lesquels on est spécialement convoqué. (24)

Sur la demande

Elles sont communiquées aux habitants de la Commune portés au rôle des Contributions. (25) (29 L. 1837)

Les débats ne peuvent être publiés officiellement qu'avec l'approbation de l'autorité supérieure.

Constater les absences de chaque membre.

Exception.

La majorité des voix. (25)

Elle est signée par tous les Membres présents à la Séance, ou sur les refus de la cause qu'ils aura empêchés de signer. (id.)

Sauf recours au Roi par le Conseil municipal (28)

Le Conseil municipal peut de commissions permanentes. (Circ. 17 Juillet 1838)

Il ne doit pas avoir de commission permanente. (Circ. 17 Juillet 1838)

du Maire. (24)

de Membres du Conseil pour un objet spécial et déterminé. (24)

Le Préfet ne pourra la refuser que par un arrêté motivé. (24)

Il est notifié au Préfet immédiatement et qui peuvent en appeler au Roi. (24)

Les Membres peuvent être démissionnaires. (26) L. 1837.

Après convocations successives à 3 jours d'intervalle, alors délibération valable, quelque soit le nombre des Membres. (26) L. 1837.

En cas de partage, la voix du Président est prépondérante. (27 L. 1837)

Le vote a lieu au scrutin secret, si 3 Membres le demandent. (29) L. 1837

Mention est faite de l'opinion de la minorité, si la délibération n'est pas partagée avec elle décision. (Voir tableau 7)

Volontaires

déclarés télégués par le Préfet. (26)

Tant que le Préfet n'a pas pris son arrêté, le Membre peut siéger.

La délibération est inscrite sur un registre coté et paraphé par le Préfet. (28 L. 1837)

Sans indiquer nominativement les Membres. (Circ.)

Pour avoir manqué à trois de suite sans motifs d'excuses reconnues légitimes par le Conseil. (26)

On doit donc dire et connaître au Maire les causes d'excuses légitimes.

CONSEIL MUNICIPAL.

Ses Attributions sont :

Réglementaires,
comprenant les objets que les Conseils
Municipaux ont le droit de régler directement *(Art. 17)*

Délibératives,
comprenant les objets sur lesquels
les Conseils ont l'attribution de la délibération
(Art. 18)

Consultatives,
relativement aux objets sur lesquels
les Conseils ne sont appelés qu'à leur donner avis
(Art. 21)

Sous la surveillance
de l'autorité supérieure,
auprès de laquelle ils se pourvoir.

Ces objets sont
de délibérer
sur

Sauf réformation
par les Tribunaux.

Civils.   Administratifs.

Mais pour leur validité l'approbation du
Préfet est nécessaire. *(Art. 19)*

Notamment.

en effet, le Maire doit, avant de la
remettre au Préfet, avertir les habitants
par voie de mesures qu'ils peuvent se
présenter à la Mairie pour y prendre
communication de la délibération
conformément à l'Art. 18 de la Loi du
Mars 1831. *(Ord. 18 déc. 1838)*

Cette publicité doit être constatée
par Procès-verbal
(Circ. 13 Mars 1839)

L'Administration
des Biens
communaux.

Les conditions
des baux à ferme dont
la durée excède pas
communaux.

La jouissance
et répartition des
pâturages et des fruits
communaux.

Les affouages,
c'est la distribution
des bois ou le chauffage
au jour connaître ***
Voir tableau 87

18 ans pour les
biens ruraux.
(17)

9 ans pour les
autres biens
(17)

C'est la vaine pâture
en pâturage ou qu'il
ne faut pas confondre
avec la vaine pâture qui
n'est exercée qu'après
la récolte.

Le partage s'exerce
par frais et non partifié
entre les habitants.
(Av. du Cons. d'Etat 20 Juillet 1807)

Ces objets sont *(Art. 18)*

Le Budget
communal

La Perception
des revenus.

Les Propriétés
communales.

L'ouverture
des Places et
Rues.

Le parcours et
la vaine pâture -
de fonds et legs.

L'Acceptation
judiciaires.

Les actions
publics à décerner *(Ord. 10 Juillet 1816)*

Les votes d'honneurs

Le Conseil municipal n'a pas le droit
d'établir un cantonnement spécial
et séparé pour chaque troupeau.
(Circ. 31 Aout 1841).

Une Ordonnance du Roi
est nécessaire.

S'il s'agit de donner un nom
comme Rue, c'est le Maire que cela
regarde, mais il peut prendre l'avis
du Conseil municipal.
(Circ. 3 Aout 1841)

Les circonscriptions
relatives aux
(21)

Cultes   Distributions
de secours.

Projets d'alignement
de grande voirie.
(21)

Acceptation de dons et legs
faits aux établissements de
charité et de bienfaisance.
(21)

Autorisations
d'emprunter ou
d'acquérir, etc.
par un établissement
(21)

Budget et
Comptes des
établissements de
charité et de
par les fabriques
des fabriques.
(21)

Tous les autres
qu'ils sont
consultés par
le Préfet.
(21)

Lorsqu'ils reçoivent
des secours sur les
fonds communaux.
(21)

MAIRES.

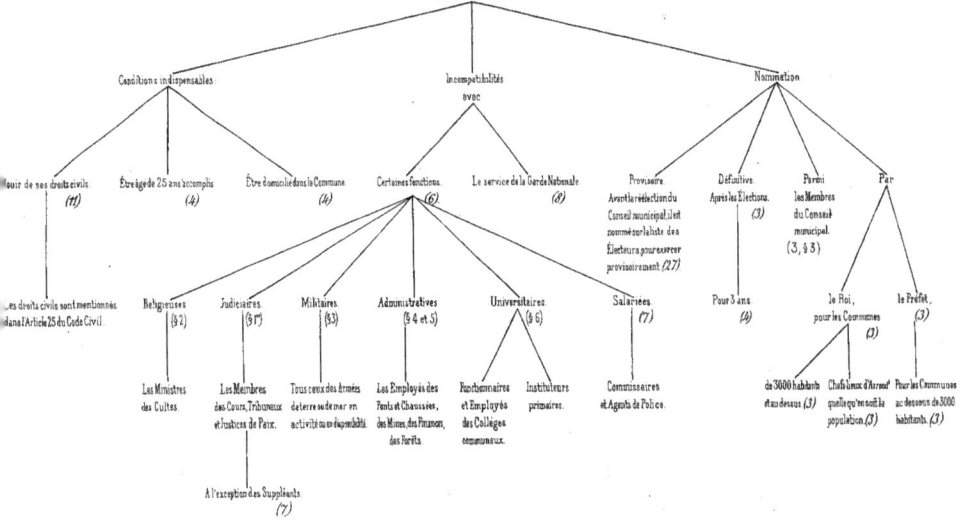

Conditions indispensables

Incompatibilités avec

Nomination

Jouir de ses droits civils. *(11)*

Être âgé de 25 ans accomplis. *(4)*

Être domicilié dans la Commune. *(4)*

Certaines fonctions. *(6)*

Le service de la Garde Nationale. *(8)*

Provisoire. Avant la réélection du Conseil municipal, il est nommé sur la liste des Électeurs pour exercer provisoirement. *(27)*

Définitive. Après les Élections. *(3)*

Parmi les Membres du Conseil municipal. *(3, § 3)*

Par

Les droits civils sont mentionnés dans l'Article 25 du Code Civil.

Religieuses *(§ 2)*

Judiciaires *(§ 1er)*

Militaires *(§ 3)*

Administratives *(§ 4 et 5)*

Universitaires *(§ 6)*

Salariées *(7)*

Pour 3 ans. *(4)*

le Roi, pour les Communes *(3)*

le Préfet, *(3)*

Les Ministres des Cultes.

Les Membres des Cours, Tribunaux et Justices de Paix.

Tous ceux des Armées de terre ou de mer en activité ou en disponibilité.

Les Employés des Ponts et Chaussées, des Mines, des Finances, des Forêts.

Fonctionnaires et Employés des Collèges communaux.

Instituteurs primaires.

Commissaires et Agents de Police.

de 3000 habitants et au dessus *(3)*

Chefs-lieux d'Arrond.t quelle qu'en soit la population. *(3)*

Pour les Communes au dessous de 3000 habitants. *(3)*

À l'exception des Suppléants. *(7)*

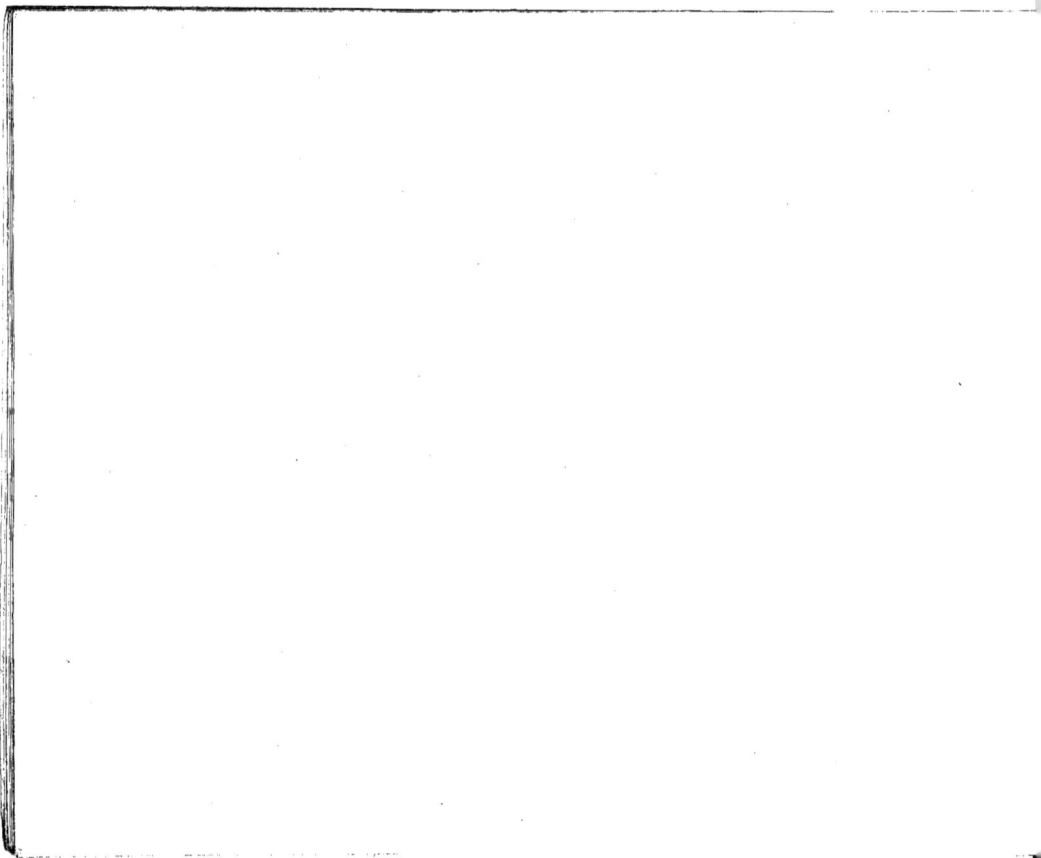

MAIRES.

Fonctions.

Essentiellement gratuites. *(1.)* — **Entrée en exercice** — **Honneurs et Prérogatives.** — **Avec l'assistance** — **Cessation**

Elles ne donnent lieu à aucune indemnité ni frais de représentation. *(Voir tableau 99).*

Mais franchise de correspondance. *(Ord. 14 décembre, 1825)*

ses enveloppe c le Ministre, Préfet. *irc. 26 Mai 1835)* le Sous Préfet. *(Circ)*

Sous bande avec l'Évêque, le P.G.al de la Cour Royale ; le Procureur du Roi de l'Arrond.t le Juge d'Instruction de l'Arrond.t le Commandant de la Brigade de Gendarmerie, les Maires du Canton. *(Circ)*

Par l'installation en présence du Conseil municipal. *(Arr. 19 Floréal An.8)*

Après avoir prêté serment, reux nommés par

le Roi. entre les mains du Préfet.

la Préfet. entre ses mains. u celles d'une personne par lui déléguée. *(Arr. 19 Floréal 8.)*

Copie est adressée au Sous-Préfet. *(id. 6)*

Remise lui est faite des tous les papiers et registres, il en est dressé Procès-verbal qui vaut décharge *(Arr. 8.)*

Procès-verbal en est dressé, il est signé à séance tenante, par les Membres présents. *(id. 5)*

Place dans les Cérémonies religieuses ou civiles ordonnées par le Gouvernement à la condition d'y assister en costume. *(Circ. 9 Nov.bre 1833)*

Habit galonné, Écharpe. *(Circ. 24 7.bre 1830)*

Le Maire doit être revêtu du Costume, toutes les fois qu'il s'introduit dans son domicile, ou qu'il agit de contra rindre la volonté d'un citoyen *(Cass. 20 Sept.bre 1833)*

Costume.

d'Adjoints

Dans les Communes

de 2500 hab. et au-dessous, 1 Adjoint. *(Art.2)*

de 2500 à 10000 h. 2 Adjoints. *(Art.2)*

Supérieures. Pour chaque excédant de 20000 hab 1 en sus. *(Art. 2)*

Ou il y a une fraction. 1 en sus. *(Art.2 §2)*

En cas d'absence ou d'empêchement du Maire ou des Adjoints, il est remplacé par le Conseiller municipal le premier dans l'ordre du tableau. *(5)*

Les agents salariés du Maire ne peuvent être ses Adjoints. *(7. §2)*

Lorsque la mer ou quelqu'autre obstacle rend difficiles, dangereuses, ou impossibles les communications entre le Chef-lieu et une partie de la Commune, un Adjoint spécial est proposé par les habitants de cette fraction. *(2)*

Il y remplit les fonctions d'Officier de l'État Civil. *(2)*

Volontaire — **Involontaire**

Par démission, il conserve ses fonctions jusqu'à la nomination du Successeur.

Par l'effet de poursuites.

Administratives, — Judiciaires pour fait.

Suspendu par le Préfet. *(3)*

Révoqués par le Roi. *(3)*

Relatifs à leurs fonctions *(3)*

Étrangers à leurs fonctions. *(Ins. 177 CP.)*

Il faut alors une autorisation du Conseil d'État. *(75 Const.de L'An VIII).*

Si ce n'est pour les faits relatifs aux fonctions judiciaires d'Officier de l'État civil. *(Av. du. C. d'État, 4 Pluviose, An 12.)*

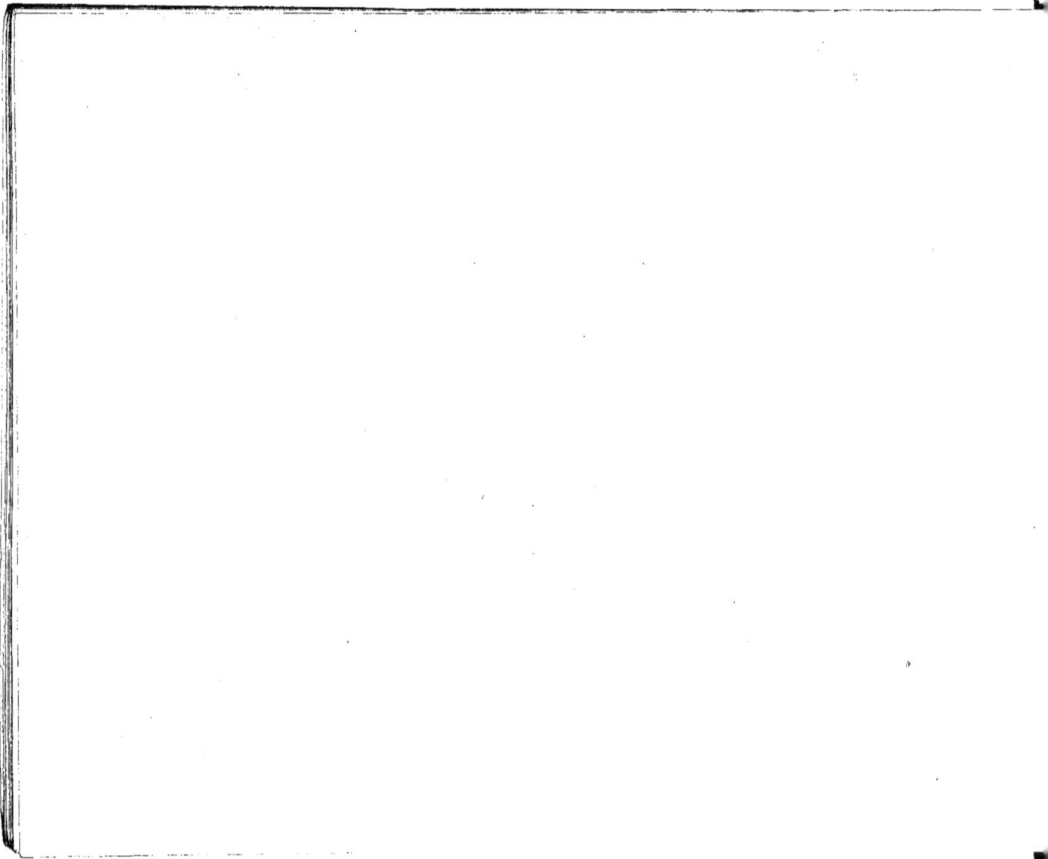

MAIRES.

Fonctions

Judiciaires.   **Administratives.**   **Municipales.**

Officier de | Juge | Il reçoit les Testaments. (985 C.C.) | Agent du Gouvernement. (L. 22 Déc.bre 1789.) | Représentant de la Commune. (Voir Tableau 89.) | Chargé de la Police Municipale. (Voir Tableau 71.) Il rend des Arrêtés municipaux. (L. 19. 22. Juillet 1791. art. 46. C.P. 471).

l'Etat Civil. (Arrêté 28 Pluviose, an 8. Art. 13 Voir Tableaux et suivants). | Police Judiciaire. (Code d'Inst. crim.le) | de Police municipale (Code d'Just. crimin. 166 et suiv.te) | Administratif. | Il exécute passivement les ordres qu'il ui seront remis. 9 (Circ.re 14 Déc.bre 1789)

Attributions.

Pour être obligatoires, ils doivent être publiés a son de caisse et à l'reprises. (Circ. 13 Avril 1833)

S'il n'en prescrit pas sur des objets qu'en réclament, le Préfet devrait l'en requérir et ensuite prendre l'arrêté. (15 et Circ.)

Ils peuvent être annulés par le Préfet. (Art. 11)

Il convient de les porter sur un registre tenu à cet effet. (Circ. 3 Janvier 1834)

Sur des différends | Il n'a de volonté et il ne décide provisoirement que dans les cas d'urgence, ou s'il s'agit de mesures d'exécution non prévues. | Il est chargé de la Police générale dans la Commune. (Voir Tableau 22.) | Il est Membre des Conseils de | Il surveille les exploits des Huissiers. (Prop. civ 673. 676. etc.) | Il est Dépositaire | A cet effet ils doivent tous l'être transmis au S. Préfet. (Circ. 1er Juillet 1840)

entre les Employés et les Débitants débitants, soma, quant à l'exécution des déclarations du prix de la vente. (L. 28 Avril 1816 Art. 49) | Relatifs au paids des voitures et à la quotité de l'amende. (O. 22 Nov.bre 1820) | la Fabrique (Tableau 45) | l'Hôpital et des Etablissements de Bienfaisance (D. 27 Août 1806 Art. 2) Voir Tableau 75. | l'Instruction primaire (Tableau 65) | Revision de la Garde nationale (Tableau 55) | d'Amendes. en matière de Roulage, quand il n'y a pas de Percevceur dans la Commune. (Prop. civ. le 68) | de Papiers. En cas d'absence d'une partie de son domicile, il reçoit les exploits qui lui sont signifiés. (Id.) | Ceux d'intérêt

Sauf recours au Préfet en Conseil de Préfecture. (Id. 49) | Sauf recours au Conseil de Préfecture ou au Conseil d'État. (Id.) | | | | | | privé, sont exécutoires immédiatement, et l'exécution dans la même sort peut annulées. (Id.) | général, ne peuvent être mis à exécution dans le mandat de la délivrance faite du Récépissé. (Id.)

Avant l'expiration de ce délai, le Préfet peut les approuver, et ils sont exécutoires immédiatement. (Id.)

REGISTRES DE L'ÉTAT CIVIL
en France.

Le Procureur du Roi étant chargé de vérifier les registres et de constater les contraventions 53 C.C. c'est à lui que le Maire doit s'adresser sur toutes les fois qu'une difficulté se présente *(O.26 Nov.er 1823.)*

Leur Tenue:

Sur Papier Timbré.
(L. Art. 2.)

Il ne sont pas soumis à l'enregistrement, à l'exception des actes de reconnaissance d'enfants naturels *(L.22 Fr. an 7. art. 70) § 3, N.° 8.)*

Il en est de 2 fr 20.c quand la reconnaissance dans un acte de mariage, et de 5 fr 50.c quand il s'agit d'un acte dans un acte spécial *(L. 28 avril 1816. Art. 43. 45.)*

Les indigents sont dispensés de payer cet enregistrement *(L. 15 Mai 1818. Art. 77.)*

Rien du quand la reconnaissance dans l'acte de naissance.

Ils doivent être tenus doubles.
(40 C.C.)

Sauf ceux de publication de mariages *(63 C.C.)*

L'Enregistrement ne se fait que sur l'expédition. *(L.22 Fr. an 7. art. 7, § 3.)*

Quand expédition en est demandée pour la 1.re fois, l'Officier de l'État Civil doit la faire enregistrer sous peine d'une amende personnelle égale au droit à acquitter. *(id. Art. 35. 36.)*

Quand l'expédition est enregistrée, il énonce en marge de l'acte la mention de l'enreg.t telle qu'elle se trouve détaillée, les nouvelles expéditions qu'il délivrera mentionneront la 1.ère expédition délivrée et son enreg.t

Ils sont cotés et paraphés sur chaque feuille par le Président du Tribunal Civil ou par le Juge qui le remplace. *(41 C.C.)*

Les ratures et les renvois seront approuvés et signés de la même manière que le corps de l'acte. *(42 C.C.)*

Il convient de placer les renvois à la fin de l'acte plutôt qu'en marge.

Les actes y seront inscrits ensuite sans aucun blanc. *(42 C.C.)*

Ils ne seront écrits par abréviation, et aucune dates ne sera mise en chiffres. *(42 C.C.)*

Toute inscription de ces actes sur feuilles volantes et autrement que sur les registres à ce destinés donnera lieu

aux dommages-intérêts des Parties. *(52 C.C.)*

à l'emprisonnement d'un mois à 3 mois, et à l'amende de 16 f.cs à 200 f.cs *(192 C.P.)*

Ils sont clos et arrêtés par l'Officier de l'État Civil à la fin de chaque année *(43 C.C.)*

Dans le mois de Janvier un des doubles sera déposé au Greffe du Tribunal Civil *(43 C.C.)*

Si dans le cours de l'année, le dépôt en était ordonné par un Tribunal ou par le Juge d'instruction, l'Officier de l'État Civil arrêterait les registres en constatant l'omission ou la suppression exceptionnelle *(Ord. 18 Août 1829.)*

Les procurations et les autres pièces qui doivent demeurer annexées aux actes seront déposées au Greffe du Tribunal Civil *(44 C.C.)*

Avant de s'en dessaisir, il ferait coter et parapher le timbre nécessaire pour les actes qu'il aurait à recevoir. *(id.)*

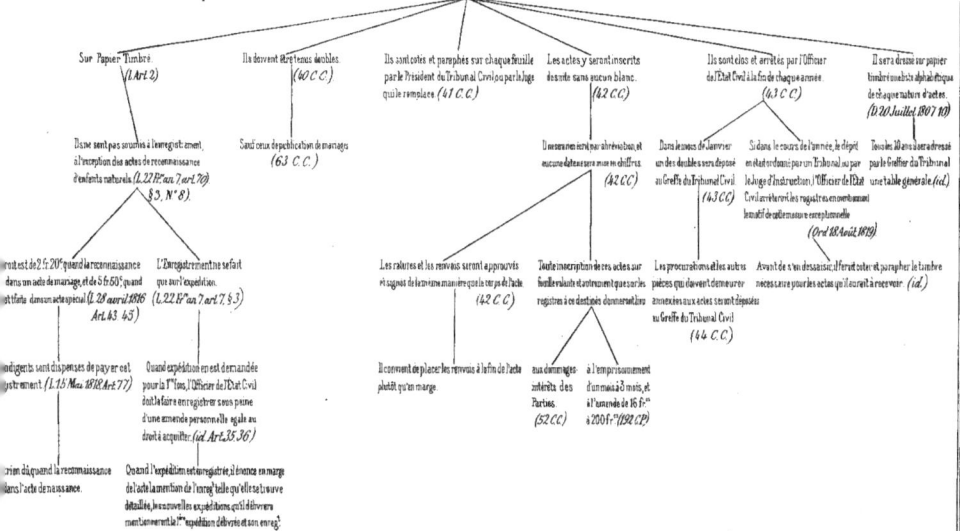

Il sera dressé sur papier timbré un état alphabétique de chaque nature d'actes. *(L. 20 Juillet 1807. 10.)*

Tous les 10 ans sera adressé par le Greffier du Tribunal une table générale. *(id.)*

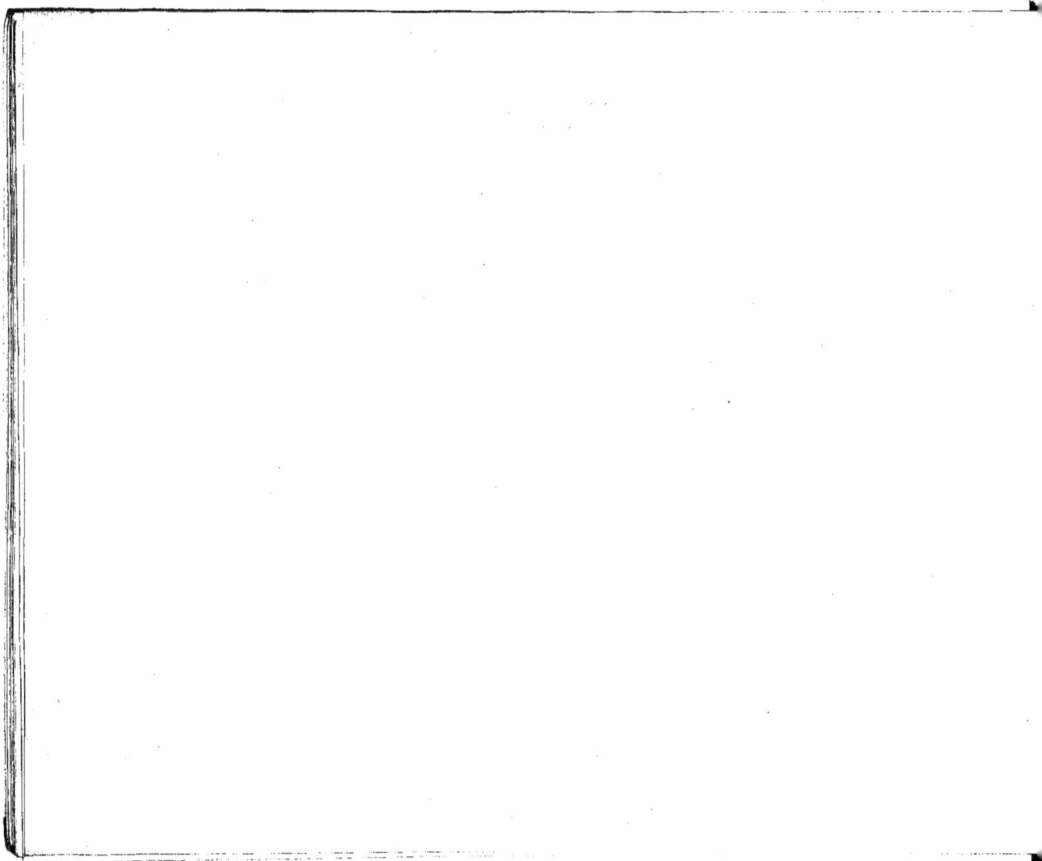

REGISTRES DE L'ÉTAT CIVIL
en France.

Ils sont confiés au Maire comme Officier de l'État Civil.
(L. 25 Sept.^{bre} 1792, I.)

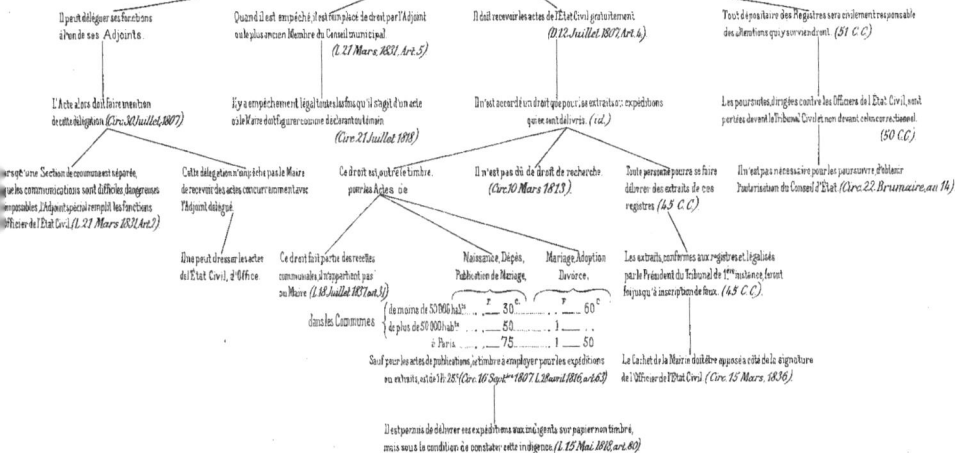

Il peut déléguer ses fonctions à l'un de ses Adjoints.

Quand il est empêché, il est remplacé de droit par l'Adjoint ou le plus ancien Membre du Conseil municipal.
(L. 21 Mars 1831. Art. 5.)

Il doit recevoir les actes de l'État Civil gratuitement.
(D. 12 Juillet 1807. Art. 4.)

Tout dépositaire des Registres sera civilement responsable des altérations qui y surviendront. (51 C.C.)

L'Acte alors doit faire mention de cette délégation (Circ. 30 Juillet 1807)

Il y a empêchement légal toutes les fois qu'il s'agit d'un acte où le Maire doit figurer comme déclarant ou témoin.
(Circ. 21 Juillet 1818)

Il n'est accordé aucun droit quelconque pour les extraits ou expéditions qui en sont délivrés. (id.)

Les poursuites dirigées contre les Officiers de l'État Civil, sont portées devant le Tribunal Civil et non devant celui correctionnel.
(50 C.C.)

Lorsqu'une Section de commune est séparée, que les communications sont difficiles, dangereuses ou impossibles, l'Adjoint spécial remplit les fonctions d'Officier de l'État Civil. (L. 21 Mars 1831 Art. 9)

Cette délégation n'empêche pas le Maire de recevoir des actes concurremment avec l'Adjoint délégué.

Ce droit est, outre le timbre, pour les Actes de

Il n'est pas dû de droit de recherche.
(Circ. 10 Mars 1813.)

Toute personne pourra se faire délivrer des extraits de ces registres (45 C.C.)

Il n'est pas nécessaire pour les poursuivre, d'obtenir l'autorisation du Conseil d'État (Circ. 22 Brumaire, an 14)

Il ne peut dresser les actes de l'État Civil, d'Office.

Ce droit fait partie des recettes communales, il n'appartient pas au Maire (L. 18 Juillet 1837 art. 3) dans les Communes

Naissance, Décès, Publication de Mariage,

Mariage, Adoption, Divorce,

Les extraits conformes aux registres et légalisés par le Président du Tribunal de 1ère instance feront foi jusqu'à inscription de faux. (45 C.C.)

	F	c	F	c
de moins de 50 000 hab.^{ts}		30		60
de plus de 50 000 hab.^{ts}		50	1	
à Paris	75		1	50

Sauf pour les actes de publications, le timbre à employer pour les expéditions ou extraits, est de 1f. 25¢ (Circ. 16 Sept.^{bre} 1807 L. 28 avril 1816, art. 63)

Le Cachet de la Mairie doit être apposé à côté de la signature de l'Officier de l'État Civil (Circ. 15 Mars 1836.)

Il est permis de délivrer ces expéditions aux indigents sur papier non timbré, mais sous la condition de constater cette indigence (L. 15 Mai 1818, art. 60)

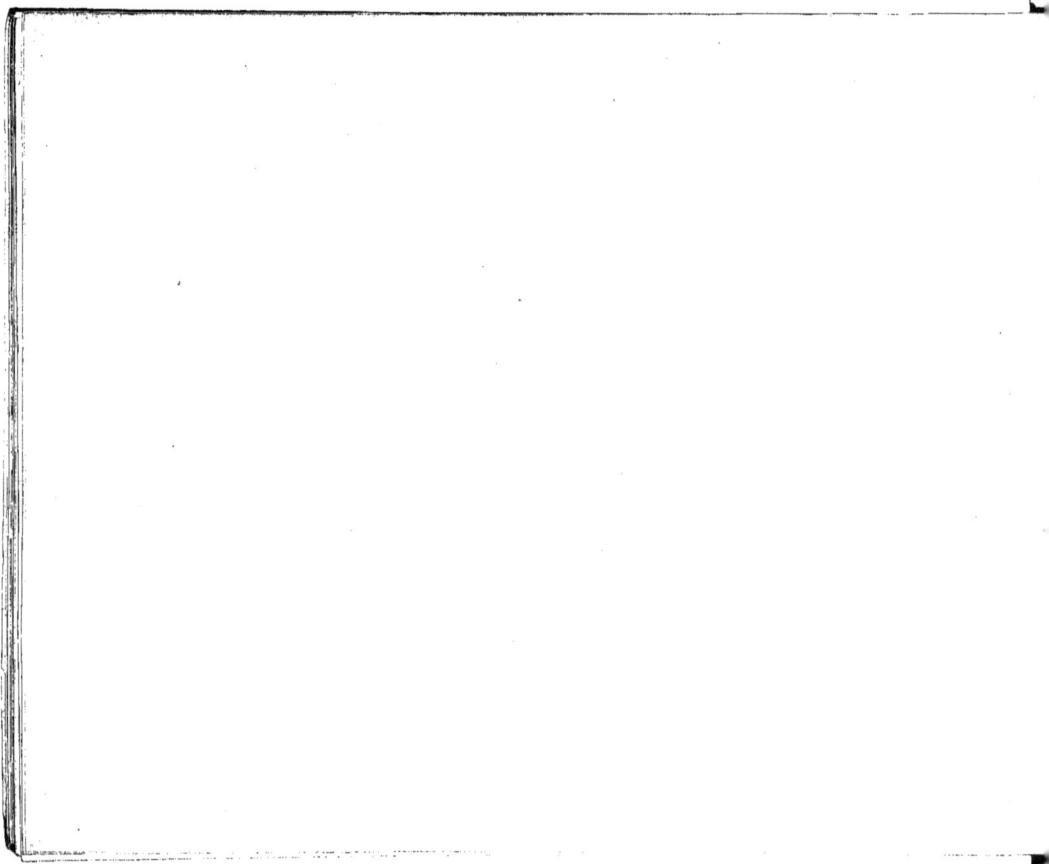

ACTES DE L'ÉTAT CIVIL
en France.

Ceux de la Famille Royale sont reçus
par le Chancelier de France.
(Ord. 23 Mars 1816, et 27 Aout 1830.)

Leurs formalités

En pays étranger, les Actes sont reçus par les Consuls Français.
(Ord. 23 Octobre 1833.)

générales :

On ne doit insérer dans les Actes, soit par note,
soit par énonciation quelconque, que ce qui doit
être déclaré par les comparants. *(35 C.C.)*

Spéciales à certains Actes

Lorsque des Actes, intéressant des Français,
ont été reçus en pays étranger, le Maire ne peut
se refuser à les transcrire sur les registres.

Ces Actes sont ceux
de

S'ils sont en langue étrangère, cette transcription
n'aura lieu qu'après leur traduction par un traducteur
juré.

La date	La qualité des parties, ce qui comprend :	La lecture de l'Acte.	La signature	Les annexes.	Naissance.	Reconnaissance d'enfants naturels	Adoption.	Publication de Mariage.	Mariage	Divorce.	Décès.

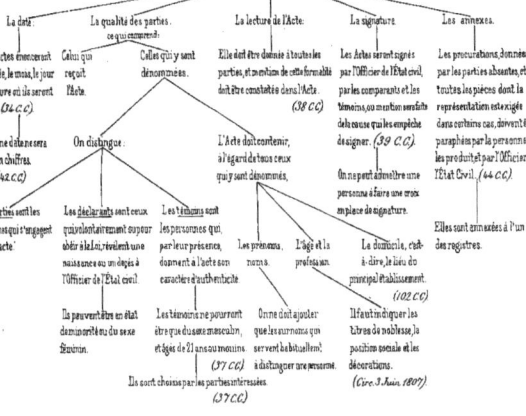

Actes énonceront
l'année, le mois, le jour
où ils seront
faits. *(34 C.C.)*

Celui qui
reçoit
l'Acte.

Celles qui y sont
dénommées.

Elle doit être donnée à toutes les
parties, et mention de cette formalité
doit être constatée dans l'Acte.
(38 C.C.)

Les Actes seront signés
par l'Officier de l'État civil,
par les comparants et les
témoins, ou mention suffisante
de la cause qui les empêche
de signer. *(39 C.C.)*

Les procurations, données
par les parties absentes, et
toutes les pièces dont la
représentation est exigée
dans certains cas, doivent être
paraphées par la personne qui
les produit et par l'Officier de
l'État Civil. *(44 C.C.)*

Voir Tableau 14.

Cet acte reçu par le j. d. paix
ne peut avoir son effet qu'après
un arrêt de la Cour Royale. *(353)*

(Tableaux 15) 17, 18, 19)

la loi du
8 Mai 1816.)

(Tableau 20)

une d'elle ne sera
en chiffres.
(42 C.C.)

On distingue :

L'Acte doit contenir,
à l'égard de tous ceux
qui y sont dénommés,

On ne peut admettre une
personne à faire une croix
en place de signature.

Elles sont annexées à l'un
des registres.

Il doit, dans les trois mois de cet
arrêt être transcrit sur le registre
des actes de l'État civil du lieu où
l'adoptant a son domicile. *(359)*

parties sont les
ceux qui s'engagent
l'acte.

Les déclarants sont ceux
qui volontairement ou pour
obéir à la Loi, révèlent une
naissance ou un décès à
l'Officier de l'État civil.

Les témoins sont
les personnes qui,
par leur présence,
donnent à l'acte son
caractère d'authenticité.

Les prénoms,
noms.

L'âge et la
profession.

Le domicile, c'est-
à-dire, le lieu du
principal établissement.
(102 C.C.)

Pour établir l'identité de la personne
qui le requiert, le Maire peut exiger
qu'elle se fasse assister de 2 témoins.

Ils peuvent être en état
de minorité ou du sexe
féminin.

Les témoins ne pourront
être que des hommes mâles,
et âgés de 21 ans au moins.
(37 C.C.)

Ils sont choisis par les parties intéressées.
(37 C.C.)

On ne doit ajouter
que les surnoms qui
servent habituellement
à distinguer une personne.

Il faut indiquer les
titres de noblesse, la
position sociale et les
décorations.
(Circ. 3 Juin 1807)

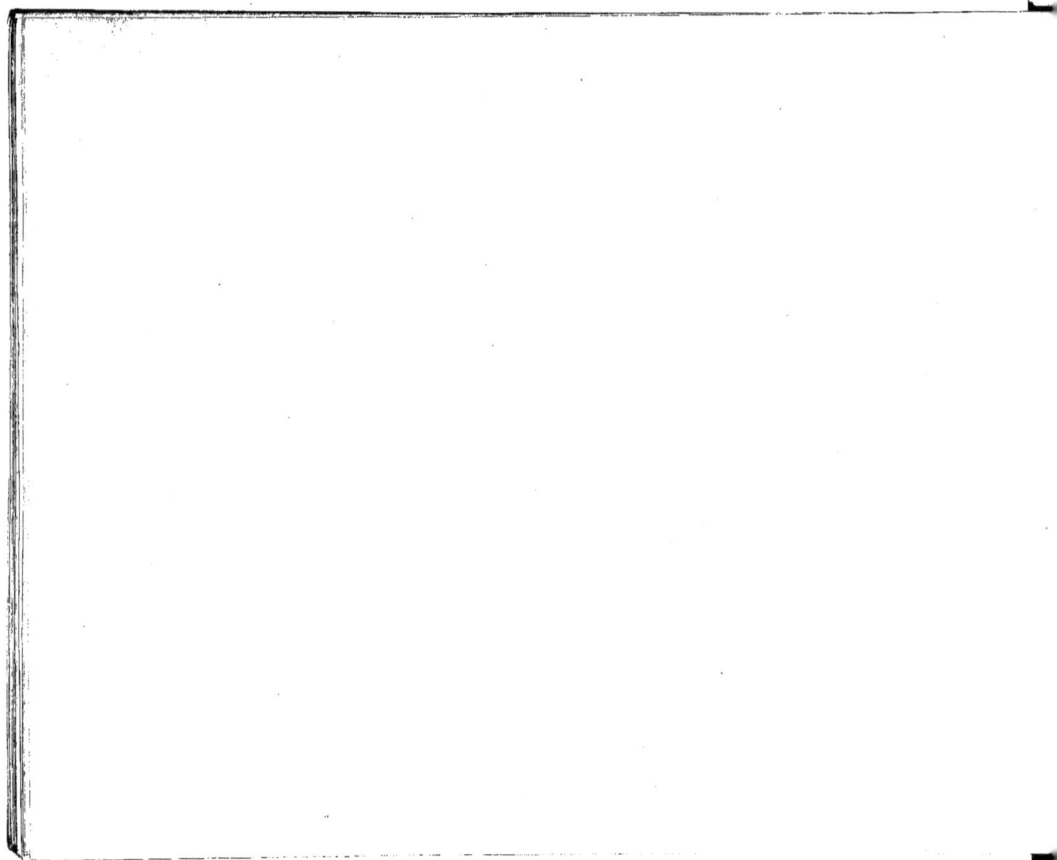

ACTES DE NAISSANCE
et de Reconnaissance d'enfant.

Obligations des Parties.

L'Acte doit constater,
outre les formalités générales :

La Naissance doit être déclarée dans les trois jours *(55 CC)*

L'Enfant doit être présenté à l'Officier de l'Etat Civil. *(55)*

La présentation de l'enfant et son Sexe. *(57)*

Le jour, l'heure et le lieu de la Naissance.

Pour un Enfant trouvé, il est dressé Procès Verbal constatant l'âge apparent de l'enfant, et indiquant les circonstances de temps, de lieu, et les vêtemens. *(58 CC)*

Les noms et prénoms qui sont donnés à l'enfant.

Père légitime, défunt par la ... a accouché ... à l'accouchement *(56)*

en présence de 2 Témoins. *(56)*

L'Officier de l'Etat Civil ne doit point rédiger l'acte quand la déclaration est faite après les trois jours. *(Av. du Cal d'Etat. 12 Brumaire 11)*

On ne peut contester au Maire le droit de vérifier le sexe *(57)*

S'il s'agit d'un enfant trouvé, la personne doit le remettre à l'Officier de l'Etat Civil avec les vêtemens et autres effets trouvés avec l'enfant *(58)*

Si la santé de l'enfant pouvait être en danger par suite de son transport à la Mairie, l'Officier de l'Etat Civil peut se rendre dans la maison où l'enfant est né, mais il doit le constater dans l'acte en indiquant le motif.

En cas de naissance de jumeaux, on doit dresser autant d'actes qu'il y a d'enfans, en constatant dans chaque acte l'ordre des naissances.

Pour un enfant mort-né, le Maire constate qu'il lui a été présenté sans vie un enfant dont il indique le sexe et les père et mère. *(D. 3 Juillet 1806)*

En cas de mariage, le père même absent doit être indiqué dans l'acte.

S'il n'est pas donné de nom, l'Officier de l'Etat Civil doit en donner d'office.

... est accouchée ... démontré, par ... chez qui elle ... cachée. *(58 CC)*

... une de 6 jours à ... emprisonnement, ... amende de 16 à 300 fr. *(346 C P)*

Il convient de laisser aux parties le soin de faire réparer cette omission. *(id.)*

Si la personne qui a trouvé l'enfant veut s'en charger, l'acte le constate, sinon il porte que l'enfant a été remis à l'Hospice.

Quand un enfant a été remis directement à l'Hospice, les employés de l'Etablissement en dressent un Procès-verbal constatant le jour et l'heure, les circonstances de l'exposition, la description des marques naturelles et des vêtemens et effets pouvant aider à la reconnaissance. *(D. 19 Janvier 1811)*

Mais si l'enfant est décédé dans les trois jours, il faut dresser un acte de naissance et un acte de décès séparés. *(Circ. 25 Mars 1806 et 13 Novembre 1828)*

Hors mariage, le père naturel ne peut être nommé que s'il le requiert. *(Av. 21 Ventose an 7)*

Les prénoms ne peuvent être pris que parmi ceux des Calendriers, et ceux des personnages de l'histoire ancienne. *(L. 11 Germinal an 11)*

Cette reconnaissance qui peut se faire par le père ou l'enfant également dans un acte postérieur et authentique, reçue, n'a nul effet de la manière à établir que l'enfant est incestueux ou adultérin. *(335 CC)*

Cette reconnaissance il faut avoir soin de bien orthographier les prénoms et surtout les noms de famille.

L'acte de mariage des père et mère.

Un acte spécial : il est fait en présence de 2 témoins, et constate toutes les circonstances de la naissance et l'acte qui en a été dressé.

Un double de ce Procès-verbal transmis au Maire de la Commune est transcrit sur le registre de naissance, et tient lieu d'acte de naissance.

Tous les vêtemens et effets de l'enfant doivent être conservés en dépôt, soit à la Mairie, soit à l'Hospice.

Alors il y est fait mention de la naissance de l'enfant, de son sexe, de son âge, et il est constaté que ces parens l'ont reconnu.

Quand l'acte est reçu par l'Officier de l'Etat civil qui a dressé l'acte de naissance, il en fait mention en marge de cet acte. *(62)*

Si l'acte est reçu par le Maire d'une autre Commune, il l'envoie à celui qui a reçu l'acte de naissance, et ce dernier la transcrit sur le registre de l'année courante, et en fait mention en marge de l'acte de naissance.

PUBLICATIONS DE MARIAGE.

Aucun Mariage ne peut être célébré, s'il n'a été annoncé

publiquement.

Deux Dimanches à huit jours d'intervalle. *(63 CC)*

Devant la porte de la Mairie du domicile

Il en sera dressé acte qui énoncera :

des causes graves, l'erreur du Roi peut avec de la 2.e Publication. *(169 CC)*

Sous peine d'une amende qui ne peut excéder 300 fr.cs *(292 CP)*

de chaque époux. C'est le lieu qu'ils habitent depuis plus de 6 mois. *(74)*

des personnes sous la puissance desquelles les époux peuvent être. *(168)*

Les prénoms, nom, profession et domicile des futurs époux, leur qualité de majeur ou de mineur, et les prénoms, nom, profession et domicile des père et mère. *(63)*

Les jour, lieu et heure où les publications auront été faites *(63)*

S'il n'y a pas d'opposition, l'Officier de l'État civil doit le constater dans le certificat de publication *(69)*

le mariage sera déposée au greffier de la Mairie, le mariage doit se faire, le maire en délivrera une tion pour demeurer te à l'effet de mariage. *(Arr. 20 Prairial II. art 4.)*

Les étrangers majeurs qui n'auraient pas 6 mois de domicile, sans terme de faire faire à leur dernier domicile les publications préalables. *(Circ. 4 mars 1831)*

Si le domicile n'est établi que par 6 mois de résidence, les Publications seront faites en outre à l'ancien domicile. *(167)*

Jusqu'à l'âge de 25 ans pour l'homme, et de 21 ans pour la femme, ils sont sous la puissance de leur père et mère. *(148 CC)*

Si le père est mort le consentement de la mère suffit, de même si l'un des deux est dans l'impossibilité de manifester sa volonté. *(149)*

En cas de décès des père et mère, ou s'ils sont dans l'impossibilité de manifester leur volonté, l'homme jusqu'à 25 ans, et la femme jusqu'à 21ans, sont sous la puissance de leurs aïeuls et aïeules paternels et maternels. *(150 CC)*

L'homme ou la femme âgés de moins de 21 ans et qui n'a plus ses père et mère, ni ses aïeuls et aïeules, doit obtenir le consentement d'un Conseil de Famille. *(160)*

A l'égard de l'enfant trouvé, il doit jusqu'à l'âge de 21 ans obtenir le consentement du père de la Mairie pendant les 8 jours d'intervalle de qui a été reçu.

Un extrait de cet acte restera affiché à la porte de la commission des Hospices l'une à l'autre publication. *(64)*

Il sort une que se pare pour chaque publication *(63)* les dans l'année, il faudra recommencer de nouvelles publications *(63)*

cette expédition, il devra sur le dépôt de cette chaque un. *(id.)*

Mais suivant les formes usitées dans chaque pays, et leur accomplissement sera constaté par un acte émané des autorités locales. *(Av. du Conseil d'État 20 Décembre 1825)*

Le consentement de l'aïeul suffit s'il y a dissentiment entre lui et l'aïeule. *(150 CC)*

Le dissentiment entre les deux lignes paternelle et maternelle emporte consentement. *(150)*

La publication est faite alors en domicile du tuteur. *(162)*

Le mariage ne sera célébré que le 3.me jour après et non compris celui de la seconde publication. *(64)*

Il en est de même pour l'enfant naturel reconnu, seulement si le père et mère et ses aïeuls, ou s'ils sont dans l'impossibilité de manifester leur volonté, il sera nommé un Tuteur ad hoc à l'enfant âgé de moins de 21 ans. *(159 CC)*

C'est également ce domicile d'un Tuteur ad hoc nommé à l'enfant naturel non reconnu et âgé de moins de 21 ans, que la publication doit avoir lieu. *(159 161)*

MARIAGE.

Des Oppositions au Mariage.

Elles peuvent être formées

Par quelles personnes ?

- ...raison une marriage à l'un des ...actants. *(172)*

- Les père et mère, et à leur défaut, les aieuls et aieules, encore que le futur ait plus de 25 ans. *(173)*

- Les collatéraux, à défaut d'ascendants, les frère, sœur, oncle, tante, cousin et cousine germains. *(174)*

  - L'enfant n'est jamais admis à former opposition au mariage de ses père et mère.

  - Dans deux cas :
    - Si le consentement du Conseil de famille n'a pas été obtenu. *(174)*
    - Lorsque l'opposition est fondée sur l'état de démence du futur. *(174)*

- Un étranger, tel que le tuteur ou le curateur, oncle, tante, cousin et cousine par un conseil de famille. *(175)*

  - La qualité qui donne à l'opposant le droit de la former *(176)*

Dans quelle forme ?

- Par un acte contenant, à peine de nullité et de l'interdiction de l'Officier ministériel qui l'a signée. *(176)*

  - L'élection de domicile dans le lieu où le mariage doit être célébré *(176)*

- Cet acte sera signé sur l'original et sur la copie par l'opposant. *(66)*

  - Les motifs de l'opposition, quand elle est formée par un autre qu'un ascendant. *(176)*

- Il sera signifié au domicile des parties et à l'Officier de l'État Civil qui mettra son Visa sur l'original. *(66)*

  - Il en fera de suite mention sommaire sur le registre des publications. *(67)*

    - L'opposition n'empêche pas qu'il soit procédé à la seconde publication.

Leurs conséquences.

L'Officier de l'État Civil n'est pas juge de leur mérite, il ne peut célébrer le mariage, avant qu'il lui en ait été remis main levée.

- Sous peine de 300 fr. d'amende et de tous dommages-intérêts. *(68)*

- La main levée est donnée *(68)*
  - Volontairement
    - Par acte passé devant Notaire, et dont on rapporte une expédition. *(67)*

      - Toutefois elle ne serait pas admise, si l'opposition était fondée sur un motif d'ordre public.

  - Par justice
    - Par arrêt ou jugement on dit un arrêt dont il est rapporté expédition. *(67)*

- L'Officier de l'État Civil fait mention de cette main levée en marge de l'inscription sur son registre de l'opposition. *(67)*

MARIAGE.

Conditions pour sa Validité.

Le cas d'empêchement sous le rapport :

- de l'âge.
- des biens d'un 1er mariage qui subsiste encore. *(147)*
- de l'engagement dans les ordres sacrés. *(Circ. 27 Janvier 1832)*
- de la parenté.
- de la mort civile encourue par l'un des futurs. *(27 et 28 CC)*

Le consentement :

- des parties contractantes *(145)*
- des père et mère ou ascendants légitimes, naturels ou d'adoption *(148)*
- du Conseil de famille. *(160)*

La publicité :

- Il sera célébré publiquement par le Maire du domicile de l'une des parties. *(153)*

---

de l'âge

L'homme avant 18 ans et la femme avant 15 ans ne peuvent contracter mariage. *(144)*

Il n'est point invisible au Roi, pour motifs graves, d'accorder dispenses d'âge. *(145)*

des biens d'un 1er mariage

La Veuve ne peut se remarier que dix mois révolus après la dissolution du 1er mariage. *(228)*

Elle ne peut se marier, si elle ne produit qu'un acte de notoriété au lieu de l'acte du décès de son 1er mari. *(Av. du Conseil d'État 12 G... 13 approuvé le 17.)*

de l'engagement dans les ordres sacrés

C'est aux Tribunaux qu'il appartient d'en décider, et les Maires doivent s'abstenir de procéder au mariage. *(64.)*

de la parenté

en ligne directe entre tous les ascendants et descendants légitimes naturels ou d'adoption et les alliés dans la même ligne. *(161.)*

en ligne collatérale entre les frère et sœur légitimes naturels ou d'adoption et les alliés au même degré. *(162.)*

Il en est de même entre l'oncle et la nièce, la tante et le neveu. *(163)*

Néanmoins pour des causes graves, le Roi peut accorder des dispenses pour le mariage entre beaux-frères et belles-sœurs, l'oncle et la nièce, la tante et le neveu. *(L. 16 Avril 1832.)*

des parties contractantes

Il doit être libre. *(180)*

L'Officier de l'État Civil recevra de chaque partie l'une après l'autre la déclaration qu'elles veulent se prendre pour mari et femme. *(75)*

Il ne peut marier celui qui est dans l'impossibilité physique de manifester son consentement. *(146 par le mariage.)*

Il prononcera au nom de la loi qu'elles sont unies par le mariage. *(Circ. 27 Janvier 1831)* *(75)*

des père et mère ou ascendants

Il est donné de deux manières.

Dans l'acte même, lorsque les père et mère ou les aïeuls y figurent eux-y font représenter. *(76)*

L'enfant adopté doit obtenir le consentement de ses père et mère légitimes et de ses père et mère d'adoption

Dans un acte spécial et authentique.

du Conseil de famille

dans un acte authentique contenant les prénoms, nom, profession et domicile des futurs époux, et de tous ceux qui auront consenti à l'acte. *(73)*

En cas de refus, il est fait des actes respectueux, par lesquels l'homme qui a atteint 25 ans, et la fille 21 ans accomplis, demandent conseil à leurs père et mère ou aïeuls.

De 25 à 30 ans pour les hommes, et de 21 à 25 pour la femme, l'acte respectueux sera renouvelé 2 autres fois. *(152)*

Après l'âge de 30 ans il pourra, un mois après l'acte respectueux, être passé outre au mariage.

Il sera fait de nouveau un mois. *(152)*

Il sera notifié par 2 Notaires ou par un Notaire et 2 témoins suivant Procès verbal de mariage duquel la réponse sera mentionnée. *(154.)*

La publicité

du Membre des Hospices, nommé Tuteur des enfants trouvés et abandonnés pour ceux non majeurs qui seraient dans cette catégorie.

MARIAGE.

Pièces dont la Justification doit absolument précéder le Mariage.

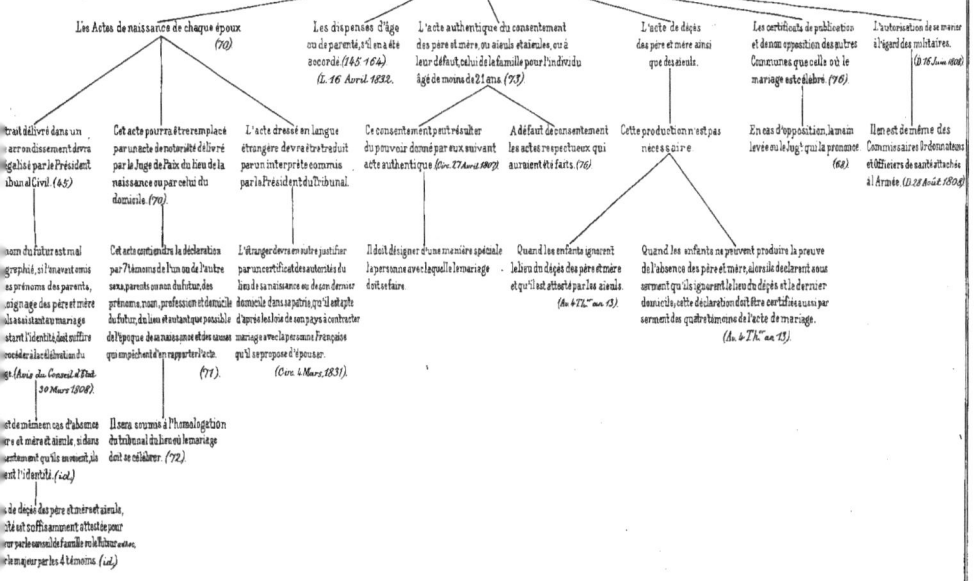

Les Actes de naissance de chaque époux (70)	Les dispenses d'âge ou de parenté, s'il en a été accordé (145-164) (L. 16 Avril 1832.	L'acte authentique du consentement des père et mère, ou aïeuls et aïeules, ou à leur défaut, celui de la famille pour l'individu âgé de moins de 21 ans. (73)	L'acte de décès des père et mère ainsi que des aïeuls.	Les certificats de publication et donen opposition des autres Communes que celle où le mariage est célébré (76).	L'autorisation de se marier à l'égard des militaires. (D. 16 Juin 1808)

trait délivré dans un
... arrondissement devra
... gehsé par le Président
ibun al Civil. (65)

Cet acte pourra être remplacé par un acte de notoriété délivré par le Juge de Paix du lieu de la naissance ou par celui du domicile. (70).

L'acte dressé en langue étrangère devra être traduit par un interprète commis par le Président du Tribunal.

Ce consentement peut résulter du pouvoir donné par eux suivant acte authentique (Circ. 27 Avril 1807)

À défaut de consentement les actes respectueux qui auraient été faits. (76)

Cette production n'est pas nécessaire

En cas d'opposition, la main levée ou le Jug.t qui la prononce (68)

Il en est de même des Commissaires ordonnateurs et Officiers de santé attachés à l'Armée. (D. 28 Août 1808)

nom du futur est mal
graphié, s'il n'avaient omis
es prénoms des parents,
...ignage des père et mère
...uls assistant au mariage
...tant l'identité, doit suffire
...rocéder à la célébration du
...ge. (Avis du Conseil d'État. 30 Mars 1808).

Cet acte contiendra la déclaration par 7 témoins de l'un ou de l'autre sexe, parents ou non du futur, des prénoms, nom, profession et domicile du futur, du lieu et autant que possible de l'époque de sa naissance et des causes qui empêchent d'en rapporter l'acte. (71).

L'étranger devra en outre justifier par un certificat des autorités du lieu de sa naissance ou de son dernier domicile dans sa patrie, qu'il est apte d'après les lois de son pays à contracter mariage avec la personne Française qu'il se propose d'épouser. (Circ. 4 Mars 1831).

Il doit désigner d'une manière spéciale la personne avec laquelle le mariage doit se faire.

Quand les enfants ignorent le lieu du décès des père et mère et qu'il est attesté par les aïeuls. (Av. 672.me an 13).

Quand les enfants ne peuvent produire la preuve de l'absence des père et mère, alors ils déclarent sous serment qu'ils ignorent le lieu du décès et le dernier domicile, cette déclaration doit être certifiée aussi par serment des quatre témoins de l'acte de mariage. (Av. 6.Th.me an 13).

...et de même en cas d'absence
...re et mère et aïeule, si dans
...ertsment qu'ils sousent, la
...ent l'identité. (ici.)

Il sera soumis à l'homologation du tribunal du lieu où le mariage doit se célébrer. (72).

...s de décès des père et mère et aïeule,
...nté et suffisamment attesté de pour
...our par le conseil de famille ro le futur ester
...r le majeur par les 4 témoins. (ici.)

MARIAGE.

Sa Célébration :

Au jour désigné par les parties et convenu avec l'Officier de l'État Civil qui fixe l'heure. (75)

Elle doit précéder la cérémonie religieuse qui n'a lieu que sur le certificat du Maire qui a procédé au mariage. (C.P. 199).

Sous peine contre le ministre du culte d'une peine de 16 à 100 francs d'amende, et en cas de récidive, (C.P. 199).

...ra 1ère fois d'un ...risonnement de 5 ans (C.P. 200)

Pour la 2ème fois, de la détention. (C.P. 200).

Dans la maison commune du domicile de l'une des parties. (75)

Pour les Militaires, à la Commune où ils ont résidé sans interruption pendant six mois, ou au domicile de leurs futures épouses. (Av. du Conseil d'État 4 complétant 13)

Si l'un des futurs était dans l'impossibilité de s'y transporter, le Maire peut célébrer le mariage au domicile du futur, mais les portes doivent rester ouvertes, et le public y être admis.

L'acte doit constater ces circonstances qu'ne doivent avoir lieu que dans les cas d'absolue nécessité.

En présence de 4 Témoins parents ou non parents. (75)

Ne peuvent figurer comme témoins les personnes qui interviennent à l'acte pour donner le consentement exigé par la loi.

Si les témoins sont des parents ou alliés, l'acte mentionne de quel côté et à quel degré (75).

Mention... faite de toutes ... ,ces produites et expréablement signées par la personne qui les produit et par le Maire. (44.)

L'Officier de l'État Civil donne lecture à haute voix aux parties : (75).

des pièces produites. (75)

du Chapitre du Code Civil sur les droits et devoirs respectifs des époux. (75)

Il reçoit de chaque partie l'une après l'autre la déclaration qu'elles veulent se prendre pour mari et femme, et prononce au nom de la loi qu'elles sont unies par le mariage. (75)

Il en est dressé acte sur le champ.

L'acte énonce toutes les circonstances indiquées dans le présent tableau et dans celui qui précède.

L'acte peut être dressé et écrit par le Secrétaire de la Mairie.

Il doit être signé par les parties les témoins et le Maire sur les deux registres séance tenante.

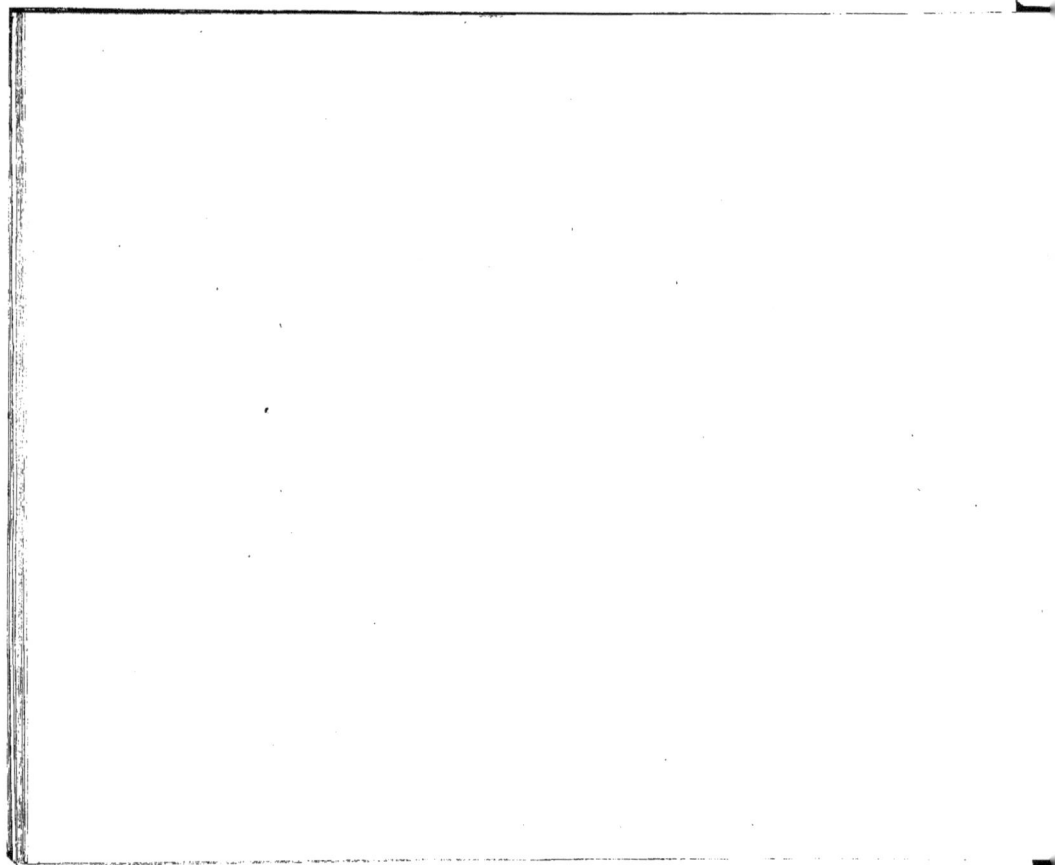

DÉCÈS.

Obligation des parties.

... gés doivent être déclarés ...cier de l'État Civil dans ...eures (77).

S'il s'agit d'un militaire, l'Officier qui commande fera la déclaration au Maire. (Circ. 26 Br.-me an 12).

En cas de décès dans les hôpitaux ou maisons publiques, les Directeurs ou Administrateurs seront tenus d'en donner avis dans les 24 heures. (80).

clarabon étant tardive, cevrait.nel a. recevoir ...ssar l'acte, qu'après jug.t ...unal. (Av. du Conseil d'Et. 17 Brumaire 11).

La déclaration est faite par 2 témoins, autant que possible les 2 plus proches parens ou voisins, ou lors qu'une personne est décédée hors de son domicile, par la personne chez laquelle elle sera décédée. (78).

Le Concierge des maisons de détention en préviendra de suite l'Officier de l'État Civil. (84).

Dans les 24 heures de l'exécution des arrêts criminels portant peine de mort, le Greffier sera tenu d'envoyer au Maire les renseignements nécessaires pour la rédaction de l'acte. (83).

Obligations de l'Officier de l'État Civil.

Il doit se transporter de suite auprès de la personne décédée pour s'assurer du décès. (77).

Après avoir vérifié le décès, il délivre sur papier mort et sans frais l'autorisation d'inhumer. (77).

S'il s'agit d'un enfant mort né, l'acte énonce seulement que l'enfant a été présenté sans vie. (D. 3 Juillet 1806).

Dresse immédiatement l'acte de Décès en présence des 2 déclarans.

Il peut déléguer un médecin à cet effet.

En cas de mort violente, il sera dressé Procès-verbal de l'état du cadavre et des circonstances y relatives. (81).

L'inhumation ne peut avoir lieu avant les 24 heures, sauf les cas prévus par les règlements de police.

Ceux qui contreviennent de quelque manière que ce soit à la loi sur les inhumations sont passibles d'un emprisonnement de 6 jours à 2 mois, et d'une amende de 16 fr. à 50 francs. (C.P. 358).

On ne peut faire un seul acte pour plusieurs personnes, même pour deux jumeaux.

L'Officier de police judiciaire devra transmettre de suite à l'Officier de l'État Civil du lieu où la personne sera décédée tous les renseignements énoncés dans son Procès verbal pour dresser l'acte de décès. (82).

Il faut que la nécessité d'une plus prompte inhumation soit constatée par le médecin.

Énonciations spéciales que l'acte doit contenir: (79)

L'Officier de l'État Civil en enverra une expédition à celui du domicile de la personne décédée, s'il est connu, cette expédition sera inscrite sur les registres. (14).

Le jour, lieu et heure du décès. (12).

Les prénoms, nom, profession et domicile de la personne décédée. (12).

Les nom, prénoms, âge, profession et domicile de son époux, si la personne était mariée ou veuve. (12).

Mention que le Maire s'est assuré du décès. (Circ. 28 Avril 1874).

Son âge, au moins approximativement. (79).

Le lieu de sa naissance, s'il est connu. (79).

Autant que possible, les prénoms, nom, profession et domicile de ses père et mère. (79).

Le genre de mort ne doit pas être indiqué. (85).

RECTIFICATION DES ACTES DE L'ÉTAT CIVIL.

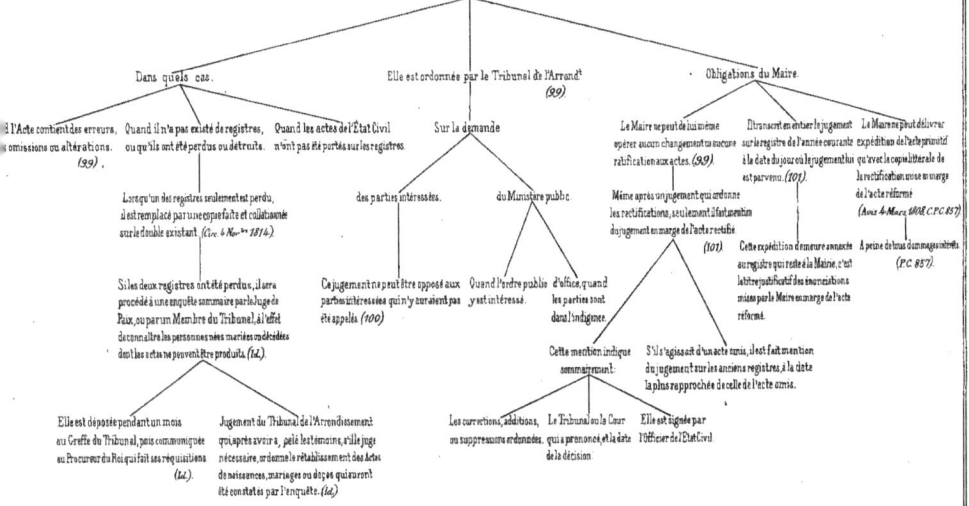

Dans quels cas.

Elle est ordonnée par le Tribunal de l'Arrond^t (99)

Obligations du Maire.

Si l'Acte contient des erreurs, omissions ou altérations. (99).

Quand il n'a pas existé de registres, ou qu'ils ont été perdus ou détruits.

Quand les actes de l'État Civil n'ont pas été portés sur les registres.

Sur la demande

Le Maire ne peut de lui-même opérer aucun changement ou aucune ratification aux actes. (99)

D'un acte et en entrer le jugement sur le registre de l'année courante à la date du jour où le jugement lui est parvenu. (101)

Le Maire ne peut délivrer expédition de l'acte primitif qu'avec la copie littérale de la rectification mise en marge de l'acte réformé (Avis 4 Mars 1808 C.P.C. 857)

Lorsqu'un des registres seulement est perdu, il est remplacé par une copie faite et collationnée sur le double existant. (Circ. 4 Nov^{bre} 1814.)

des parties intéressées.

du Ministère public.

Même après un jugement qui ordonne les rectifications, seulement il faut mention du jugement en marge de l'acte rectifié (101)

Cette expédition demeure annexée au registre qui reste à la Mairie, c'est là titre justificatif des énonciations mises par le Maire en marge de l'acte réformé.

À peine de tous dommages intérêts. (P.C. 857)

Si les deux registres ont été perdus, il sera procédé à une enquête sommaire par le Juge de Paix, ou par un Membre du Tribunal, à l'effet de connaître les personnes nées mariées ou décédées dont les actes ne peuvent être produits. (Id.).

Ce jugement ne peut être opposé aux parties intéressées qui n'y auraient pas été appelés (100)

Quand l'ordre public y est intéressé.

d'office, quand les parties sont dans l'indigence.

Cette mention indique sommairement:

S'il s'agissait d'un acte omis, il est fait mention du jugement sur les anciens registres, à la date la plus rapprochée de celle de l'acte omis.

Elle est déposée pendant un mois au Greffe du Tribunal, puis communiquée au Procureur du Roi qui fait ses réquisitions (Id.).

Jugement du Tribunal de l'Arrondissement qui, après avoir oui, pris les témoins, et le juge nécessaire, ordonne le rétablissement des Actes de naissances, mariages ou décès qui auront été constatés par l'enquête. (Id.)

Les corrections, additions, ou suppressions ordonnées.

Le Tribunal ou la Cour qui a prononcé, et la date de la décision.

Elle est signée par l'Officier de l'État Civil

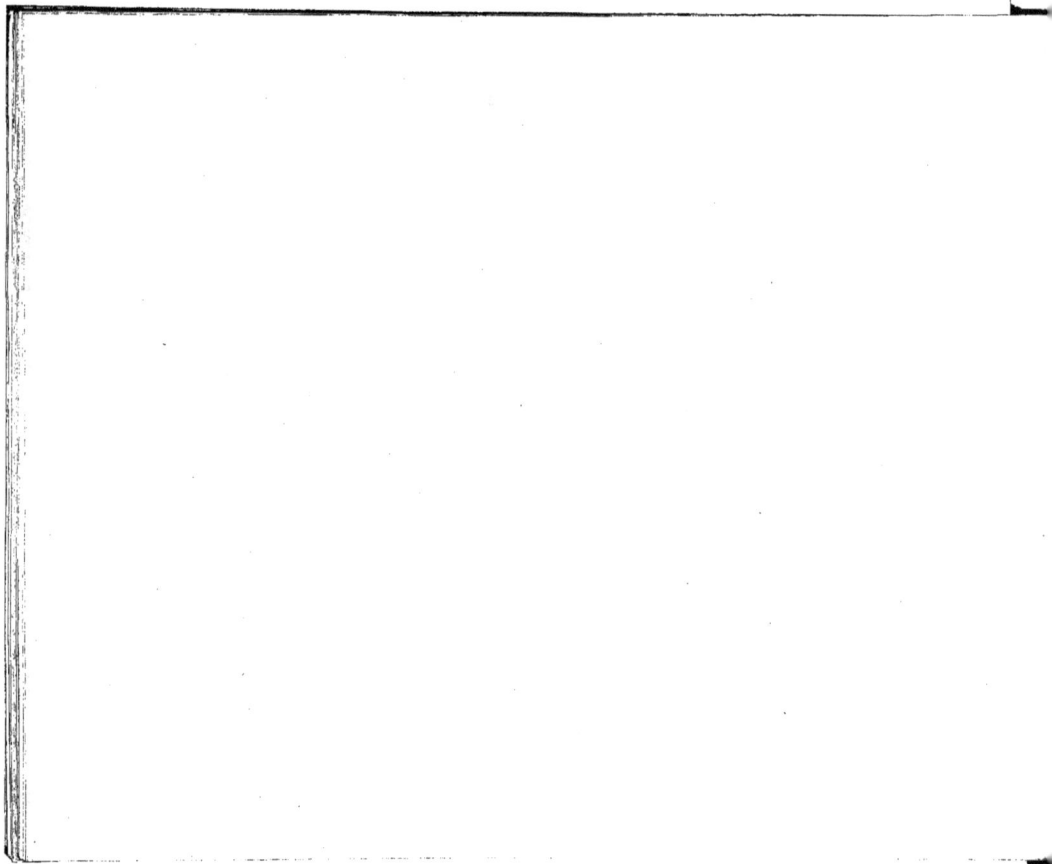

POLICE GÉNÉRALE.

Elle comprend tout ce qui tient à la

Sureté intérieure et extérieure de l'État,

Notamment :

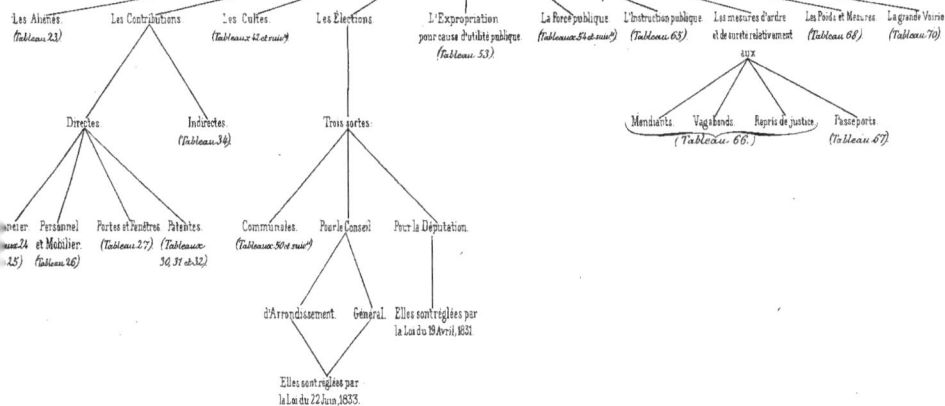

Les Aliénés. *(Tableau 23.)*

Les Contributions.

Les Cultes. *(Tableaux 42 et suiv.)*

Les Élections.

L'Expropriation pour cause d'utilité publique. *(Tableau 53.)*

La Force publique. *(Tableaux 54 et suiv.)*

L'Instruction publique. *(Tableau 63.)*

Les mesures d'ordre et de sureté relativement *(Tableau 68.)*

Les Poids et Mesures. *(Tableau 68.)*

La grande Voirie *(Tableau 70.)*

aux

Mendiants. Vagabonds. Repris de justice. *(Tableau 66.)* Passeports. *(Tableau 67.)*

Directes.

Indirectes. *(Tableau 34.)*

Trois sortes :

Foncier *(Tableaux 24 et 25.)* Personnel et Mobilier. *(Tableau 26.)* Portes et Fenêtres *(Tableau 27.)* Patentes. *(Tableaux 30, 31 et 32.)*

Communales. *(Tableaux 50 et suiv.)* Pour le Conseil Pour la Députation.

d'Arrondissement. Général. Elles sont réglées par la Loi du 19 Avril, 1831.

Elles sont réglées par la Loi du 22 Juin, 1833.

POLICE GÉNÉRALE.

Les Aliénés,
ou Ceux qui sont privés de l'usage de leur raison.

de deux Classes.

L'Autorité administrative doit empêcher qu'on les laisse divaguer dans les rues et les lieux publics. *(18)*

Chaque département est tenu d'avoir un établissement public ou de traiter avec un établissement public ou privé d'un département voisin. *(1er)*

Ceux furieux.

Ceux tranquilles.

Les ordres du *Préfet* seront notifiés au Maire du domicile des personnes soumises au placement dans une maison d'Aliénés, il en donnera immédiatement avis aux familles. *(22)*

Obligations du Chef de l'établissement.

Le Maire est chargé de visiter les établissements publics ou privés à des jours indéterminés et une fois au moins par trimestre. *(4.)*

Sortie.

Avant même que le médecin ait déclaré la guérison, toute personne cessera d'être détenue, s'il y a réclamation de l'époux ou épouse d'un ascendant ou descendant, de la personne qui a signalé la demande, en d'une personne autorisée par le Conseil de famille. *(14.)*

de danger imminent attesté par certificat ... ou par la notoriété publique, le Maire à leur égard toutes les mesures provisoires ... à charge d'en référer dans les 24 heures ... qui statuera sans délai. *(19)*

Le Préfet peut faire arrêter ceux qui offenseraient la pudeur publique. *(Circ. 5 Août 1839)*

Les dépenses du transport, de la visite du médecin, et de l'entretien dans l'établissement seront régies par un tarif arrêté par le Conseil général et approuvé par le Ministre. *(25.)*

Il aura un registre côté et paraphé par le Maire pour inscrire les nom, âge, profession et domicile des personnes placées dans l'établissement. *(12)*

Ils ne pourront recevoir une personne atteinte d'aliénation mentale, s'il ne leur est remis.

Il recevra les réclamations des personnes qui y sont placées, et prendra tous les renseignements propres à faire connaître leur position. *(4)*

Néanmoins, si le Médecin de l'établissement est d'avis que l'état mental du malade peut compromettre l'ordre public et la sûreté des personnes, il en sera préalablement donné connaissance au Maire qui pourra ordonner immédiatement, un renvoi provisoire à la sortie, à la charge d'en référer au Préfet dans les 24 heures. *(14. 8.9.)*

les Communes des hospices ou les aliénés pourront ... ailleurs que dans ... *(24.)*

S'il n'existe pas d'hospice, les Maires devront pourvoir à leur logement, soit dans une hôtellerie, soit dans un local loué à cet effet. *(24.)*

En cas d'insuffisance des ressources de la ville, il y sera pourvu sur les votes affectés aux dépenses ordinaires du département auquel appartient l'aliéné, sans préjudice du concours de la Commune où il est domicilié. *(28.)*

Le Médecin doit y constater tous les mois les changements survenus dans l'état du malade. *(12)*

Une demande d'admission reçue par le Maire, ou la personne qui sait signer. *(8)*

Un certificat du médecin constatant l'état mental de l'individu et les établissements.

Dans le formulaire d'une pièce des nom la lettre d'entrée, et ce que momentané au Maire, si l'établissement n'est pas dans un Chef-lieu, ce dépôt a eu effet. *(8 3 10.)*

Ils ne pourront jamais être déposés dans la prison, ni conduits avec les prisonniers. *(Circ. 18 Septembre 1838)*

Le remboursement de toutes les dépenses concernant les alénés est poursuivi par voie de contrainte. *(Circ. 26 Juin 1842.)*

Il sera soumis aux personnes qui ont le droit de surveillance. Elles y apposeront leur visa, leur signature, et, s'il y a lieu, leurs observations. *(12)*

Elles contiendront les nom, profession, âge et domicile, tant de la personne qui la formera que de celle dont le placement sera réclamé, et l'indication du degré de parenté ou de la nature des relations qui existent entre elles. *(8)*

Ce certificat ne peut avoir plus de 15 jours de date. *(8.9.)*

Le Maire en fera l'envoi immédiat au Préfet. *(14.)*

L'ordre du Maire sera transcrit sur le registre. *(14.)*

Les sorties provisoire seront de plein droit si le Préfet dans la 24 ème ... n'a pas donné d'ordre au contraire. *(14.)*

Dans les 24 heures de la sortie, le Chef d'établissement en donnera avis aux divers fonctionnaires qui ont le droit de surveillance. *(15.)*

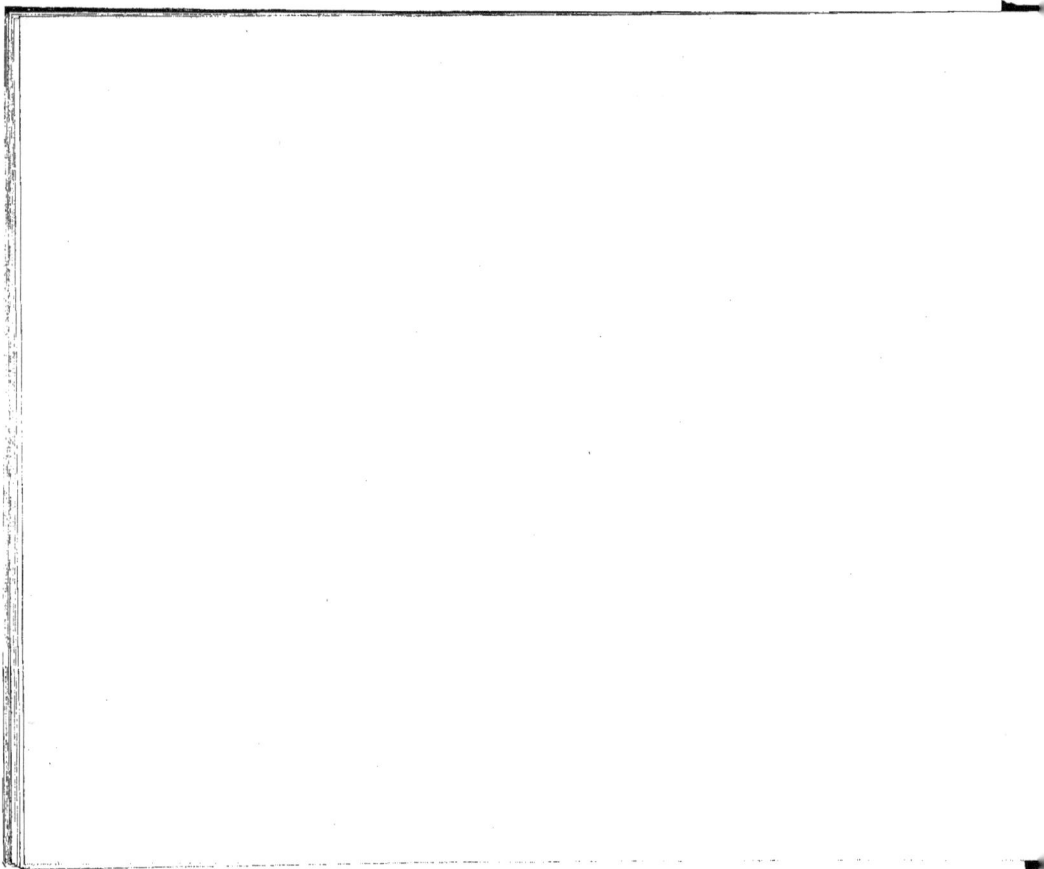

es 25 Novembre, 1.er Décembre, 1790,
u 3 Frimaire An 7,
sance 3 Octobre, 1821,
nrrt 15 Mars 1827.

24.

CONTRIBUTIONS DIRECTES.

Foncier.

Mesures préparatoires.

Fixation de la valeur de chaque fonds.

Triangulation générale de la Commune

Plans parcellaires.

Le tableau d'assemblage des Plans parcellaires forme le Plan cadastral.

Sur quelle base.

Le Revenu net est seul imposable (L. an 7 art 2).

Après expertise faite par (Régl. 1827)

en présence des

Après avoir dressé par le Préfet, ils sont publiés.

Chaque propriétaire reçoit un bulletin indiquant la situation, la nature et la contenance

Il se divise en états de section

Matrice cadastrale (L. de l'an 7, art. 51, Régl. 70)

Cinq classes pour chaque espèce de culture, savoir.

Voir pour le mode d'évaluation la art pour les maisons rurales.

Six classes

Le revenu net est ce qui reste au propriétaire, déduction faite sur le produit brut des frais de culture, semences, récolte et entretien (Id. Art. 3).

L'Inspecteur des Contributions directes.

Cinq Membres choisis par le Conseil municipal délibérer autant de plus

Leurs évaluations sont communiquées au Conseil municipal qui les rectifie au besoin

Classificateurs Indicateurs nommés ment prévu empar par le Conseil municipal un avertissement parmi les propriétaires particulier (0.4) de la Commune.

Chaque propriété de chaque parcelle, et il y consigne ses observations (0.7).

Elle a pour but de constater toutes les propriétés qu'il possède dans la Commune. (An 7, 51).

Elle réunit sous le nom d'échaque propriétaire toutes les propriétés rurales et les maisons.

Terres, Prés, Vignes.

Bois.

Luzaines, fabriques, et manufactures sont évaluées séparément (An 7, 51).

En ville, chaque propriété est évaluée séparément sur sa valeur locative.

Il est admis à l'assemblée du Conseil municipal, et veille à ce qu'il y ait de même que les plus imposés y soient appelés. (Régl. 60)

membres au Conseil.

(Régl. 59)

Les réclamations sont admises dans les 6 mois pour les propriétés non bâties (0. 9.)

Pour chaque espèce on choisit (L. 7, art. 57) deux parcelles, l'une seule le type supérieur, et l'autre le type inférieur. (Régl. 66)

Cinq ont vingt à sont nommés pour suppléer les membres nommés

Le choix est fait de manière que toutes les espèces de las soient représentées. (Voir Tableau 24.)

Pas transmises au Préfet qui, sur l'avis des Directeur des Contributions agréant ou se modifie.

Le nom du propriétaire.

Le N.° du plan cadastral

Les contons ou lieux dits.

La nature de la propriété

Les contenances de chaque parcelle.

L'indication de la classe.

Ordonnance du Roi pour celui de deux départ. (0.3).

Pas de délai pour les propriétés bâties.

Elles sont jugées dans les 18 jours. (94).

Un père et son fils, deux frères ou beaux-frères ne peuvent être nommés qu'à défaut d'autres. (Régl. 61)

En cas de modification, elles proposent au Conseil municipal pour avoir son avis.

Les terres enlevées à la culture pour le pur agrément seront évaluées au taux des meilleures terres labourables.

(L. 1790 art 17.- L. an 7, art 59)

CONTRIBUTIONS DIRECTES.

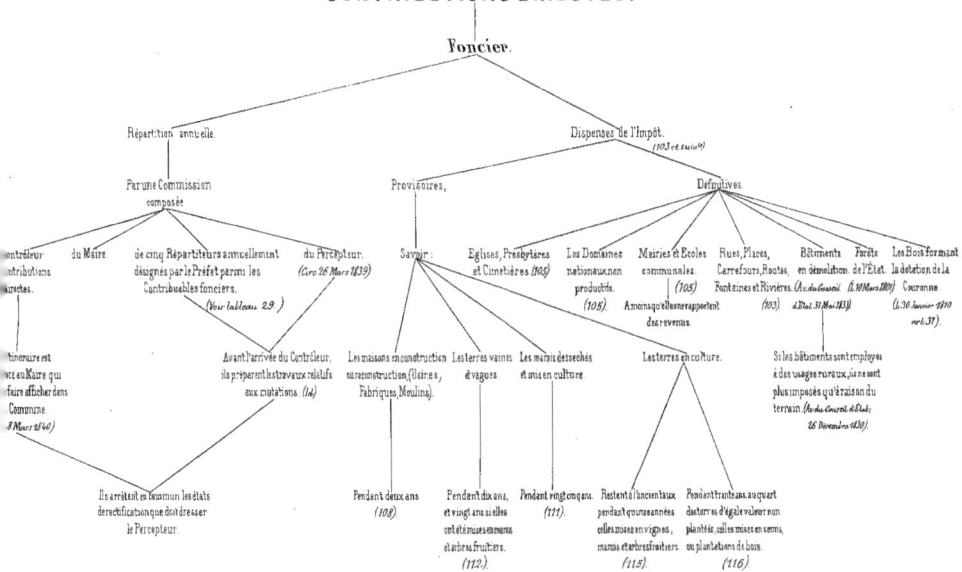

Foncier.

Répartition annuelle.

Dispenses de l'Impôt. *(103 et suiv.)*

Par une Commission composée

Provisoires,

Définitives.

Contrôleur des Contributions directes.

du Maire

de cinq Répartiteurs annuellement désignés par le Préfet parmi les Contribuables fonciers. *(Voir tableau 29.)*

du Percepteur. *(Circ. 26 Mars 1839)*

Savoir :

Eglises, Presbytères et Cimetières *(105)*

Les Domaines nationaux non productifs. *(105)*

Mairies et Ecoles communales. *(105)* Lorsqu'elles ne rapportent des revenus.

Rues, Places, Carrefours, Routes, Fontaines et Rivières. *(103)*

Bâtiments en démolition de l'Etat. *(L. 10 Mars 1809)* *d. Etat. 31 Mai 1833)*

Forêts de la *(Arr. du Conseil)*

Les Bois formant la dotation de la Couronne *(L. 30 Janvier 1810 art. 31).*

L'itinéraire est . . . au Maire qui . . . faire afficher dans . . . Commune . . . *8 Mars 1840)*

Avant l'arrivée du Contrôleur, si la préparent les travaux relatifs aux mutations. *(14)*

Les maisons en construction ou reconstruction (Usines, Fabriques, Moulins).

Les terres vaines et vagues.

Les marais desséchés et mis en culture

Les terres en culture

Si les bâtiments sont employés à des usages ruraux, ils ne sont plus imposés qu'à raison du terrain. *(Arr. du Conseil d'Etat; 26 Décembre 1830).*

Ils arrêtent et transmettent les états de rectification que doit dresser le Percepteur.

Pendant deux ans *(108)*

Pendant dix ans, et vingt ans si elles ont été mises en semis et arbres fruitiers. *(112).*

Pendant vingt cinq ans. *(111).*

Restent à l'ancien taux pendant quinze années celles mises en vignes, marais et arbres fruitiers. *(115).*

Pendant trente ans, au quart du taux ou d'égale valeur non plantée, celles mises en semis, ou plantations de bois. *(116).*

8

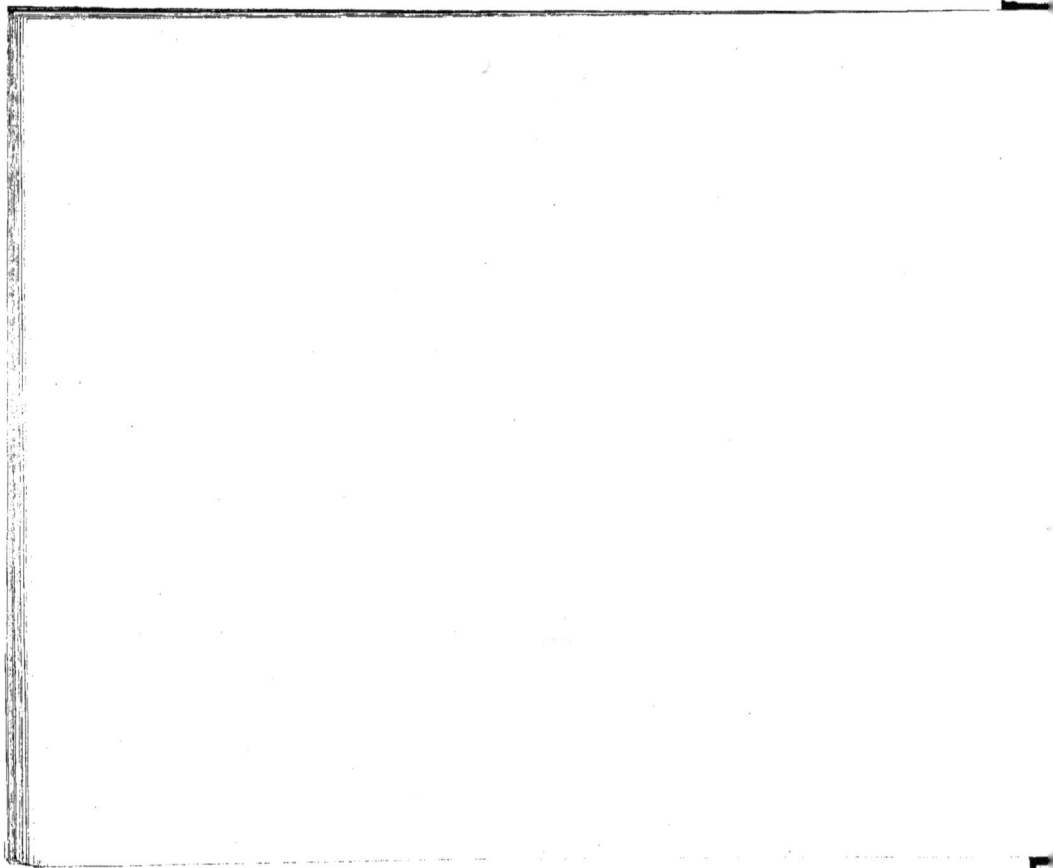

u 23 Décembre, 1798. (Personnel)
u 3 Mai, 1802. (Mobilier).
du 21 Avril, 1832.
ment du 21 Décembre, 1839

CONTRIBUTIONS DIRECTES.

Personnelle
et
Mobilière. } Réunies par la Loi du 21 Avril, 1832.

Personnelle.

Mobilière.

Personnelle branch:

Est égale au prix de trois journées de travail. *(L. 1832. 10)*

Se paye une fois par an dans la Commune du domicile réel.

Est due par tous les habitants jouissant de leurs droits, sauf les indigents. (N'est réputé indigent que *(Loi. 1832, 12)* celui déclaré tel par le Conseil municipal la veille de la formation de la matrice des rôles, pour être exempté de tout cotisation) *(Arr. Ord. 23 Décembre 1842)*

Est due dans chaque Commune où l'on a une habitation. *(L. 1832. 13)*

La journée de travail fixée tous les ans par Conseil général pour aque Commune. *(id. 10)*

Où l'on est établi depuis un an *(L 1832. 13)*. Elle est due par les héritiers de la personne qui décède dans l'année *(id. 21)*

Sont réputés jouir de leurs droits. *(id. 12)*

Les Facteurs ruraux n'en sont pas exemptés. *(Conseil d'État, 16 mars 1842)*

Par tous les habitants même étrangers.

num: cent* 10)
Maximum. 1fr. 50 cent* *(id. 10)*
La personne qui change de résidence paye dans la nouvelle. *(R. O. 22 Janvier 1841)*

Les femmes veuves, ou judiciairement séparées de leur mari. *(id. 12)*

Les garçons ou filles, majeurs ou mineurs. *(id. 12)*

Même ceux logés gratuitement dans les bâtiments de l'État. *(L. 1832, 15)*

Lorsqu'ils ont des moyens suffisants d'existence par leur fortune personnelle ou par la profession qu'ils exercent. *(id. 12)*

Lorsqu'ils ont un établissement distinct de celui de leur père et mère. *(id. 12)*

Lorsqu'ils habitent avec leurs père et mère, tuteur ou curateur. *(id. 12.)*

S'ils sont soumis à la patente.

Mobilière branch:

Est proportionnée à la valeur des loyers d'habitation. *(L. 1832. 17)*

Est due pour l'année entière. *(L. 1832. 21)*

Peut être remplacée, dans les villes ayant un Octroi. *(L. 1832. 20)*

Excepté par les Officiers de terre et de mer qui n'ont pas d'autre habitation que celle de leur garnison. *(id. 15)*

Cette valeur est fixée *(id.)* *(id. 22 Règl.* 16)*

Le propriétaire ou le principal locataire est responsable du locataire sortant. *(id. 22 Règl.* 16)*

Par une taxe additionnelle sur les consommations. *(20)*

Par les 5 répartiteurs nommés par le Préfet. *(17)*

D'après tous les éléments de nature à amener un juste appréciation de la valeur locative de l'habitation personnelle.

Mais sans jamais s'appuyer sur les facultés présumées du Contribuable. *(C. d'État, arrêt 30 Juin 1832)*

Sans s'attacher à la valeur rnie des bâtiments, mais en tenant compte de tous les autres éléments dont la combinaison peut faire apprécier la valeur locative de l'habitation. *(Circ.)*

Il doit comprendre avec le principal les centimes additionnels et les frais de recouvrement. *(20)*

Le Conseil municipal arrête alors le tarif

Il est adressé au Préfet pour le transmettre au Ministre qui le fait approuver par Ordonnance du Roi. *(20)*

CONTRIBUTIONS DIRECTES.

Portes et Fenêtres. — *A pour but d'atteindre les fortunes mobilières, puisqu'elle doit nécessairement se trouver en rapport avec la somptuosité de leurs habitations.*

Comprend:

Les Portes et Fenêtres donnant les rues, places, places publiques, ouvertures de la toiture, ermine, routes, cours et jardins.
(L. an 7, art. 2)

ne compte qu'une porte-charretière ur chaque ferme ou métairie, celles qui erraient exister dans les maisons à 1,2,3, à 5 ouvertures, ne sont comptées que ume portes ordinaires. *(L. 1832, art. 27)*

Les mansardes et autres des boutiques tiennent lieu quand elles éclairent des appartements habitables imposées comme tels.
(Loi 1832, art. 27)

Les vitrages à la devanture des boutiques tiennent lieu de fenêtres, et doivent être imposées comme tels.
(O. 28 Janvier 1835)

Exceptions dans

Les Villes et les Campagnes.

Les Portes et Fenêtres dans l'intérieur des escaliers ou des appartements.
(Circ. 24 Nov.bre 1798)

Les ouvertures non clôturées par des Portes et des Fenêtres.
(Circ. 1er Fév. 1799)

Les bâtiments employés à un service public. *(L. 3 Germ.al an 11, art. 3)*

Les Campagnes.

Les Portes et Fenêtres des manufactures.
(L. an 7, art. 5)

Les Portes et Fenêtres des locaux destinés à l'habitation des hommes. *(L. an 7, art. 7)*

Mais les fonctionnaires logés gratuitement payent les portes et fenêtres des parties du bâtiment servant à leur habitation personnelle. *(L. 1832, 27)*

Excepté celles des parties destinées à l'habitation.
(id. art. 19)

Maison doit les payer pour les pièces habitables, mais qui ne sera pas exceptionnellement remplie de décombres.
(O. à 1er Mars 1842).

Rôle.

Fait par le Directeur des Contributions sur le travail du Contrôleur fait en présence

du Maire et des Commissaires répartiteurs
(L. 1832, art. 27)

D'indique nominativement

le propriétaire ou l'usufruitier

les Contribuables logés dans les bâtiments de l'État.
(L. an 7, 12)

les Contribuables les locataires les impositions à leur charge *(id. 12)*

la répartition sur la Population.

Bases.

L'impôt est pour toute l'année quels que soient les changem.ts qui surviendraient.

L'importance de l'Habitation.

Au dessus de 5,000 habitants, la taxe correspondant à la population s'applique qu'aux maisons comprises dans les limites de l'Octroi. Celles en dehors sont portées dans la classe des Communes rurales. *(L. 1832, 24)*

Population des Villes et des Campagnes.	Maisons à					Maisons à 6 ouvertures et au dessus		
	1	2	3	4	5	Portes cochères, Charretières et de Magasins	Portes urbaines et Fenêtres du rez-de-chaussée et des 1er et 2e étages	Fenêtres du 3e étage et étages supérieurs
1e au dessous de 5,000 habitants	. 30	. 45	. 90	1·60	2·50	1·60	. 60	. 60
2e de 5,000 à 10,000 id.	. 40	. 60	1·35	2·20	3·25	3·50	. 75	. 75
3e de 10,000 à 25,000 id.	. 50	. 80	1·80	2·80	4 .	7·40	. 90	. 75
4e de 25,000 à 50,000 id.	. 60	1 .	2·70	4 .	5·50	11·20	1·20	. 75
5e de 50,000 à 100,000 id.	. 80	1·20	3·60	5·20	7 .	15 .	1·50	. 75
6e au dessus de 100,000 id.	1 .	1·50	4·50	6·40	8·50	18·80	1·80	. 75

(Loi 1832, art. 24)

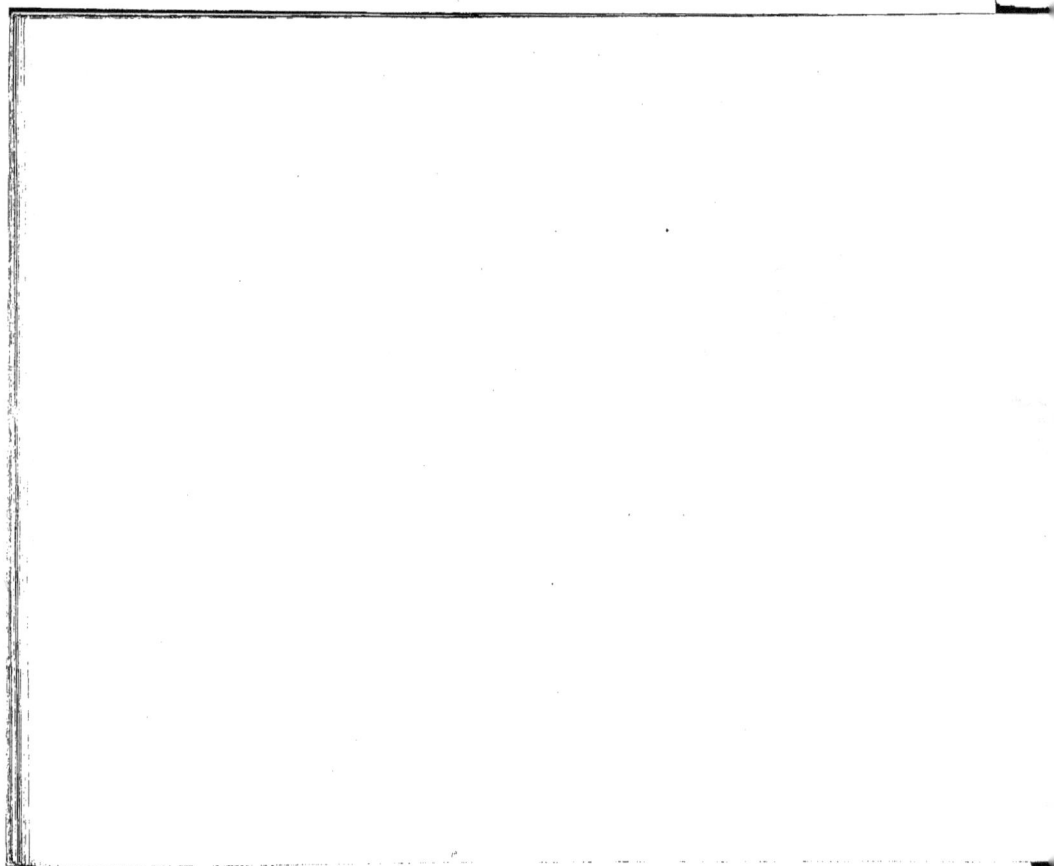

RÉPARTITION DES CONTRIBUTIONS
Foncières, Personnelle, Mobilière et des Portes et Fenêtres,

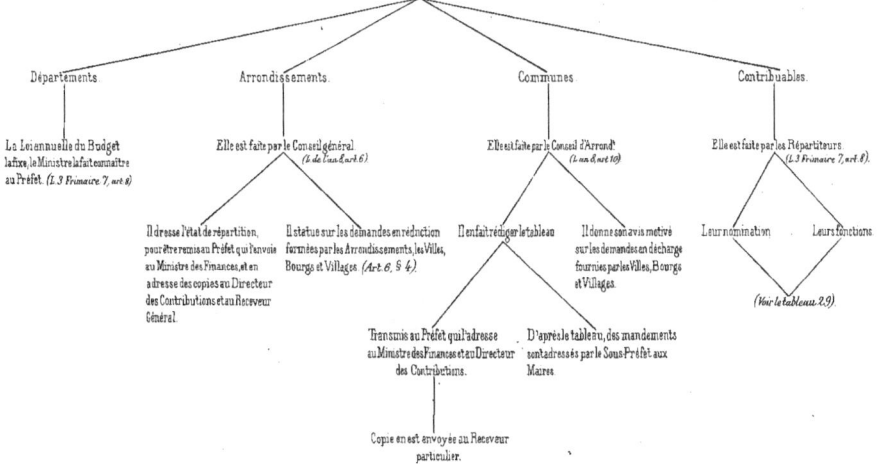

Entre les

Départements.

La Loi annuelle du Budget la fixe, le Ministre la fait connaître au Préfet. *(L. 3 Frimaire 7, art. 8)*

Arrondissements.

Elle est faite par le Conseil général. *(L. de l'an 8 art. 6)*

Il dresse l'état de répartition, pour être remis au Préfet qui l'envoie au Ministre des Finances, et en adresse des copies au Directeur des Contributions et au Receveur Général.

Il statue sur les demandes en réduction fournies par les Arrondissements, les Villes, Bourgs et Villages. *(Art. 6, § 4.)*

Transmis au Préfet qui l'adresse au Ministre des Finances et au Directeur des Contributions.

Copie en est envoyée au Receveur particulier.

Communes.

Elle est faite par le Conseil d'Arrond.ᵗ *(L. an 8, art 10)*

Il en fait rédiger le tableau

Il donne son avis motivé sur les demandes en décharge fournies par les Villes, Bourgs et Villages.

D'après le tableau, des mandements sont adressés par le Sous-Préfet aux Maires.

Contribuables.

Elle est faite par les Répartiteurs. *(L. 3 Frimaire 7, art. 8).*

Leur nomination

Leurs fonctions

(Voir le tableau 29)

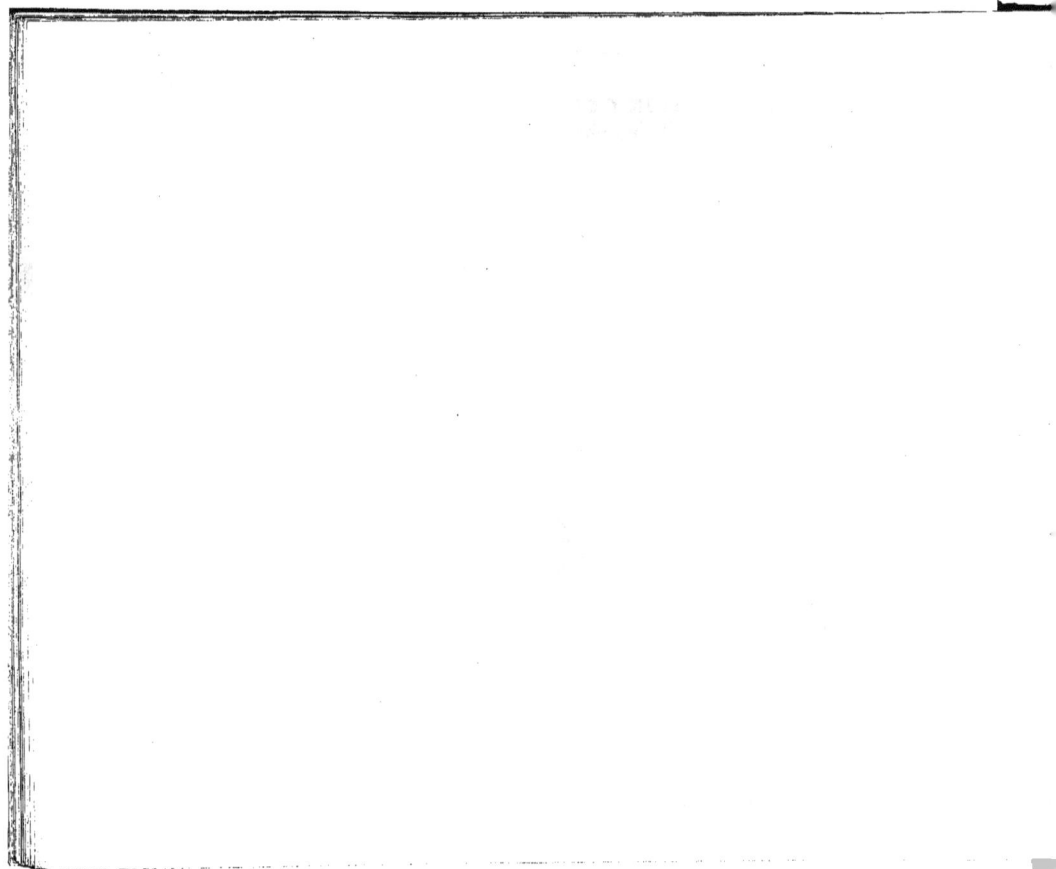

RÉPARTITEURS.

Leur nomination.   Leurs fonctions.

Par le Préfet ou le Sous-Préfet sur la présentation du Maire. (9)

Au nombre de Sept, savoir : (9)

Relativement aux Contributions.

Comment ils opèrent.

nomination leur ...ifiée dans les 5 jours. *(12)*

Elle est obligatoire pour tout propriétaire même domicilié hors du département. *(13)*

Le Maire et l'Adjoint. *(9)*

5 Propriétaires dont deux au moins non domiciliés dans la commune, s'il s'en trouve de tels. *(9)*

Foncière.

Personnelle et Mobilière.

des Portes et Fenêtres.

Convoqués et présidés par le Maire ou son Adjoint, et à leur défaut par le plus âgé d'entr'eux. *(21)*

Délibèrent en commun à la majorité des suffrages.

Doivent terminer leur travail dans les dix jours. *(49)*

Chaque année ils dressent l'état des changements survenus. *(33)*

Ils donnent leur avis sur toutes les réclamations. *(L. 26 Floréal an 8) art 4.*

...faite par un avertissement ...urnon timbré, elle est datée et ...r le Maire et par celui qui le ...2.)

S'il refuse dans les 10 jours, le Sous-Préfet prononce dans les 10 jours suivants. *(17)*

Causes de dispenses. *(14)*

Celui qui est nommé pour plusieurs Communes, a le droit d'opter. *(16)*

Ils n'ont qu'à faire sur le registre à cet effet à ce relevé des mutations et l'estimation des maisons nouvelles sur le pied des anciennes estimations. *(13)*

Avec l'assistance du Contrôleur, ils forment la matrice de toutes les habitants passibles de ces taxes, et ils déterminent les loyers qui leur servent de base. *(L. 21 avril 1832 art 17).*

Avec le Contrôleur, ils dressent l'état des ouvertures imposables. *(L. 21 avril 1832, art 17).*

Pas de détermination, Ne peuvent s'ils ne sont 5 membres sous aucun au moins. *(21)* prétexte se dispenser de faire leurs opérations sous peine

En cas de contre expertise, ils assistent à la vérification des experts. *(id. 5)*

Voir pour les réclamations en matière de Contrib.[...] la loi du 2 Messidor an 7.

Si le refus est repoussé, le refusant qui ne remplirait pas les fonctions sera condamné par le Juge de paix du Canton à une amende de trois journées de travail. *(13)*

Six :

de *(L. 2 messidor an 7 art 18)*

Infirmités graves et reconnues. *(§ 1er)*

L'âge de 60 ans. *(§ 2)*

L'absence pour affaires. *(§ 3)*

Des fonctions administratives ou judiciaires autres que celles de militaire du domicile à emploi sant de Juge de paix *(§ 4)*

Service militaire en public. *(§ 6)*

Éloignement de plus de deux myriamètres. *(15)*

Responsabilité solidaire. *(id.)*

D'être contraints par le paiement de tous les termes de la contribution assignée à leur commune. *(L. 3 nivose an 7, art 61 et 2 messidor, an 7, art 18)*

...empêchement temporaire survenu par ...e grave, il en informe le Sous-Préfet qui ...emplace momentanément, si le nombre ...rtiteurs se trouve réduit à moins de cinq. *(22)*

CONTRIBUTIONS DIRECTES.

Patentes.

Est soumis à la Patente.

Sous peine de saisie et séquestre aux frais du Marchand des objets de son commerce, quand il vend hors de son domicile, à moins qu'il ne donne caution suffisante. (28)

Il exerce au lieu de son domicile, il sera dressé un Procès-verbal qui sera transmis immédiatement aux agents des Contributions directes. (id.)

Tout individu Français ou Étranger qui exerce en France un commerce, une industrie ou une profession non compris dans les exceptions. (1er)

Il n'est dû qu'un seul droit.

Quand on exerce plusieurs commerces ou industries, même dans des communes différentes, mais n'établira la plus élevée de ceux qu'on aurait à payer. (7)

Les patentes sont personnelles, et ne peuvent servir qu'à ceux à qui elles sont délivrées. (16)

Le mari et la femme séparés de biens ne doivent qu'une patente, à moins qu'ils n'aient des établissements distincts, alors chacun d'eux paye les droits fixes et proportionnels. (15)

Tout individu transportant des marchandises de commune en commune, même lorsqu'il vend pour le compte de marchands ou fabricants, est tenu d'avoir une patente personnelle. (18)

Les associés en nom collectif sont tous assujétis à la patente, mais l'associé principal paye seul le droit fixe entier, les autres même résidant dans d'autres communes payent moitié de ce droit. (16)

Exceptions. (1er)

Les Caisses d'épargne et de prévoyance administrées gratuitement, les Assurances mutuelles régulièrement autorisées, et les associés en commandite.

Les fonctionnaires et employés salariés par l'État ou par une Administration, en ce qui concerne seulement l'exercice de leurs fonctions.

Certaines professions libérales:

Les laboureurs, cultivateurs, seulement pour la vente des récoltes et fruits provenant de leur exploitation, et des bestiaux qu'ils élèvent, entretiennent ou engraissent.

Les Capitaines de navire ne naviguant pas pour leur compte.

Les pêcheurs même, lorsque la barque qu'ils montent leur appartient.

Les propriétaires qui louent accidentellement une partie de leur habitation personnelle.

Les commis et toutes personnes travaillant à gage, à façon et à la journée dans les maisons, ateliers et boutiques des personnes de leur profession, ainsi que les ouvriers travaillant chez eux ou chez les particuliers sans compagnons, apprentis, enseigne ni boutique.

Les vendeurs ambulants de fleurs, balais, statues, fruits, légumes, poissons, beurre, œufs, fromage et autres menus comestibles

Concessionnaires nes pour le seul fait d'extraction et de la des matières par extraites.

Les propriétaires sauferniers des marais salants.

Les Avocats, Notaires, Avoués, Avocats au Conseil, Greffiers, Commissaires-Priseurs et Huissiers.

Les Médecins et Officiers de santé, les Sages-femmes, les Vétérinaires, les Garde-malades.

Les Professeurs de Belles-Lettres, Sciences, et Arts d'agrément, les Chefs d'institution, Maîtres de pension et Instituteurs primaires.

Les Peintres, Sculpteurs, Graveurs, Dessinateurs, ne vendant que le produit de leur art, les Architectes, ne se livrant pas même accidentellement, à des entreprises de construction.

Les Cantiniers attachés à l'armée.

Les Écrivains publics.

Les Artistes dramatiques.

Les porteurs d'eau, à la crotelle ou avec voiture d'autres objets, les marchands sous abris, les remouleurs ambulants, les savetiers et chiffonniers au crochet.

Ceux qui vendent en ambulance d'autres objets, les marchands échopperont en étalage, sont possibles de la moitié des droits. (14)

Cette disposition n'est pas applicable aux bouchers, épiciers et autres marchands ayant un état permanent et occupant des places fixes dans les halles et marchés. (14).

CONTRIBUTIONS DIRECTES.

Patentes.

Elles sont basées sur deux droits

Fixe
eu égard à

Proportionnel.
Il est établi sur la valeur locative de la maison d'habitation,
des magasins, boutiques, usines, ateliers, hangars, remises,
chantiers etc' etc' même concédés à titre gratuit. *(9)*

la nature du commerce
divisé en huit classes.
(3).

Toutefois quelques professions
sont imposées sans égard à la
population.

La population déterminée
par la dernière ordonnance
de dénombrement. *(8)*

il est généralement du 20° de la valeur
locative, sauf des exceptions portées
aux tableaux joints à la loi *(8)*

Il est payé dans toutes les Communes
où sont situées ses magasins boutiques,
usines, etc' etc' *(10)*

Dans une societé en nom collectif,
il est établi sur la maison d'habitation
de l'associé principal, et surtout les
locaux qui servent à l'industrie de
la societé. *(16)*

		Population					
de 100.000 habitans et au dessus	de 50.000 à 100.000	de 30.000 à 50.000	de 20.000 à 30.000	de 10.000 à 20.000	de 5.000 à 10.000	de 2.000 à 5.000	de 2.000 et au dessous
300	240	180	120	80	60	45	35
150	120	90	60	45	40	30	25
100	80	60	40	30	25	22	18
75	60	45	30	25	20	18	12
50	40	30	20	15	12	9	7
40	32	24	15	10	8	6	4
20	16	12	8	8 *	5 *	4 *	3 *
12	10	8	6	5 *	4 *	3 *	2 *

Les signes * veut dire Exemption du Droit proportionnel.

Lorsque le dénombrement fera
passer une Commune dans une
classe supérieure, l'augmentation
du droit ne sera appliquée que
pour mettre pendant les cinq l^{res}
années. *(5)*

Dans les Communes de 5000 âmes
et au dessus, les patentables,
exerçant dans la banlieue, paieront
le droit fixe d'après le tarif applicable
à la population non agglomérée *(6)*

Les sociétés anonymes commerciales
sont imposées à un seul droit fixe, sans
préjudice du droit proportionnel *(47)*

Pour les usines et les établissements
industriels, il est calculé sur la valeur
locative de ces établissements pris dans
leur ensemble et munis de tous les moyens
matériels de production. *(9)*

Cette patente ne dispense pas
les sociétaires ou actionnaires
de la patente qu'ils devraient
personnellement pour une
industrie particulière. *(id.)*

La valeur locative est déterminée aux
moyens de baux authentiques, soit par
comparaison avec d'autres locaux dont
le loyer aura été régulièrement constaté,
ou à ce notoirement connu, et à défaut
de ces bases par voie d'appréciation.
(9)

S'il dépendamment de la maison
qu'un occupe exposée de dans la même
Commune ou ailleurs une ou plusieurs
habitations une payé le droit proportionnel que pour celles des maisons
servant à sa profession *(10)*

Si l'industrie, pour laquelle il est assujetti
à la patente, ne consiste pas la profession
principale, et si ou ne l'exerce pas par soi-
même, on ne paye le droit proportionnel que
sur la maison d'habitation ou préposé à
l'exploitation. *(10).*

Le patentable qui exerce dans le même local
ou dans des locaux non distincts, plusieurs
industries ou professions passibles d'un droit
proportionnel différant paye ce droit d'apres
le taux applicable à la profession pour laquelle
il est assujetti au droit fixe *(11).*

Dans le cas où les locaux sont distincts, il ne
paye pour chaque local que le droit proportion^{el}
attribué à l'industrie qui y est spécialement
exercée. *(11).*

Alors le droit proportionnel est établi sur la
maison d'habitation d'après le taux applicable
à la profession pour le droit fixe. *(11)*

Sont réputés Marchands

en Gros,
qui, habituellement,
ont aux Marchands
 às Gros et aux March^{ds}
en détail

en demi-Gros,
Ceux qui, habituellement,
vendent aux Détaillants
et aux Consommateurs.

en Détail,
Ceux qui ne vendent
habituellement qu'aux
Consommateurs.

Dans les Communes d'une population
inférieure à 20 000 âmes, mais qui passent
dans cette catégorie par un nouveau dénom-
brement, les patentables des 7e et 8e classes
ne seront soumis au droit proportionnel que
dans le cas où une ordonnance nouvelle de dénombrement
aurait maintenu les dites Communes dans la même catégorie
(12)

CONTRIBUTIONS DIRECTES.

Patentes.

Etablissement de leur assiette

Le Contrôleur des Contributions directes procède annuellem.ᵗ au recensement des imposables et à la formation des Matrices des Patentes. (20).

La matrice dressée par le Contrôleur, sera déposée pendant 12 jours à la Mairie, pour que les intéressés puissent en prendre connaissance et remettre leurs observations. (20)

...ure peut assister ...leur dans cette ...on, ou se faire ...senter par un ...é (20)

Les patentés seront admis à prouver la justice de leurs réclamations par la représentation d'actes de société, de journaux, livres de commerce et par tous autres documents. (21).

Medissentiment Contrôleur et le ...es observations ...ictoires seront ...ées. (20).

Les demandes en décharge, réduction, remise ou modération, seront communiquées au Maire, et présentées, instruites et jugées dans les formes et délais prescrits pour les Contributions directes. (22).

En cas de dissentiment entre le Contrôleur et les Maires ou Délégués, les observations de ces derniers sont consignées. (20).

Au bout de 10 jours, le Maire, après avoir consigné les observations adresse le tout au sous-Préfet (20)

Le Directeur des Contributions directes soumettra les contestations au Préfet avec un avis motivé. (20)

Si le Préfet n'adopte pas les propositions du Directeur, il en sera référé au Ministre des Finances. (20).

Obligations des Contribuables

Ils sont tenus de mentionner leur patente dans tous les actes et exploits relatifs au commerce ou à l'industrie qu'ils exercent avec désignation de sa date et de son Numéro. (29).

Le Préfet arrête les rôles, et les rend exécutoires. (20) La patente est visée par le Maire, et revêtue du sceau de la Mairie. (26)

Elle est délivrée sur timbre de 1ᶠ 25ᶜ qui est payé en même temps que le 1ᵉʳ douzième. (26)

La patente est due pour l'année entière par tous les individus exerçant au mois de Janvier une profession imposable. (23)

Prise dans le cours de l'année, elle ne remonte au commencem.ᵗ du mois de l'exercice de la profession, à moins que cette profession puisse pas être exercée pendant toute l'année. (23)

Ceux qui dans le cours de l'année et reprennent un commerce d'une classe supérieure, ou qui transportent leur domicile dans une Commune d'une plus forte population, sont tenus de payer au prorata un supplément de droit fixe à compter du 1ᵉʳ du mois du changement. (23)

Il en est de même de ceux qui prennent des naisses et locaux d'une valeur locative supérieure. (23)

Elle est payable par 12ᵐᵉˢ sauf par les patentables dont la profession n'est pas exercée à demeure fixe et les Directeurs des troupes ambulantes. (24)

En cas de déménagement

Hors du ressort de la perception compétente, sont tenus de payer immédiatement. (25)

Les propriétaires et les principaux locataires seront responsables, à ils n'ont pas, dans les 3 jours, donné avis au Percepteur. (25)

Il en est de même en cas de vente volontaire ou forcée. (25)

furtif, Les propriétaires et les principaux locataires qui n'auront pas, en mois avant l'époque fixée par le bail ou les conventions verbales, averti le percepteur du déménagement de leurs locataires patentables, seront responsables des somme seront tenus de payer si, mais seront cédant, ticités à du. (25)

Ils sont tenus de l'exhiber toutes les fois qu'ils en sont requis par le Maire, le Juge de paix et tous autres Officiers ou Agents de Police judiciaire. (27)

Celui qui l'aura égarée pourra se faire délivrer un Certificat sur papier timbré par le Directeur ou le Contrôleur des Contributions directes. (31)

En cas de décès, elle n'est due que jusqu'à bail, et lorsque le commerce ne continue pas. (23)

En cas de cession d'établissement, la patente rsappertenables des somme seront à la date indiquée à par le 0ᵐᵉ l'ch se la cob i cas successeur, l'imputation sera réglée par arrêté du Préfet. (23)

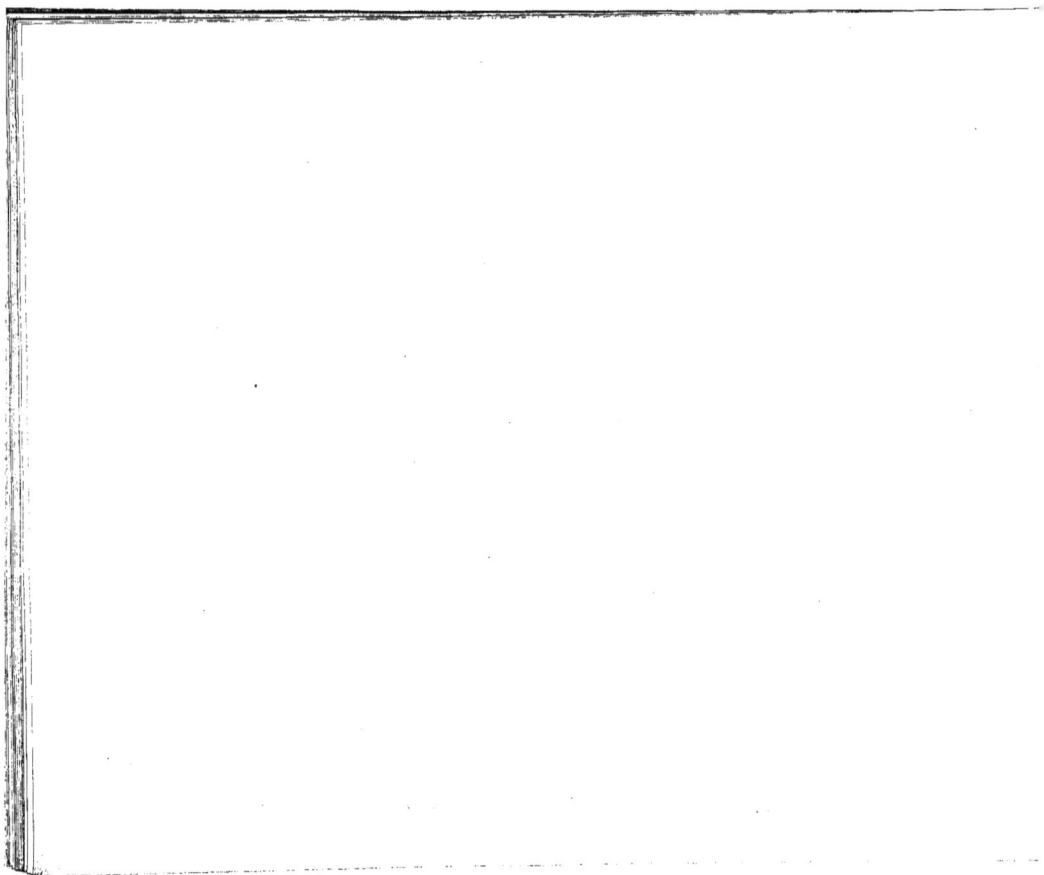

Décembre 1790
3 Janvier 1791 } Organiques.
16 Thermidor an VIII.
...ent 21 Décembre 1839.

ATTRIBUTIONS DES MAIRES
relativement aux Contributions Directes,

en ce qui concerne :

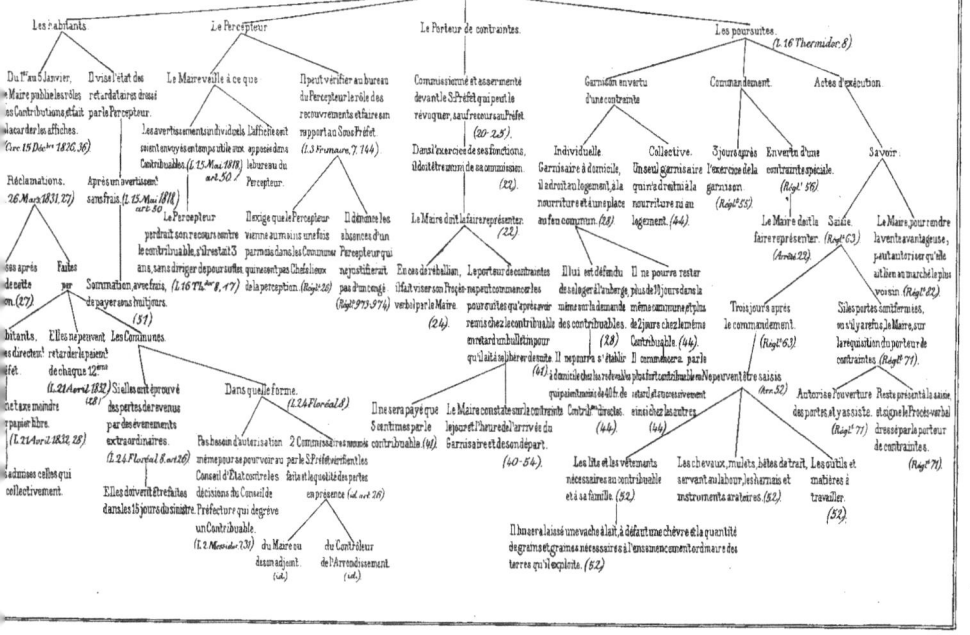

Les habitants.

Du 1er au 5 Janvier, le Maire publie les rôles des Contributions et fait placarder les affiches. (Circ. 15 Déc.re 1820, 36)

Réclamations. 26 Mars 1831, 27)

...es après de cette ...on. (27)

...bitants. ...es directent ...fet.

... admises celles qui collectivement.

Faites par Sommation, avec frais, de payer sans huit jours. (51)

Elles ne peuvent retarder le paiement de chaque 12ème (L. 21 Avril 1832, 28) net taxe moindre (28) papier libre. (L. 21 Avril 1832, 28)

Les Communes.

Elles sont éprouvé des pertes de revenus par des évènements extraordinaires. (L. 24 Floréal 8. art 26)

Elles doivent être faites dans les 15 jours du sinistre. (L. 2 Messidor 7, 31)

Le Percepteur.

D vise l'état des retardataires dressé par le Percepteur.

Les avertissements individuels sont envoyés en temps utile aux Contribuables. (L. 15 Mai 1818, art 50)

Après un avertissement sans frais. (L. 15 Mai 1818, art 50)

Le Percepteur perdrait son recours contre le contribuable, s'il restait 3 ans, sans diriger de poursuites.

Le Maire veille à ce que la difficulté soit apposé dans le bureau du Percepteur.

Il exige que le Percepteur vienne au moins une fois par mois dans les Communes que visent pas Chefs lieux d'arrondissement. (Regt 26)

Il dénonce les absences d'un Percepteur qui ne justifierait pas d'un congé. (Regt 26)

Dans quelle forme. (L. 24 Floréal 8.)

Pas besoin d'autorisation même pour se pourvoir au Conseil d'État contre les décisions du Conseil de Préfecture qui dégrève un Contribuable. (L. 2 Messidor 7, 31) du Maire ou adjoint. (id.)

2 Commissaires nommés par le S.Préfet vérifient les faits et la quotité des pertes en présence (id. art 26) du Contrôleur de l'Arrondissement. (id.)

Le Porteur de contraintes.

Commissionné et assermenté devant le S.Préfet qui peut le révoquer, sauf recours au Préfet. (20-25)

Dans l'exercice de ses fonctions, il doit être muni de sa commission. (22)

Le Maire doit la faire représenter. (22)

En cas de rébellion, il fait viser son Procès-verbal en commune les poursuites qu'après avoir remis chez le contribuable en retard un bulletin pour qu'il ait à se libérer de suite. (24)

Il ne sera payé que le jour et l'heure de l'arrivée du Garnisaire et de son départ. (40-54)

Garnison en vertu d'une contrainte.

Individuelle. Garnisaire à domicile, il a droit au logement, à la nourriture et à une place au feu commun. (28)

Il lui est défendu de se loger à l'auberge, plus de 3 jours dans la même commune et plus de 2 jours chez le même Contribuable. (28)

Collective. Un seul garnisaire qui a droit ni à la nourriture ni au logement. (44)

Il ne pourra rester des contribuables, même commune et plus de 2 jours chez les mêmes. Contribuable. (44)

Il commencera par le domicile du redevable le plus fort, et contribuable puis chez les autres. (41) Contrbt.s directs. (44)

Le Maire constate sur la contrainte le jour où l'heure de l'arrivée du Garnisaire et de son départ. (44)

Les poursuites. (L. 16 Thermidor, 8)

Commandement. 3 jours après. (Regt 555)

Trois jours après le commandement. (Regt 63)

Le Maire doit le faire représenter. (Arrêté 22)

En vertu d'une contrainte spéciale. (Regt 55)

Actes d'exécution.

Savoir :

Saisie. (Regt 63)

Le Maire, pour rendre la vente avantageuse, peut autoriser qu'elle ait lieu au marché le plus voisin. (Regt 82)

Si les portes sont fermées, ou s'il y a refus, le Maire, sur la réquisition du porteur de contraintes. (Regt 71)

Ne peuvent être saisis. (Art. 52) Autorise l'ouverture des portes et y assiste. (Regt 71)

Les lits et les vêtements nécessaires au contribuable et à sa famille. (52)

Les chevaux, mulets, bêtes de trait, servant au labour, les harnais et instruments aratoires. (52)

Les outils et matières à travailler. (52)

Il lui sera laissé une vache à lait, à défaut une chèvre et la quantité de grains et grainages nécessaires à l'ensemencement ordinaire des terres qu'il exploite. (52)

Reste présenté la saisie, signe le Procès-verbal dressé par le porteur de contraintes. (Regt 71)

CONTRIBUTIONS INDIRECTES.

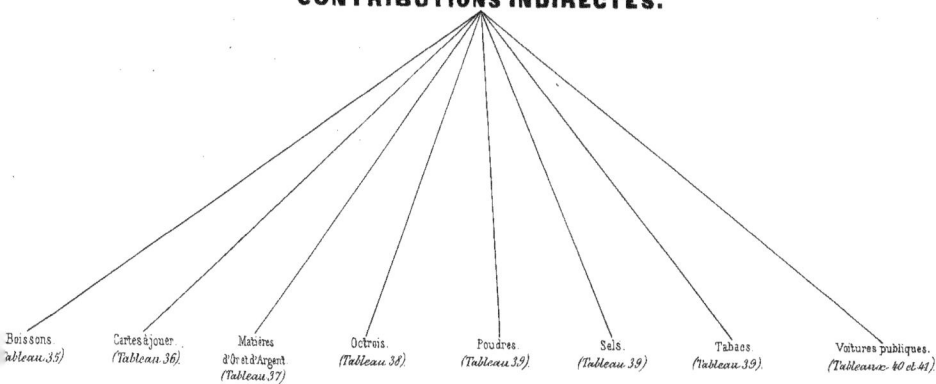

Boissons
(Tableau 35)

Cartes à jouer.
(Tableau 36).

Matières
d'Or et d'Argent.
(Tableau 37)

Octrois.
(Tableau 38)

Poudres.
(Tableau 39)

Sels.
(Tableau 39)

Tabacs.
(Tableau 39).

Voitures publiques.
(Tableaux 40 et 41).

CONTRIBUTIONS INDIRECTES.

Boissons.

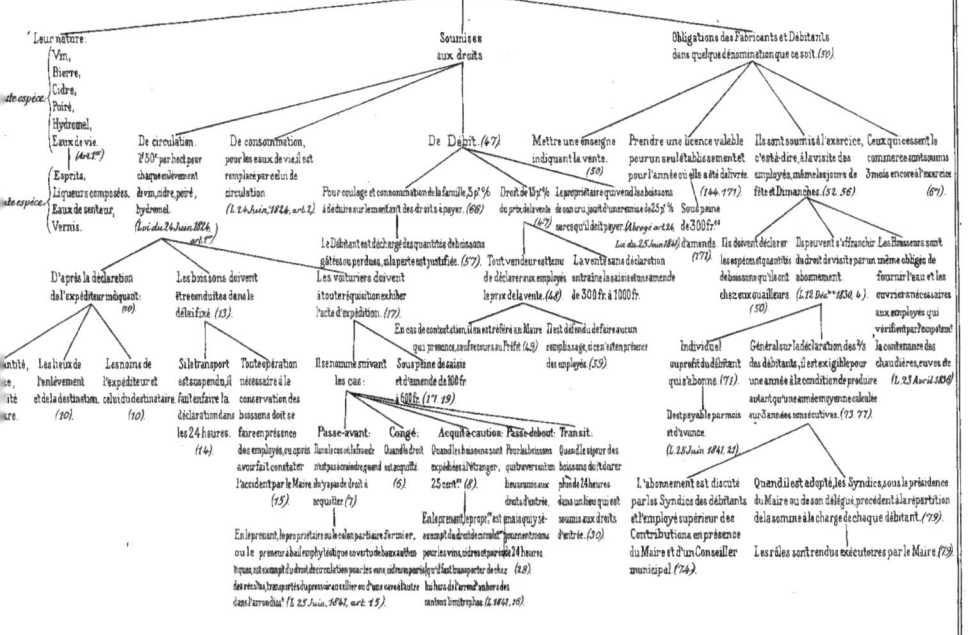

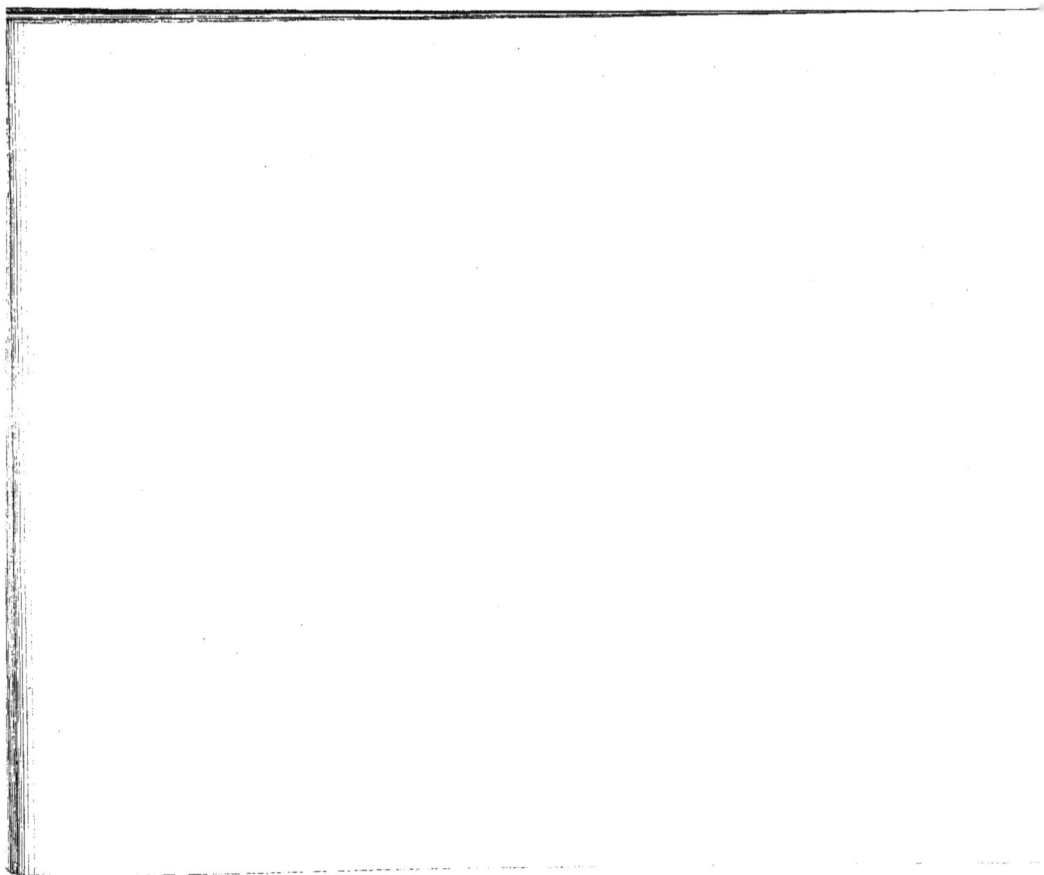

CONTRIBUTIONS INDIRECTES.

Cartes à jouer.

Soumises au timbre *(L. 9 N.º 6, art 36)*

- Le timbre est fourni par la régie. *(L.1816, art 162.)*
  - as de trefle porte une marque distinctive apposée par la Régie. *(D.9 Fev.ª 1810, art. 4) et 18 Juin, 1817, art 1.º)*
  - L'enveloppe porte le timbre de la Régie. *(Art 161)(L.28 Avril, 1816)*
- Droit de 25 c.ᵐ par jeu de quelque nombre de cartes qu'il soit composé *(D.9 Fev.ª 1810, art. 6)*
  - Réduit à 15 centimes. *(L.28 Avril, 1816)*

Dispositions relatives aux fabricants et débitants.

- Les fabricants ne peuvent s'établir hors des chefs lieux de la direction des droits réunis. *(D.22 Mars 1821 art 10)*
  - Ils sont soumis à un droit de licence de 50 francs. *(L.1816, art.104)*
    - Tout fabricant doit tenir trois registres timbrés et inscrire sur le *(Arr. 3 Pluviôse 6, 10)*
      - 1.ᵉ La quantité de papier qu'il prend à la Régie.
      - 2.ᵉ Les fabrications journalières.
      - 3.ᵉ Les ventes avec les noms et demeures des acheteurs.
- La recoupe des cartes est interdite, ainsi que leur vente, leur entrepôt et leur colportage *(L.16 Juin 1808, art.10)*
  - Il y a délit, lorsque l'on vend des cartes réassorties *(C.ᵃᵉ)*
- Tout individu qui introduit, fabrique, distribue, vend ou colporte des cartes à jouer sans y être autorisé par la Régie est puni de : *(L.1816, art 166)*
  - La confiscation des cartes. *(166)*
  - L'amende de 1000 fr.ᶜˢ à 3000 fr.ᶜˢ *(166)*
    - En cas de récidive, elle est toujours de 3000 fr. *(L.1816, art.166)*
    - Les mêmes peines sont prononcées contre ceux qui tiennent des cafés, auberges, ou tout autre établissement public, et qui permettent qu'on se serve chez eux de cartes prohibées *(L.1816, art.167)*
  - L'emprisonnement pendant un mois. *(166)*
  - Ces visites peuvent être faites même en temps de nuit. *(L.1816, art.223)*

Attributions des Maires.

- Ils doivent aider et assister ceux aux employés dans leurs visites et perquisitions. *(L.1816, art. 243)*
- Ils doivent saisir chez les cafetiers et autres les cartes prohibées, même apportées par les joueurs *(L.1816, art.167)*
  - N.º Les art. 223, 224, 225 de la Loi du 28 Avril 1816 sont applicables aux contraventions sur les cartes.
- Ils doivent instrumenter contre les colporteurs qui les débitent.
  - Même pour des cartes fabriquées à l'étranger. *(D.13 Fructidor 13, art.5)*

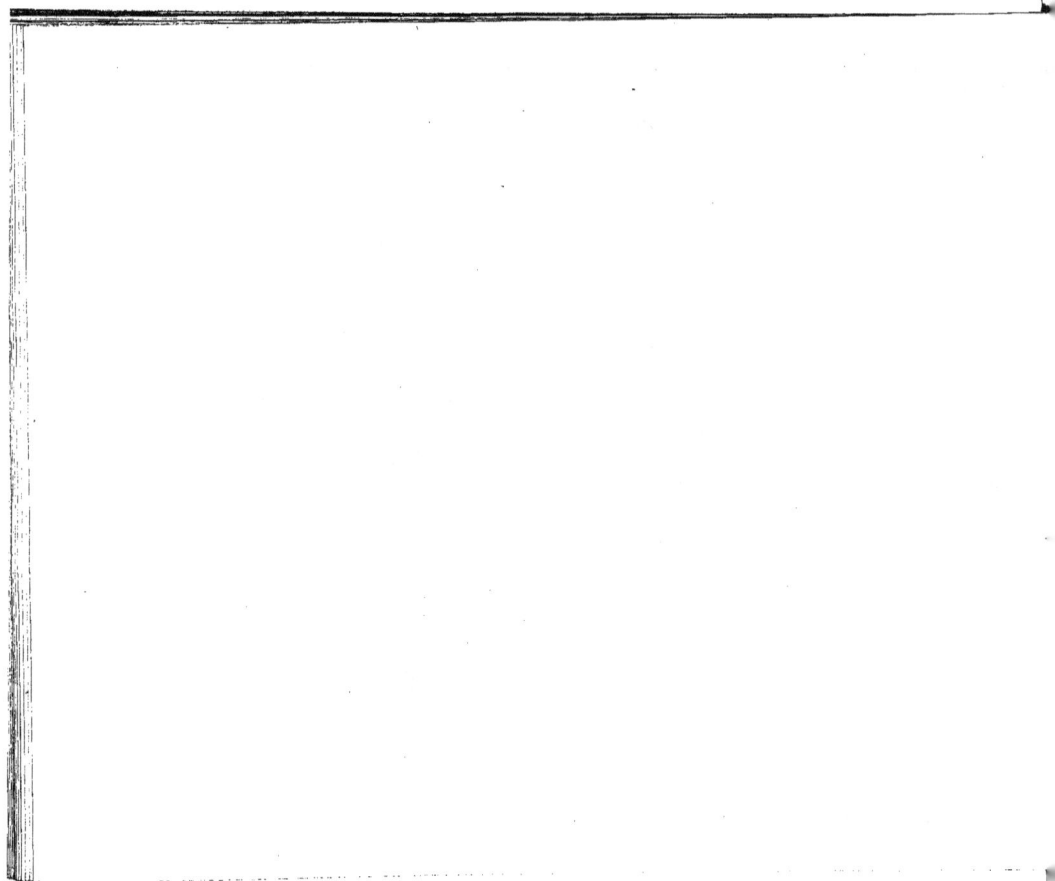

CONTRIBUTIONS INDIRECTES.

Matières d'Or et d'Argent.

Titres *(Art. 1.)*

Obligations communes aux Fabricants et Marchands. *(L. 19 Brumaire, an 6.)*

Attributions du Maire à l'égard des Marchands-forains. *(Cass. 15 Avril 1826.)*

---

3 pour l'Or.
20 parties d'Or fin sur 1000,
20 id. id.
50 id. id.
Tolérance: 1000 en moins.
(Art. 3.)

2 pour l'Argent.
1° 950 d'Argent fin sur 1000,
2° 800 id. id.
Tolérance 1000.
(Art. 3.)

Les Fabricants doivent déposer à la Mairie l'empreinte de leur poinçon particulier avec leurs noms et demeure. *(72.)*

Les Vendeurs ambulants doivent faire déclaration et montrer les bordereaux des Orfèvres qui ont vendu les ouvrages. *(92.)*

Tous doivent tenir jour par jour registre des matières et ouvrages qu'ils vendent, achètent et raccommodent. *(74.)*

Ils ne pourront acheter que de personnes connues ou ayant répondant connus. *(75.)*

Sont soumis aux visites des Employés. *(101.)*

Il examine du fait examiner le titre des ouvrages. *(93.)*

Il saisit les ouvrages. *(94.)*

Il examine les registres. *(76.)*

Il transmet au Procureur du Roi son Procès-verbal et les objets saisis. *(94.)*

Sous quelque dénomination que ce soit, Orfèvres, Joailliers, Bijoutiers, même en chambre. *(72.) Cass. 19 Juin 1825.*

L'Autorité Municipale fera examiner les marques de ces ouvrages. *(93.)*

Le registre est coté et paraphé par le Maire. *(74.)*

Le Maire est tenu de les assister. *(101.)*

Formalités de leur Procès-verbal.

Non accompagnés de bordereaux. *(94.)*

Non marqués du poinçon. *(94.)*

Non déclarés et dont la marque est contrefaite. *(94.)*

Le tout sera soumis au Tribunal correctionnel qui prononcera sur les contraventions les pénalités suivantes pour la. *(94.)*

Ils sont tenus de le représenter à l'Autorité publique toutes les fois qu'ils en sont requis *(76)*

Mais chez un particulier les Individus sujets à exercice place. *(102)*

Il s'étire Dut relater fait sur les dires de toutes les parties intéressées qui signent avec

A peine de nullité. sur les objets saisis. *(103) (Cass. 22 Fév. 1822.)*

S'il s'agit de le Maire doit apposer montrela sancachat boîte seule peut être remis. *(103) (Cass. 22 Fév. 1822.)*

Il est alloué 3 f. le Maire et lui qui la porte intégralement au Maire qui Employés. assiste à la saisie. *(102.) (Circ. 23 Avril 1823.)*

le cachet des Employés et celui de la personne chez laquelle la saisie a été opérée. *(103.)*

1.re fois. également 200 fr. plus la confiscation et l'affiche.

2.e fois: 500 fr. plus l'affiche.

3.e fois: 1000 fr. plus l'interdiction du Commerce d'Orfèvrerie.

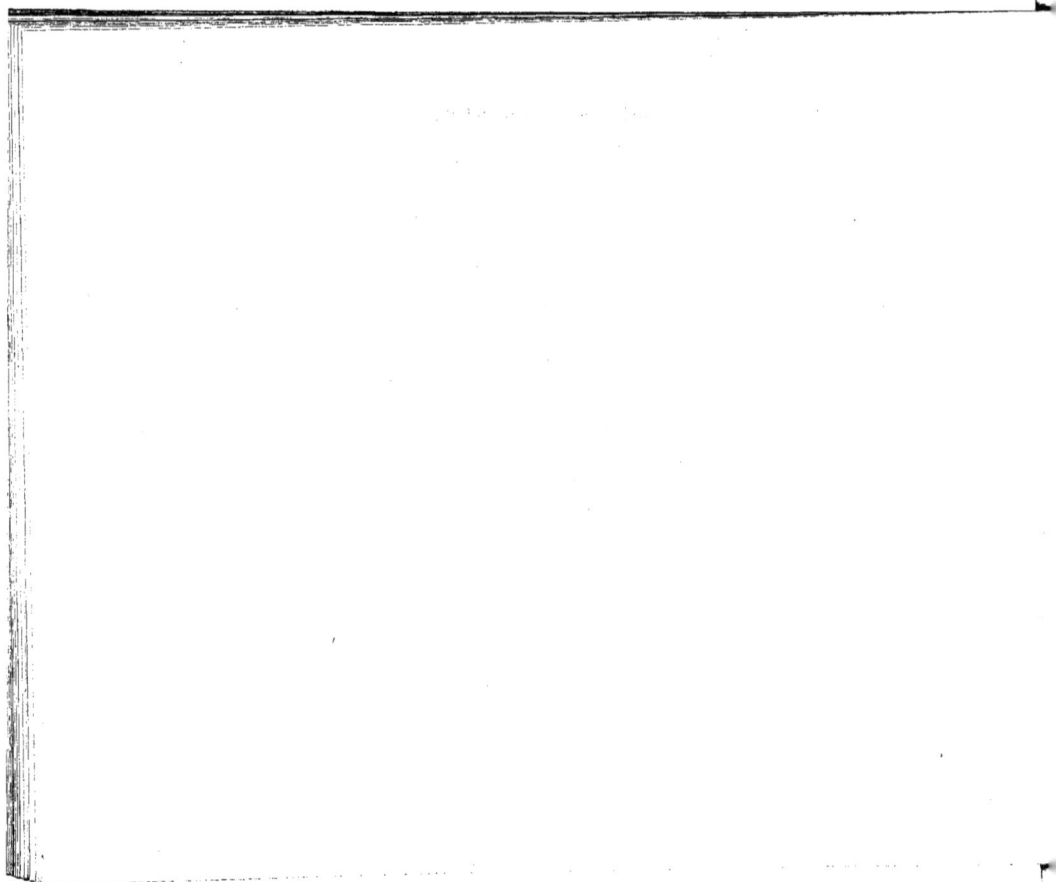

du 27 Frimaire, an 8.
du 8 Décembre, 1814,
nnance du 9 Décembre 1814,
u 28 Avril, 1816 – Titre 2.

38.

CONTRIBUTIONS INDIRECTES.

Octrois,

établis pour subvenir aux Dépenses
qui sont à la charge des Communes.

Leur Existence.

Les Employés

Registres

ent notamment
sur

Boissons et liquides.
Comestibles.
Combustibles.
Fourrages.
Matériaux.
(0.11).

Est délibéré par les Conseils
municipaux ainsi que tous les
changements qui y sont portés.
(L. 1816, 147).

Estindiquée
par des péteaux.
(0.26).

Les droits sont perçus
même dans les Faubourgs.
(0.26).

Ceux supérieurs
sont nommés par le
Ministre. *(L. 1816, 155).*

Ceux inférieurs
sont nommés par
le Préfet *(L. 1816, 156).*

Tout Employé
prévaricateur
est révoqué par
le Préfet sur la
demande du Directeur
général. *(0.57).*

Fournis par la Commune,
et cotés et paraphés par le
Maire *(0.70)*.

Les bordereaux
trimestriels des
Recettes et Dépenses
sont signés par le
Maire. *(0.71).*

Les comptes sont rendus
au Maire tous les ans, il les
arrête dans les trois mois de
l'année suivante. *(0.72).*

es Esprits et Eaux
rendus impropres
nsommation.
4 Juillet 1843)

Délibérations
transmises au
Préfet par le
Maire *(0.7).*

Admis par le Ministre,
et suivis d'une Ordonnance
Royale *(0.7 et 8).*

Toute personne
qui récolte, prépare
ou fabrique dans l'inté-
rieur d'une ville, est soumis
aux droits, est tenue
d'en faire la déclaration
et d'acquitter les droits.
(0.36).

Les Conducteurs ne peuvent
déposer avant le bureau sans
objet soumis aux droits sans en
faire la déclaration préalable.
(0.28).

Les personnes à pied,
à cheval ou en voiture de
voyage, ne peuvent être
arrêtées, questionnées
ou visitées. *(0.72).*

Il se prétend serment
devant le Tribunal Civil
de la ville où ils exercent,
et s'il n'y en a pas, devant
sont requis. *(0.60).*

Ils doivent être toujours
porteurs de leur commission,
et la représenter quand ils en
sont requis. *(0.60).*

Leurs Procès-verbaux pourront être rédigés
par un seul Employé, et auront foi en justice
jusqu'à l'inscription de faux. *(0.75).*

Les Préfets veilleront à ce que,
dans les Communes d'une même
population, les droits soient les mêmes.
(0.100).

ils peuvent prendre connaissance
sans déplacement pour les registres
courants *(icd.).*

Sous peine
de saisie et
d'amende.
(0.28, 29).

Ils sont tenus
d'exhiber les
lettres de voiture
congé, etc. *(0.28).*

Ils doivent faciliter
les recherches et visites
des Employés. *(0.28).*

Ils doivent être de bonnes
vie et mœurs, et âgés de 21
ans accomplis, et savoir
lire et écrire. *(0.58).*

Sur la présentation du Maire approuvée
par le Préfet et sur le rapport du
Directeur Général. *(id.).*

L'amende est égale
à la valeur des objets
soumis aux droits.
(0.28).

Sous l'approbation du Préfet,
les Maires sont autorisés à
faire remise de tout ou partie
des condamnations. *(0.43).*

Les contraintes pour le
recouvrement des droits
sont décernées par le Receveur
visées par le Maire et rendues
exécutoires par le Juge de Paix.

Toute personne qui s'oppose ou
s'il survient des Employés
serait condamnée à 50 fr.
d'amende
(L. de l'an 8, art. 15)

S'il a changement de résidence,
il le notifie de se pourvoir la
commission sous forme par le
Président du Tribunal Civil
ou par le Juge de Paix. *(0.59).*

La part d'armes ne leur est permis
dans l'exercice de leurs fonctions
(0.60).

Ils seront affirmés devant le Juge de Paix dans les
24 heures de leur date à peine de nullité.
(L. de l'an 8, art. 8).

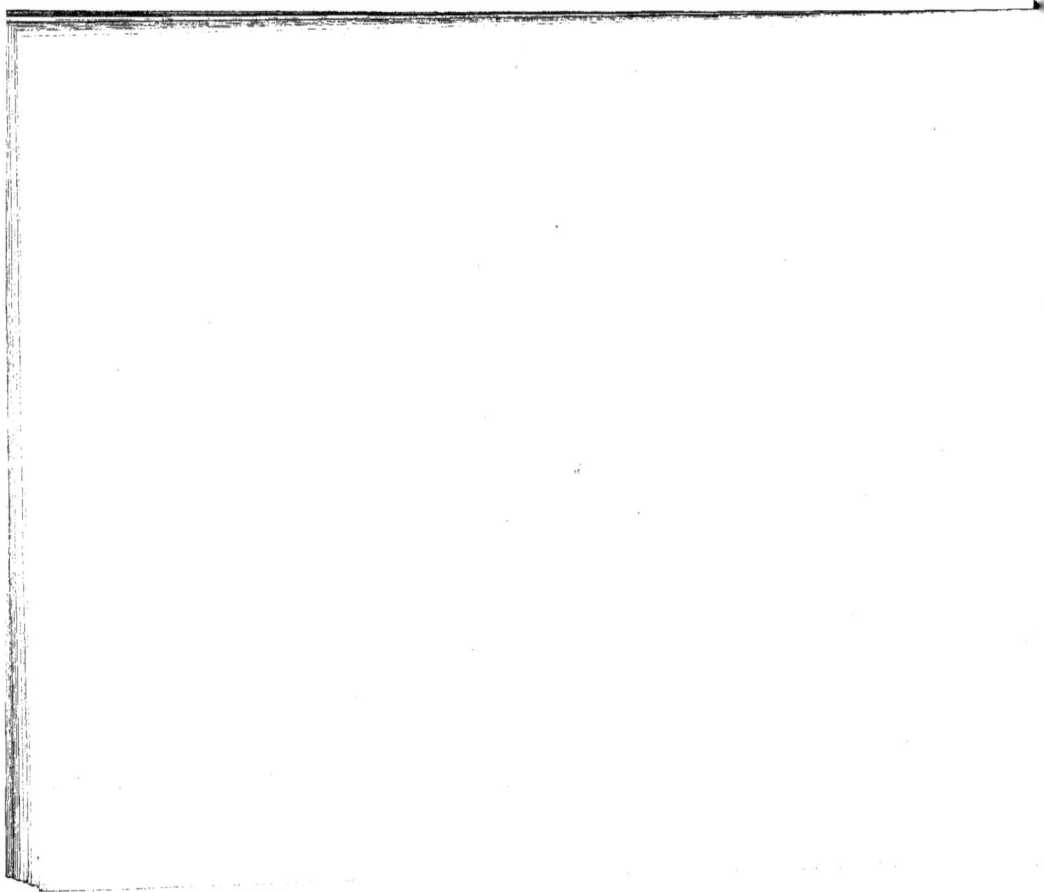

39

CONTRIBUTIONS INDIRECTES.

Poudres.
(Loi du 30 Août 1797)

Sels.
Loi du 24 Avril 1806,
Décret du 11 Juin 1806,
Loi du 17 Décembre 1814.

Tabacs.
(Loi du 28 Avril 1816)

Culture.
(L. 12 Fév. 1835)

Fabrication.

Vente.

Poudres :

Il n'est pas permis de la Poudre à en vendre sans une autorisation, autorisation, à peine une de 3000 fr. de 500 fr. d'amende et le, de confiscation de conduction. es et des ustensiles. à la fabrication. (26, 28) .27)

mères employés cation seront pendant 3 mois "fois, et pesant Kilogr" sous peine as de récidive. (27)

ue une prime celui ou ceux qui leur ou arrêteront dus qui les livrent nternellecité des qui en vendent à es qui en colportent. *Octobre 1842)*

Il n'est pas permis d'en vendre sans une autorisation, à peine de confiscation. (27)

N'ol m'avoir chez soi, même pour un usage, plus de cinq Kilogr" sous peine de confiscation. (24, 28)

Il est défendu d'introduire aucune poudre étrangère sous prime de confiscation du poudres, tout dépôt chevaux et voitures, et d'une toute fabrication amende de 20 fr par Kilogramme de poudre (24) depoudre (27)

L'amende sera double, si la fraude est faite par voie de mer. (28)

Le Maire doit saisir toute fabrication (D 53)

Il doit se faire assister de deux citoyens du voisinage pour procéder à la visite qui ne peut se faire en temps de nuit. (26)

Sels :

Pas de dépôt de plus de 30 Kilogrammes. (L. 1814, 32)

Les recherches ne peuvent se faire avant le lever et après le coucher du soleil. (L. 1814, 32)

Les contraventions sont de la compétence exclusive des Juges de Paix. (L. 1814, 29)

Le Maire doit assister les Employés dans leurs visites. (L. 1814, 32)

Le Maire doit assister aux visites domiciliaires des Employés. (L. 197)

Tabacs — Culture :

Une autorisation est nécessaire pour la culture de plus de 20 pieds de Tabac. (L. 1816, 140)

Lorsqu'une récolte a éprouvé des accidents, le planteur le fait constater suite, s'il y a lieu par les Employés en présence du Maire (L. 197)

La nature des accidents, leurs causes et leurs résultats.

Les dires respectifs du Planteur et des Employés.

Fabrication :

Sont considérés comme Fabricants frauduleux, les particuliers chez lesquels on en trouvera : (221)

La réduction est estimée de machines, propres à la fabrication, et marques de la Régie (221)

Des ustensiles, en son temps du Maire doit veiller feuilles de Tabac, discussion, le à ce que le Procès sud de Tabac en acquels à Procès verbal constate préparation. avec exactitude (221)

Plus de 10 Kilog" de Tabac fabriqué non revêtus des marques de la Régie (221)

Sous peine de confiscation et d'amende de 1000 à 3000 fr." (221)

En cas de récidive, l'amende sera double. (221)

Vente :

La Vente ne peut se faire que par la Régie. (172)

Nul ne peut avoir en provision plus de 10 Kilogrammes, s'ils ne sont revêtus des marques de la Régie. (217)

Ceux qui colportent ou vendent en fraude à leur domicile, même, sans être surpris dans leur vente (222)

Le taux moyen du Prix est par Kilogramme : 1ʳᵉ qualité. 11ᶜ 20ᶜ 2ᵐᵉ id 7ᶜ 20ᶜ de centime, 4ᶜ.. (174)

Sont punis de la confiscation et d'une amende de 300 fr. à 1000 francs (222)

Le Maire doit constater la vente des Tabacs en fraude ou fabriqués à l'étranger. (223)

Il doit faire arrêter les Colporteurs, et saisir non seulement les tabacs, mais encore les moyens de transport. (223)

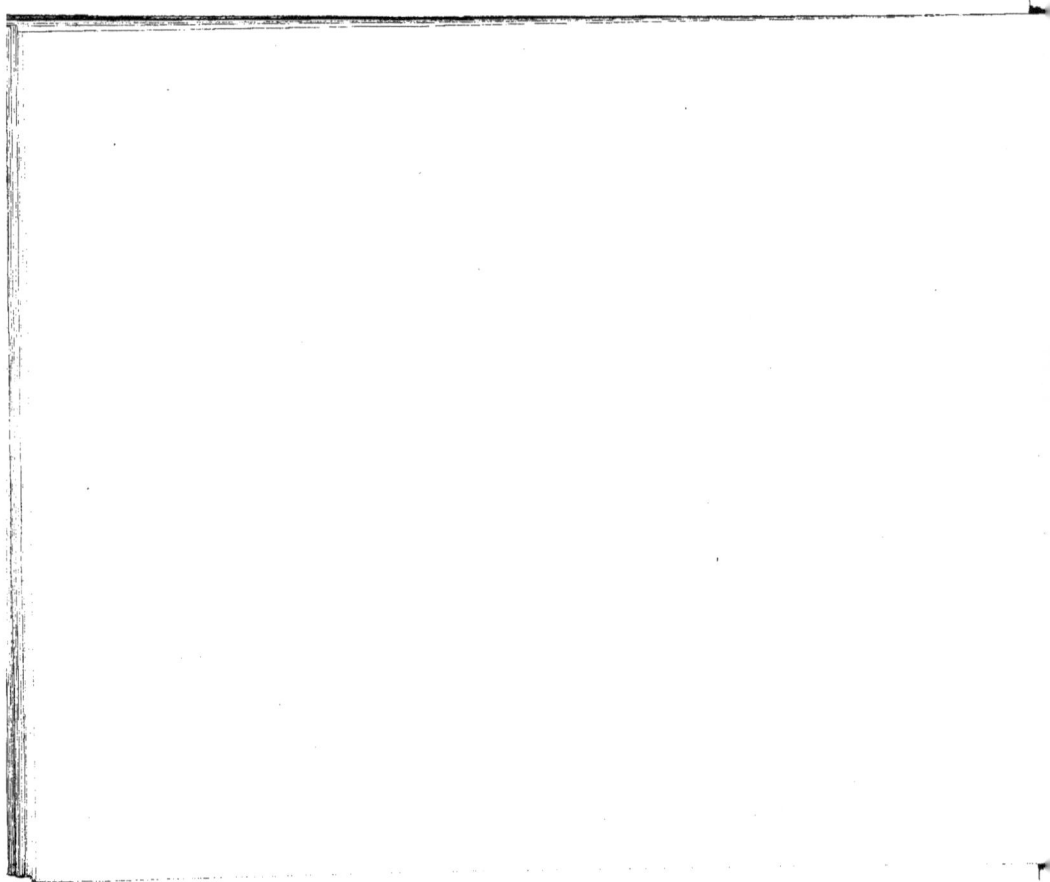

i du 25 Mars 1817,
dnd du 16 et du 26 Juillet 1828,
d^{ns} du 5 Octobre 1843.

40.

CONTRIBUTIONS INDIRECTES.

Voitures.

Messageries.

Attributions des Maires.

M Entrepreneur doit faire | Tout conducteur doit être muni
déclaration préalable et | d'un Laissez-passer. *(L 117)*.
v^{elle}, et se munir d'une
and dont le prix est de 5 fr^s
r une voiture à 4 roues et | Toute voiture, circulant sans estampille
fr^s pour celle à 2 roues. | ou sans laissez-passer, sera saisie ainsi
(L 115) | que les chevaux et harnais; et la contravention
| est punissable d'une amende de 100 à 1000 fr^s)
v voiture publique, ayant | en cas de récidive l'amende sera de 500 fr^s au maxi.
v mise en circulation, doit | *(L 120. 122.)*
revêtue d'une estampille.
(L 117) | Dans aucun cas les Employés ne pourront
| arrêter les voitures sur les grandes routes
droit de 2 francs. | ailleurs qu'aux entrées et sorties des Villes
(id.) | ou aux relais. *(L 120)*.

Prêter aide et assistance | Veiller à l'exécution des prescriptions
aux x. *(0.39)*. | relatives

Employés | Employés des Ponts | Maîtres | A la hauteur des voitures. | Au chargement. | A la Police.
des droits | à bascule. | de Poste.
réunis.

Le Maire a le droit d'assister | Faire revenir les | Tout Entrepreneur | 3 mètres au plus | 2 mètres 60 cent^{mes} | Pas plus de 2 | Au poids suivant la | Tout Conducteur | Les Voituriers sont | Les Voitures
au chargement et au déchar- | conducteurs qui | allant à plus de 10 lieues | pour les voitures | pour celles à 2 roues | personnes avec | largeur des Roues | pris pour excédant | tenus de laisser la | publiques seront
gement. *(Circ 19 f^{er} 1833)* | au moins évité de | et qui ne prend pas les | et qui ne prend pas les | à 4 roues. *(017)* | *(017)* le Conducteur | ou bandes. | de poids ne pourra | moitié du pavé aux | constamment,
| passer sur le pont. | chevaux de la poste, doit | sur la banquette | *(0.5 Octobre 1843)* | continuer sa route | Voyageurs. *(0.34)* | éclairées la nuit.
| *(0.23)* | une indemnité de 0^f.25^c | d'Impériale *(014)* | | avant d'avoir réalisé | | *(011)*.
	par cheval *(L 15 Ventose l'an IIe*			le payement des	
	et L 24 Avril 1817 art.1er)			dommages, et décharger	
				la voiture de l'excédant	
				du poids. *(0.24)*	

Ceux qui refusent de | Sous peine d'une amende | Caisses de | Exception pour
laisser peser leur voiture | de 500 fr. dont moitié au profit | | les Malles postes.
sont réputés en surcharge | des Maîtres de poste. *(L. Venture, art. 2)* | | *(0.34)*.
et passibles du maximum
de l'amende. *(01er Août 1829)* | Sont affranchis du péage: | | Il est accordé une tolérance
| *(0.5 Octobre 1843)* | | d'un ½ centimètre sur la
| | | largeur des bandes. *(0 art.1)*.

	7 centimètres	8 centimètres	9 centimètres	10 centimètres
Voitures à	4 Roues :	3 000	3 500	4 000	4 500
	2 Roues :	1 500	1 750	2 000	2 250

Plus une tolérance de 200 Kilogrammes est accordée. *(0. art. 2)*

Les voitures sur 4 roues ayant au moins 7 centim^{res} | Les voitures attelées de 4 chevaux et ayant au moins | Les Voitures à 4 roues de 10 cent^{res} de largeur et pourvues à l'avant train de 2 pièces de fer
de largeur des bandes et attelées de 3 chevaux ou plus. | 9 centimètres de largeur des bandes. *(3)*. | dites S-sassoire et Contre-sassoire, pourront supporter une charge de 4.700 non compris la
(4) | | tolérance. *(Ord. du 29 Octobre 1845)*.

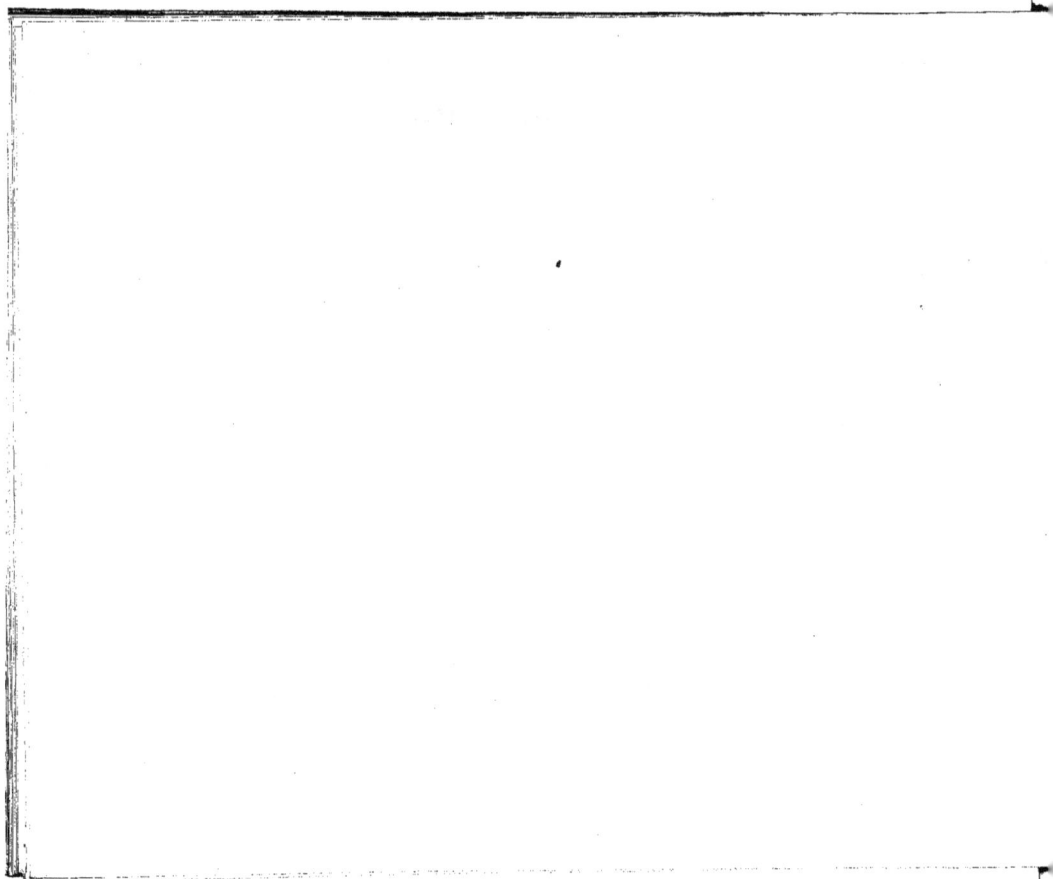

du 23 Juin 1806,
25 Mars 1817,
nances du 16 et du 26 Juillet 1828,
id. du 2 Octobre 1844

CONTRIBUTIONS INDIRECTES.

Voitures.

Roulage.

Confection des Roues. — **Police.** — **Chargement des Voitures.** — **Attributions des Maires.**

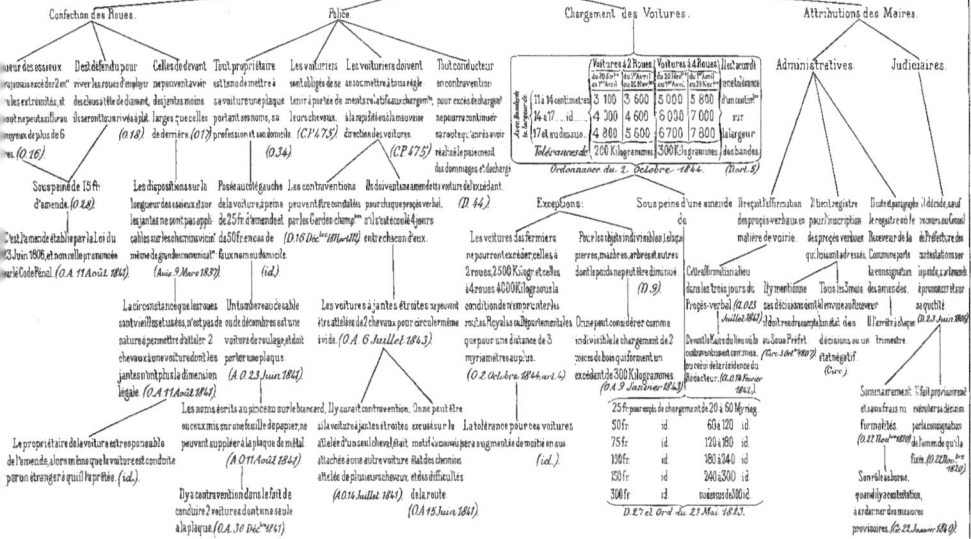

	Voitures à 2 Roues.		Voitures à 4 Roues.		Tout essieu
	du 10 Av.[l] au 1.er Nov.	du 1.er Nov.[bre] au 10 Av.[l]	du 10 Av.[l] au 1.er Nov.	du 1.er Nov.[bre] au 10 Av.[l]	d'un contin.[t]
11 à 14 continut:[s]	3 100	3 600	5 000	5 800	d'un contin.[t]
14 à 17... id.	4 000	4 600	6 000	7 000	sur
à 17 et au dessus.	4 800	5 600	6 700	7 800	la largeur
Tolérances de:	200 Kilogrammes		300 Kilogrammes,		des bandes.

Ordonnance du 2. Octobre 1844. (Art. 5)

25 fr. pour un poids de chargement de 20 à 60 Myriag.			
50 fr.	id.	60 à 120	id.
75 fr.	id.	120 à 180	id.
130 fr.	id.	180 à 240	id.
130 fr.	id.	240 à 300	id.
300 fr.	id.	au dessus de 300 id.	

D. 27 et Ord. du 27 Mai 1843.

POLICE GÉNÉRALE.

Cultes. { *Témoignage extérieur des sentiments religieux.* }

Ceux

Les Ministres du Culte Catholique.

Cérémonies. *(Tableau 43.)*

Fabriques. *(Tableau 45.)*

Reconnus.

Non reconnus *(L'exercice d'un nouveau culte doit être autorisé).*

Leur Ordination après 22 ans. *(D. 28 Février 1810).*

Installation.

Exemptions en leur faveur.

Traitement.

...tholique *...ordat 1801 (Décret du ...rminal an 10) 28 Mars 1807).*

Protestant. *(Décret du 17 Mars 1808).*

Juif.

Par un délégué de l'Évêque. Du Service Militaire. *(Conc. 28) (L. 10 Mars 1818 n).*

Ils peuvent donner des soins et des conseils à leurs paroissiens malades. *(Ar. 8 Vend. an 14).*

Ils peuvent avoir 2 ou 3 élèves *(Ord. 27 Février 1821)* du Département. *(Ac. du Conseil d'État du 20 Nov.bre 1808).*

De tout la tutelle ou curatelle hors

Il varie

Au dessous de 2 000 f: leur traitement n'est pas soumis à l'art. 78 de la loi du 28 Avril 1816. *(L. 25 Mars 1817, art. 137).*

Tous ont droit au logement. *(Conc. 72).*

Il peut être modifié par le Conseil municipal qui délibère sur *(Cons. 67 Arr. 16 fevar an 11, art. 3).*

...urés. Pasteur. Rabbin.

...ommendient aux Evêques ...exercice de leurs ...ons *(Conc. 30).*

Ils sont tenus de résider. *(Conc. 29).*

Inventaire est dressé du mobilier de la Cure, lors de l'installation et lors du départ. *(L. 12 L. 11 Mars 1831) (D. 30 Déc.bre 1809 art. 44)*

De la Garde Nationale.

À la charge de le déclarer au Recteur qui veillera à ce que le nombre ne soit pas dépassé *(Av. du Cd. d'État 10 Nov.bre 1604).*

Suivant

Les augmentations de traitement. *(3).*

Les frais d'ameublement *(3).*

Les frais d'achat et d'entretien de tous les objets nécessaires au service du culte. *(6).*

En cas de ..., les scellés sont apposés immédiatement par le Juge de Paix et sans frais.

À cet effet il est prévu par le Maire.

Les scellés sont levés en présence du Trésorier de la Fabrique

Le rang

La position

L'âge.

Ces mesures ne peuvent être exécutées qu'après l'approbation du Gouvernement *(Ar. de l'an 11 art. 5).*

Curés.

Vicaires.

Desservents. Pensionnés. Non pensionnés. Septuagénaires. Au dessous de 70 ans.

Ils exercent leur ministère sous la surveillance et la direction des Curés. *(Concord. 31)*

Les prêtres desservant les succursales sont nommés par l'Évêque. *(Concordat 63.)*

Ils sont approuvés par l'Évêque, et révocables par lui. *(id.)*

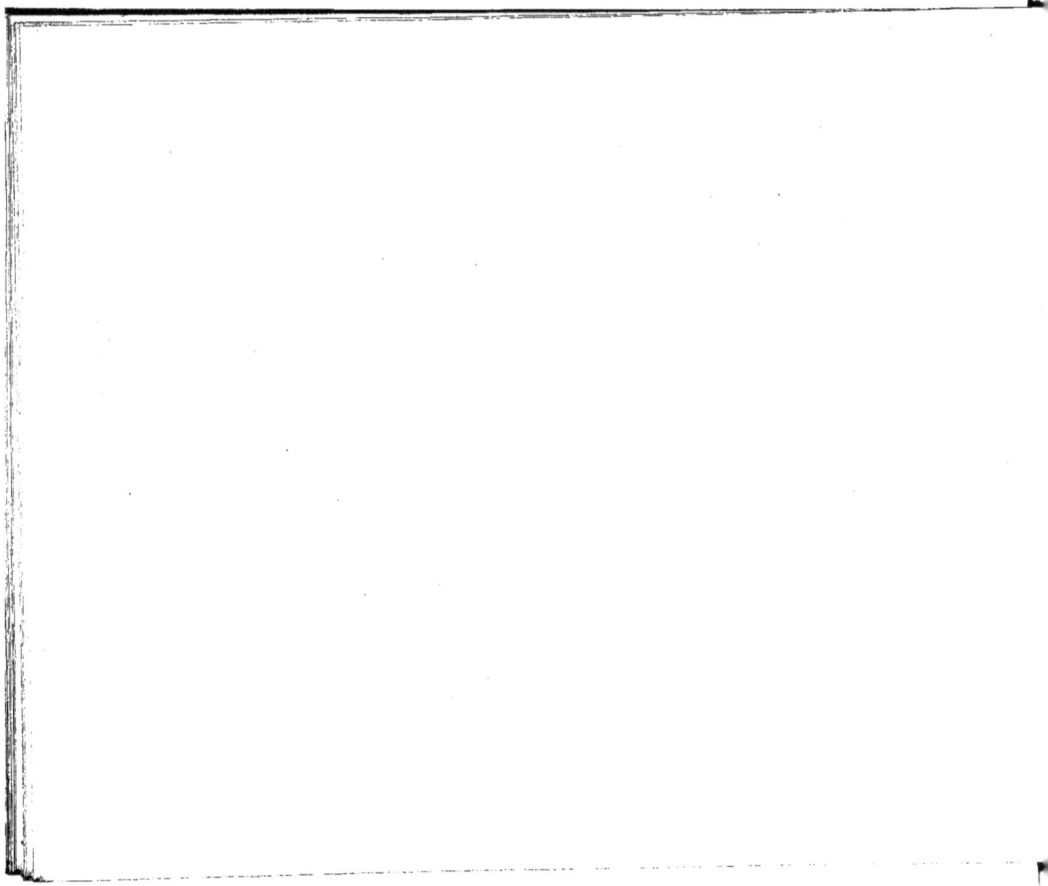

POLICE GÉNÉRALE.

Cultes.

Cérémonies.

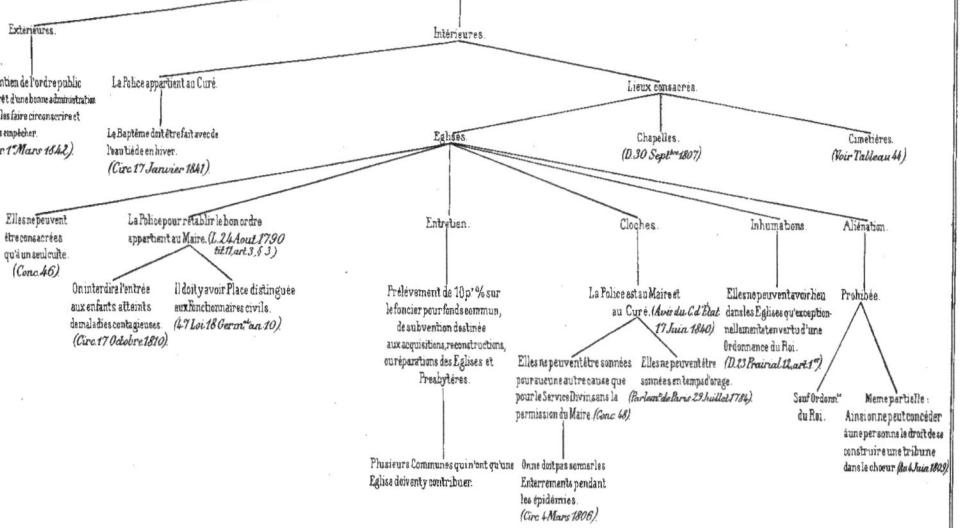

Extérieures.

Intérieures.

Maintien de l'ordre public et d'une bonne administration : les faire circonscrire et es empêcher. (*r. 1er Mars 1842.*)

La Police appartient au Curé.

Le Baptême doit être fait avec de l'eau tiède en hiver. (*Circ. 17 Janvier 1841.*)

Lieux consacrés.

Eglises.

Chapelles. (*D. 30 Sept.re 1807.*)

Cimetières. (*Voir Tableau 44.*)

Elles ne peuvent être consacrées qu'à un seul culte. (*Conc. 46.*)

La Police pour rétablir le bon ordre appartient au Maire. (*L. 24 Août 1790 tit. 11, art. 3, § 3.*)

On interdira l'entrée aux enfants atteints de maladies contagieuses. (*Circ. 17 Octobre 1810.*)

Il doit y avoir Place distinguée aux fonctionnaires civils. (*L. 7 Loi 18 Germ.al an 10.*)

Entretien.

Prélèvement de 10 p.r % sur le foncier pour fonds commun, de subvention destinée aux acquisitions, reconstructions, ou réparations des Eglises et Presbytères.

Plusieurs Communes qui n'ont qu'une Eglise doivent y contribuer.

Cloches.

La Police est au Maire et au Curé. (*Avis du C.d'Etat. 17 Juin 1840.*)

Elles ne peuvent être sonnées pour une autre cause que pour le Service Divin sans la permission du Maire (*Conc. 48.*)

On ne doit pas sonner les Enterrements pendant les épidémies. (*Circ. 4 Mars 1806.*)

Inhumations.

Elles ne peuvent être sonnées en temps d'orage. (*Parlem.t de Paris 29 Juillet 1784.*)

Elles ne peuvent avoir lieu dans les Eglises qu'exceptionnellement en vertu d'une Ordonnance du Roi. (*D. 23 Prairial 11, art. 1er.*)

Sauf Ordonn.t du Roi.

Aliénation.

Prohibée.

Même partielle : Ainsi on ne peut concéder à une personne le droit de se construire une tribune dans le chœur (*S.o 4 Juin 1809.*)

POLICE GÉNÉRALE.

Cultes.

Cimetières.

Leur Création. — **Leur Emploi.** — **Leur Police.**

Leur Création.

Les Cimetières doivent être grands A 35 ou 40 mètres au mur des Villages tenir 5 fois ou des habitations. (D.2)

Leur translation peut pour toutes les Communes être ordonnée par arrêté du Préfet, le Conseil municipal entendu. (O.2)

Clos de murs de 2 mètres au moins de hauteur. (3)

Défense de construire sans autorisation à moins de 100 mètres de distance. (D.7 Mars 1808)

Il fixe le planter d'arbres, mais sans gêner la circulation de l'air. (3)

Même défense pour les puits, ceux existant doivent être comblés. (D.7 Mars 1808)

Après visite contradictoire d'expertise. (id.)

En vertu d'Ordonnance du Préfet. (id.)

Leur Emploi.

Partagés en autant de parties qu'il y a de Cultes. (Art.15)

Suivant l'importance de la population appartenant à chaque culte. (Art.15)

Il se fait des concessions sur la place le permet. (D.10)

À la condition de payer une redevance.

Les tarifs sont uniformément proposés par les Conseils municipaux et approuvés par le Préfet. (O.7)

Par des murs avec des entrées distinctes. (D.15)

Elles sont de 3 espèces: (0.3)

Perpétuelles.

Trentenaires. Elles sont renouvelables indéfiniment à la fin de chaque période par une nouvelle redevance. (0.3)

Temporaires. Faites pour 15 ans, elles ne peuvent être renouvelées qu'à l'échéance. (0.3)

Fosses.

Leur renouvellement n'a pas lieu avant 5 ans. (Art.4)

Leurs dimensions (D.4)

La terre ne nécessaire aux séparations et passages établis autour des concessions devra être fournie par la Commune.

1 m 0,5 à 2 mètres de profondeur et 0,08 centimètres et de 3 à 5 de large. (D.4)

La famille dessus a le droit de mettre une pierre tumulaire. (Art. 12)

Séparées de 3 à 4 décim. les unes des autres, et de 3 à 5 à la tête. (D.5)

Avec autorisation on peut se faire enterrer dans sa propriété. (D.14)

On d'un le cimetière d'une autre Commune la fabrique. (Cass. 12 Juillet 1879)

Mais défense de faire des fouilles et constructions. (D.9)

Il peut ordonner la suppression d'une inscription si cela arrête pourrait servir de prétexte à quelque désordre. (Conseil d'État 8 Janvier 1862)

Leur Police.

Les anciens — Les nouveaux

Les anciens

Affermés. Échangés ou vendus, mais pas avant 5 ans alors la fabrique. l'autorisation du Gouvernement. (D.8)

Les nouveaux

Leurs produits spontanés à sont vendus au Maire. (D.300 Déc. 1809)

La police en est confiée au Maire.

Les rétributions pour le transport des corps sont réglées par la fabrique. (D.18 Mai 1806)

Il nomme les fossoyeurs, aux hommes, et fixe son salaire. 77 C.C et 358 C.P.

Aucune inhumation sans humation, sans l'autorisation du Maire.

Il doit veiller à

L'approbation du Préfet est nécessaire.

Empêcher tout désordre et tout acte contraire au respect dû à la mémoire des morts. (D.17)

En cas de refus du Prêtre, à ce que le corps soit porté, présenté, déposé et inhumé. (D.19)

Il a le droit de contraindre la fabrique à fournir les tentures et ornements convenables. (Circ.26 Thermidor 12)

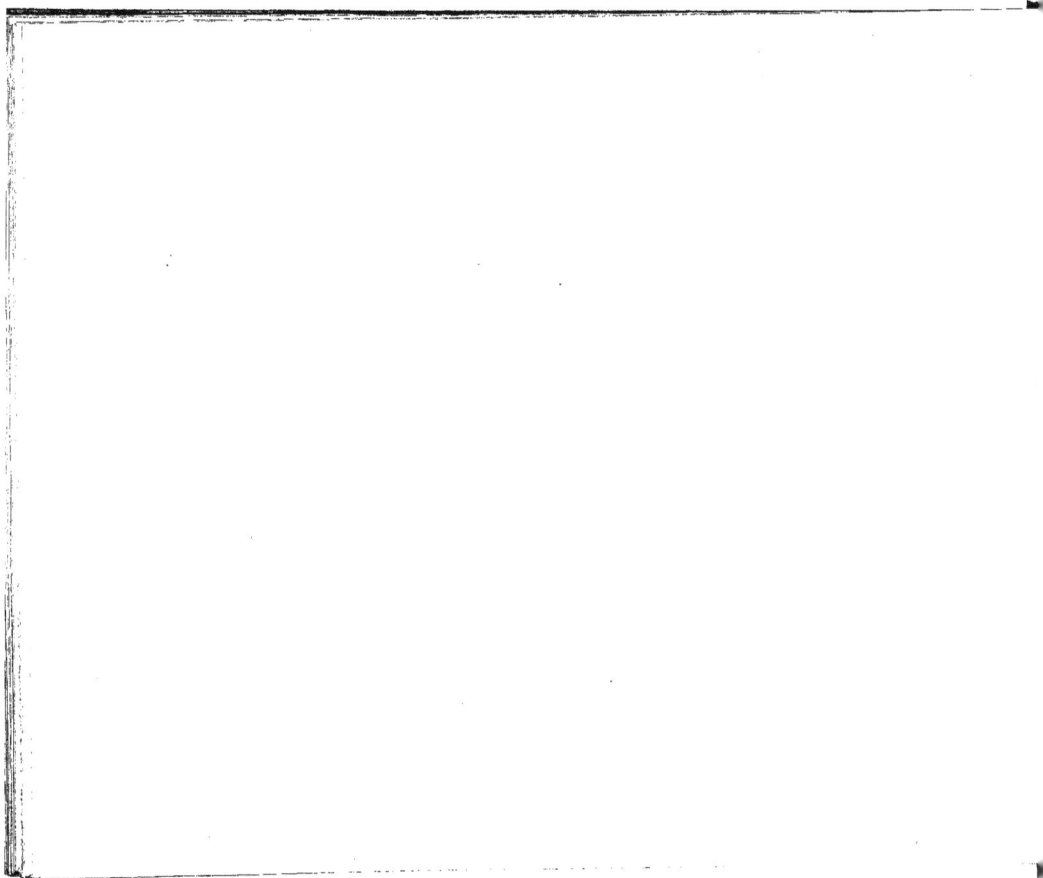

POLICE GÉNÉRALE.

Cultes.

Fabriques. *(Article 76 du Concordat.)*

Leur But. — **Leur Administration.** — **Leur Budget.** *(Voir le Tableau 48.)*

à l'entretien et à la conservation des Temples et Presbytères.

Administrer les aumônes et les biens. *(D.1er.)*

Assurer le Service du Culte et le maintien de sa dignité. *(D.1er.)*

à la décoration penses relatives l'assument intérieur mes *(D.1er.)*

Elles ne sont pas propriétaires des objets d'art qu'elles possèdent les Eglises, tels que Sculptures, Bas-reliefs, Tableaux, Vitraux, etc. Elles ne peuvent les vendre, alterer ni mutiler sous peine de responsabilité envers la Commune *(Circ. 27 Avril 1839)*

Les frais des Services religieux ordonnés par le Gouvernement sont à la charge des Fabriques. *(Avis du 8 Juillet 1818.)*

Par un

Conseil

Bureau des Marguilliers. *(Voir le Tableau 46.)*

Ses Membres. — **Révocation.** — **Organisation.** — **Réunions.**

Le Ministre peut révoquer un Conseil de Fabrique pour défaut de présentation du budget ou de reddition de comptes, ou pour toute autre cause grave. *(ord. 5)*

De droit. — **Nommés.**

uré. Le Maire : à droite Il se place à gauche ésident. du Président. 4). (4).

Si le Maire n'est point catholique, il est remplacé par son Adjoint ou par un Membre du Conseil Municipal. *(4).*

Nombre. — **Pour la première fois par** *(6).* — **Renouvellement** — **Parmi les notables Catholiques et domiciliés dans la Commune** *(13)*

9 dans les Paroisses de 5000 et au dessus.
5 dans les Paroisses au dessous de 5000 ames. *(3).*
(3)

l'Évêque *(5 ou 3).* Le Préfet. *(4 ou 2).*
Excepté pour les Cathédrales et pour les annexes dont l'Évêque nomme seul les membres.
(Circ. du 11 Mars 1809)

Ensuite leur nomination appartient aux Membres restants.
D'abord la fraternité 5 sur 3 ou 3 sur 5 *(7)*

Tous les 3 ans de la moitié désignée par le sort.
(7)

Ils sont rééligibles.
(8)

Ils nomment au scrutin le Président et le Secrétaire.

Ordinaires : Les premiers Dimanches de Janvier, Avril, Juillet et Octobre. *(10).*

Extraordinaires ou d'urgence, mais avec l'autorisation du Préfet, l'Évêque en étant informé. *(10)*

Leurs soins sont de

En cas de partage, le Président a voix prépondérante. *(9)*

Pour délibérer, il faut plus de la moitié des Membres. *(9)*

Tous signent les délibérations. *(9)*

Nommeries Membres du bureau et régler *(11)*

Connaitre *(12)*

Donner leur avis sur les projets à soutenir. *(12)*

Ils entrent en fonctions le Dim. de la Quasimodo.
(6)

En cas de décès, il est pourvu au remplacement dans la 1re Séance ordinaire de la Fabrique après la Vacance. *(Ord.12 J.er 1825 art.3)*

Le Budget. Le compte annuel du extraordinaires entre une Commune et Trésorier. *(8)*

Les dépenses En cas de contestations au delà une Fabrique sur la question de propriété

Ils antent ne place et s'atingent dans le bureau d'oeuvre *(21)*

Si un mois après, il n'y a pas été procédé, c'est l'Évêque qui nomme. *(id. 4)*

L'Élection ne vaut que pour le temps qui restait à courir pour le membre remplacé. *(id. 3).*

30 fr dans les Paroisses au dessous au dessous de 1000 de 1000 âmes. *(12)*

100 fr dans celles au dessus de 1000 âmes. *(12)*

des églises et presbytères d'origine nationale, c'est à l'autorité administrative à en connaître.
(Circ. 23 Juin 1829)

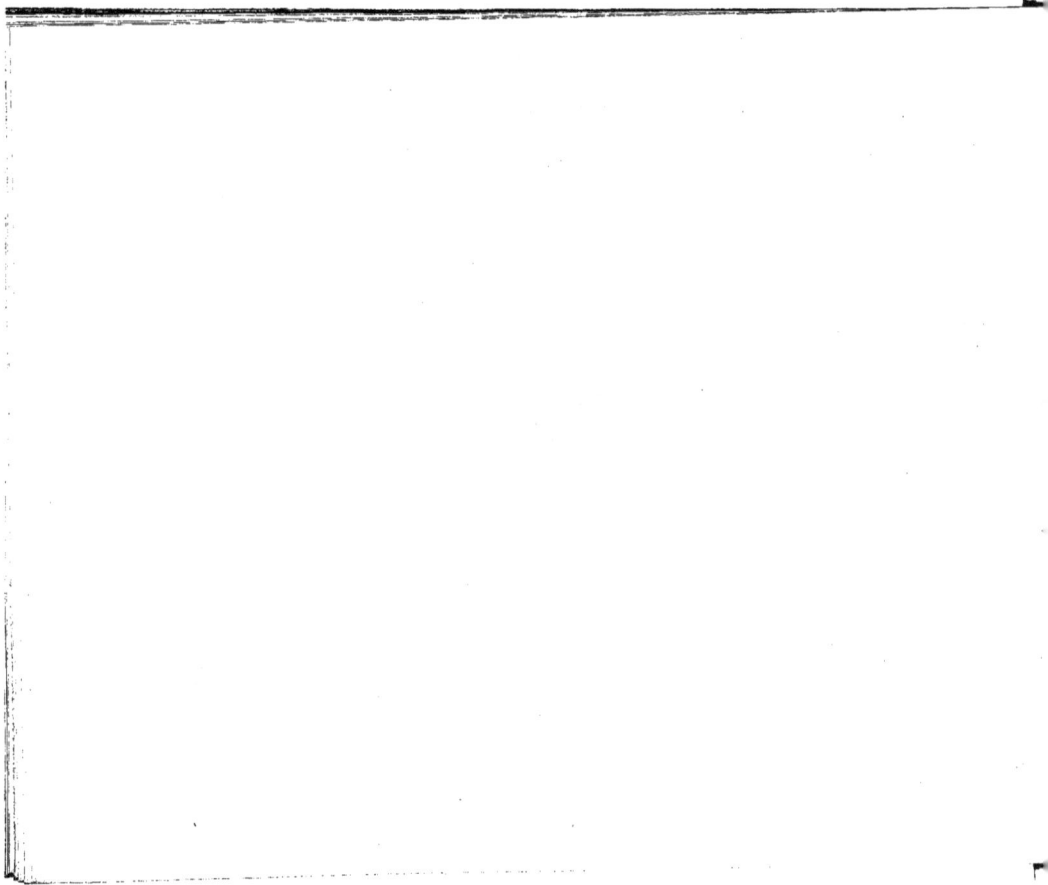

POLICE GÉNÉRALE.

Cultes.

Bureau de la Fabrique.

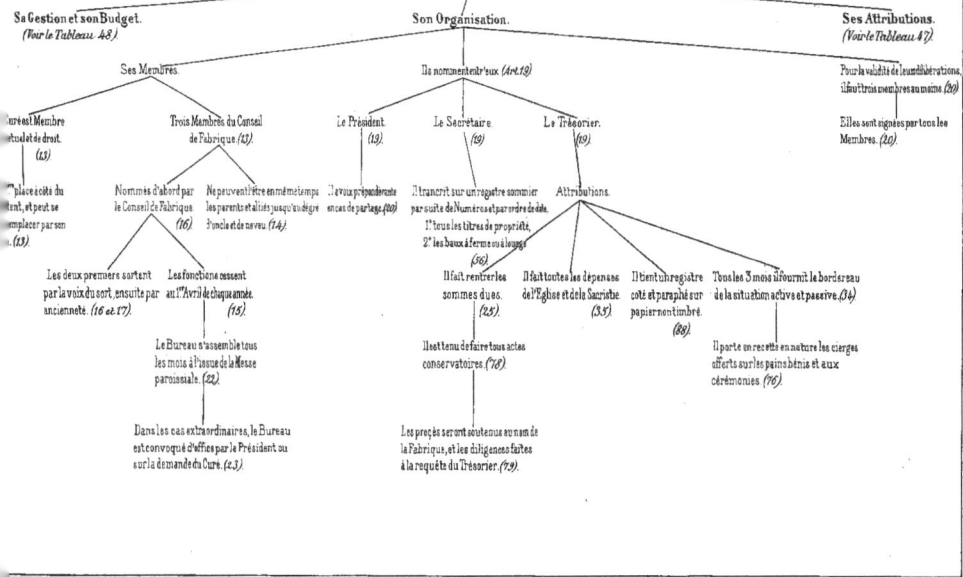

Sa Gestion et son Budget.	Son Organisation.	Ses Attributions.
(Voir le Tableau 48.)		*(Voir le Tableau 47.)*

Sa Gestion et son Budget. *(Voir le Tableau 48.)*

Son Organisation.

Ils nomment entr'eux *(Art. 12.)*

Ses Attributions. *(Voir le Tableau 47.)*

Pour la validité de leurs délibérations, il faut trois membres au moins. *(20.)*

Elles sont signées par tous les Membres. *(20.)*

Ses Membres.

Le Curé est Membre ...actuel et de droit. *(13.)*

...place à côté du ...rent, et peut se ...mplacer par son ...*(13.)*

Trois Membres du Conseil de Fabrique. *(11.)*

Nommés d'abord par le Conseil de Fabrique. *(16.)*

Ne peuvent être en même temps les parents et alliés jusqu'au degré d'oncle et de neveu. *(14.)*

Les deux premiers sortant par la voix du sort, ensuite par ancienneté. *(16 et 17.)*

Les fonctions cessent au 1.er Avril de chaque année. *(15.)*

Le Président. *(19.)*

Il a voix prépondérante en cas de partage. *(20.)*

Le Secrétaire. *(19.)*

Il transcrit sur un registre sommier par suite de Numéros et par ordre de date. *(36.)*
1.º tous les titres de propriété,
2.º les baux à ferme ou à louage.

Le Trésorier. *(19.)*

Attributions.

Il fait rentrer les sommes dues. *(25.)*

Il est tenu de faire tous actes conservatoires. *(76.)*

Les procès seront soutenus au nom de la Fabrique, et les diligences faites à la requête du Trésorier. *(79.)*

Il fait toutes les dépenses de l'Eglise et de la Sacristie. *(35.)*

Le Bureau s'assemble tous les mois à l'issue de la Messe paroissiale. *(22.)*

Dans les cas extraordinaires, le Bureau est convoqué d'office par le Président ou sur la demande du Curé. *(23.)*

Il tient un registre coté et paraphé sur papier non timbré. *(36.)*

Tous les 3 mois il fournit le bordereau de la situation active et passive. *(34.)*

Il porte en recette en nature les cierges offerts sur les pains bénis et aux cérémonies. *(76.)*

POLICE GÉNÉRALE.

Cultes.

Bureau de la Fabrique.

Ses Attributions.

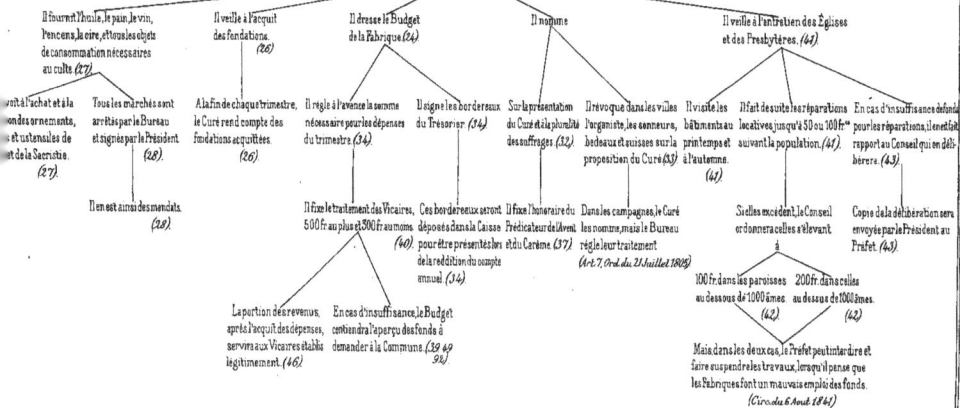

Il fournit l'huile, le pain, le vin, l'encens, la cire, et tous les objets de consommation nécessaires au culte. (27)

Il veille à l'acquit des fondations. (26)

Il dresse le Budget de la Fabrique (24)

Il nomme

Il veille à l'entretien des Églises et des Presbytères. (44)

oit à l'achat et à la onde des ornements, set ustensiles de t de la Sacristie. (27)

Tous les marchés sont arrêtés par le Bureau et signés par le Président. (28)

A la fin de chaque trimestre, le Curé rend compte des fondations acquittées. (26)

Il règle à l'avance la somme nécessaire pour les dépenses du trimestre. (34)

Il signe les bordereaux du Trésorier. (34)

Sur la présentation du Curé et à la pluralité des suffrages. (32)

Il révoque dans les villes l'organiste, les sonneurs, bedeaux et suisses sur la proposition du Curé (33)

Il visite les bâtiments au printemps et à l'automne. (44)

Il fait ensuite les réparations locatives jusqu'à 50 ou 100 fr. suivant la population. (44)

En cas d'insuffisance défini pour les réparations, il en fait rapport au Conseil qui en délibérera. (43)

Il en est ainsi des mandats. (28)

Il fixe le traitement des Vicaires, 500 fr. au plus et 300 fr. au moins. (40)

Ces bordereaux seront déposés dans la Caisse pour être présentés lors de la reddition du compte annuel. (34)

Il fixe l'honoraire du Prédicateur de l'Avent et du Carême. (37)

Dans les campagnes, le Curé les nomme, mais le Bureau règle leur traitement. (Art.7, Ord. du 21 Juillet 1805)

S'elles excèdent, le Conseil ordonnera celles s'élevant à

Copie de la délibération sera envoyée par le Président au Préfet. (43)

La portion des revenus, après l'acquit des dépenses, servira aux Vicaires établis légitimement. (46)

En cas d'insuffisance, le Budget comprendra l'aperçu des fonds à demander à la Commune. (39 49 92)

100 fr. dans les paroisses au dessous de 1000 âmes. (42)

200 fr. dans celles au dessus de 1000 âmes. (42)

Mais dans les deux cas, le Préfet peut interdire et faire suspendre les travaux, lorsqu'il pense que les Fabriques font un mauvais emploi des fonds. (Circ. du 6 Août 1841)

POLICE GÉNÉRALE.

Cultes.

Bureau de la Fabrique.

Sa Gestion.

Son Budget.

Chaque fabrique a une caisse ou armoire fermant à trois clefs. *(30)*

Inventaire sera fait, et un double remis au Curé des effets et papiers. *(33)*

Procès. Ils ne seront soutenus qu'après délibération du Bureau et du Conseil réunis; et autorisation du Conseil de Préfecture. *(77)*

Biens immeubles. On distingue ceux *(D.1813).*

Il est soumis au Conseil de fabrique le jour de la Quasimodo *(D.1809 47)*

Il comprend deux Chapitres: *(46)*

Il est envoyé à l'Évêque pour avoir son approbation. *(47)*

Si les revenus couvrent la dépense, il est exécuté sans formalités *(48).*

Recettes. *(46)*

Dépenses. *(46).*

Trésorier, Pour Curé, renfermer Président. *(30)*

Récolement fait chaque année. *(33).*

De la Fabrique. *(60)*

De la Cure. Le Desservant

Des Presbytères. Le Curé supporte les simples réparations locatives, les autres sont à la charge de la Commune. *(21)*

Des Églises. *(D.1809)*

Reliquats et recouvrements.

Ordinaires. Extraordinaires. Ordinaires. Extraordinaires.

sa, papiers, pièces atives, registres libérations et ires. *(54).*

L'Argent. Aucune somme ne sera extraite qu'en l'autorisation du Bureau. *(52).*

Il ne peuvent être aliénés, échangés, est un simple value ou pour plus de 9 ans ou sans un délibération du Conseil, l'avis de l'Évêque et Ordonnance du Roi. *(62. 1809).* usufruitier.

Si la Fabrique a des fonds disponibles, elle contribue avec la Commune aux grosses réparations *(37).*

Dans le cas d'impossibilité, le Conseil général ou le Gouvernement y pourvoient. *(100).*

Savoir : les frais
1° de célébration du Culte,
2° de réparation des orn mts meubles et ustensiles,
3° des gages des Officiers et serviteurs de l'Église,
4° de réparations locatives. *(46)*

e pièce ne peut être sans un récépissé qui ben de la délibération au qui l'a autorisé. *(57)*

Chaque somme, perçue par le Conseil la Fabrique, sera porte chaque jour sur un registre coté et paraphé qui sera tenu entre les mains du Trésorier. *(74).*

Les sommes provenant des biens de la Cure pendant sa vacance, y seront en dépôt.

Il est tenu des réparations locatives et dégradées bornaye venant de son fait *(14)*

Sont nuls: Les aliénations, échanges, servitudes consenties, et baux de plus de 9 ans, si moins qu'il n'y ait eu adjudication aux enchères sur l'avis de deux experts nommés par le Sous-Préfet *(9)*

Ceux restitués en vertu de l'art 72 de la Loi du 18 Germinal 10 *(8 av. 1802)* appartement aux Communes et non aux Fabriques. *(Av. du Conseil d'État du 3 Nov.re 1837).*

Il faut pour obtenir ces secours : *(Circ. 29 Juin 1841).*

Elles seront perçues par le Trésorier de la Fabrique. *(id. 28.)*

Quant aux grosses ré- concurrence du tiers du revenu foncier de la Cure. *(13)*

Les revenus du titulaire depuis son décès jusqu'à la nomination du successeur sont appliqués aux grosses réparations. *(24)*

Défense d'y stipuler des pots-de-vin. *(10)*

Que le besoin soit constaté, et la dépense à faire comme et registre par un homme de l'art qui dresse de un avis exact. *(id.)*

L'avis du Conseil de Fabrique et celui du Conseil Municipal indiquant la somme pour laquelle il contribuera. *(id.)*

Le budget de la Fabrique et celui de la Commune réglés et approuvés, et le certificat du Percepteur énonçant le chiffre des impositions extraordinaires. *(id.)*

L'avis du Préfet contenant une proposition au Ministre de l'Intérieur et à celui des Cultes. *(id.)*

(id.)

POLICE GÉNÉRALE.

Cultes.

Fabrique.

Ses Revenus.

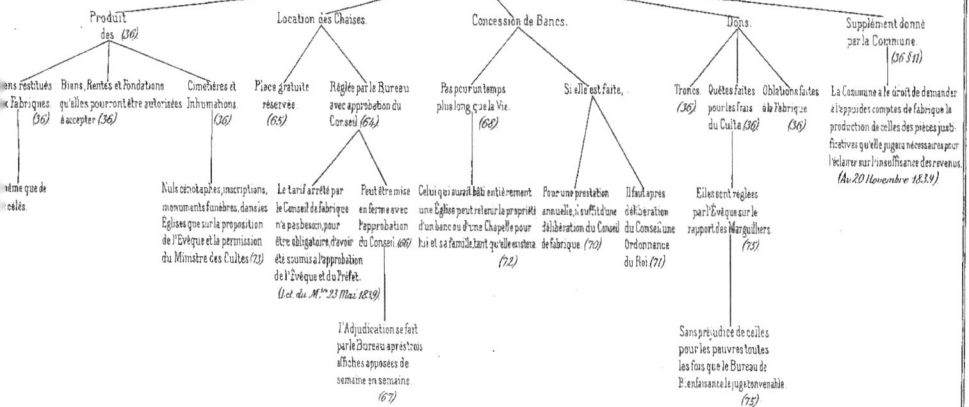

Produit des (36.)

Location des Chaises.

Concession de Bancs.

Dons.

Supplément donné par la Commune (36 §11)

...ens restitués ...x Fabriques. (36)

Biens, Rentes et Fondations qu'elles pourront être autorisées à accepter (36)

Cimetières et Inhumations. (36)

Place gratuite réservée (65)

Réglée par le Bureau avec approbation du Conseil (66.)

Pas pour un temps plus long que la Vie. (68)

Si elle est faite,

Troncs (36)

Quêtes faites pour les frais du Culte (36)

Oblations faites à la Fabrique (36)

La Commune a le droit de demander à l'appui des comptes de fabrique la production de celles des pièces justificatives qu'elle jugera nécessaires pour l'éclairer sur l'insuffisance des revenus. (Av. 20 Novembre 1814.)

...ême que de ...célés.

Nuls cénotaphes, inscriptions, monuments funèbres, dans les Églises que sur la proposition de l'Évêque et la permission du Ministre des Cultes (23)

Le tarif arrêté par le Conseil de fabrique n'a pas besoin, pour être obligatoire, d'avoir été soumis à l'approbation de l'Évêque et du Préfet. (Dét. du M.re 23 Mai 1839)

Peut être mise en ferme avec l'approbation du Conseil (68)

Celui qui aura bâti entièrement une Église peut retenir la propriété d'un banc ou d'une Chapelle pour lui et sa famille, tant qu'elle existera (72)

Pour une prestation annuelle, il suffit d'une délibération du Conseil de fabrique (70)

Il faut après délibération du Conseil une Ordonnance du Roi (71)

Elles sont réglées par l'Évêque sur le rapport des Marguilliers (73)

L'Adjudication se fait par le Bureau après trois affiches apposées de semaine en semaine. (67)

Sans préjudice de celles pour les pauvres toutes les fois que le Bureau de Bienfaisance le jugera convenable (75)

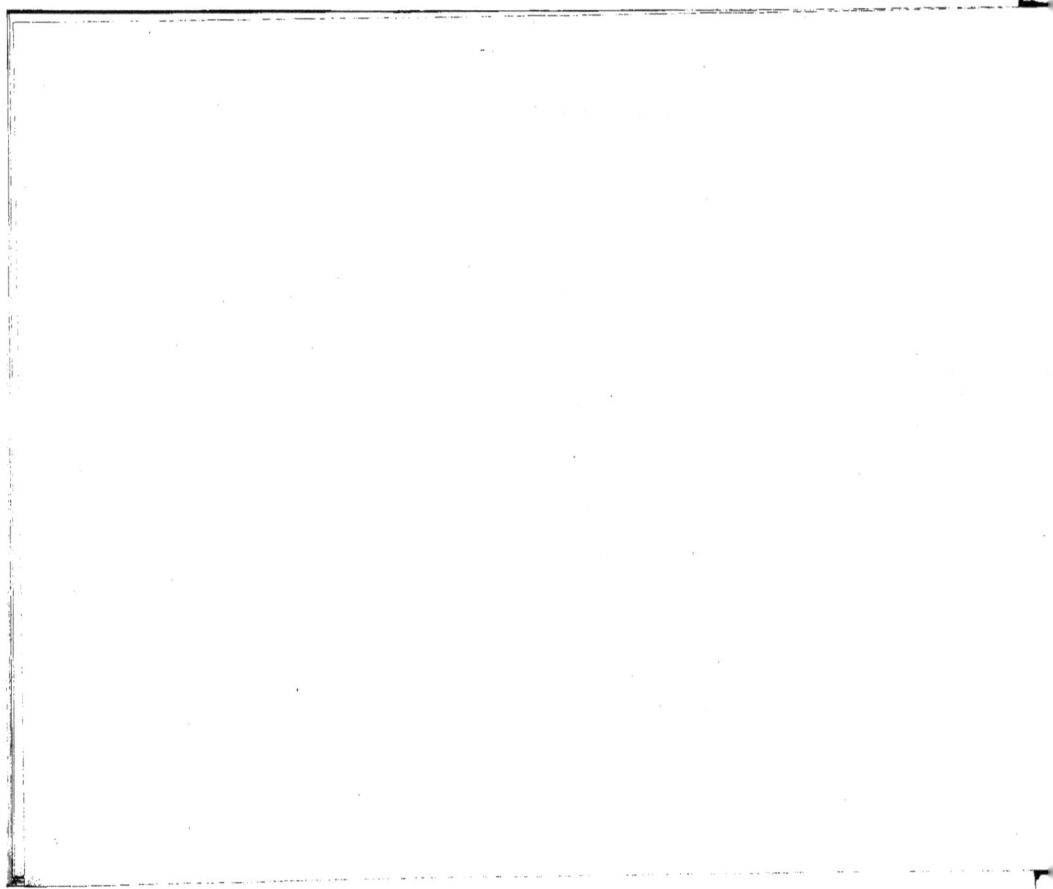

du 21 Mars 1831,
des 19 et 23 Avril 1831,
ulaire du 25 Avril 1840

50.

ÉLECTIONS.

Électeurs.

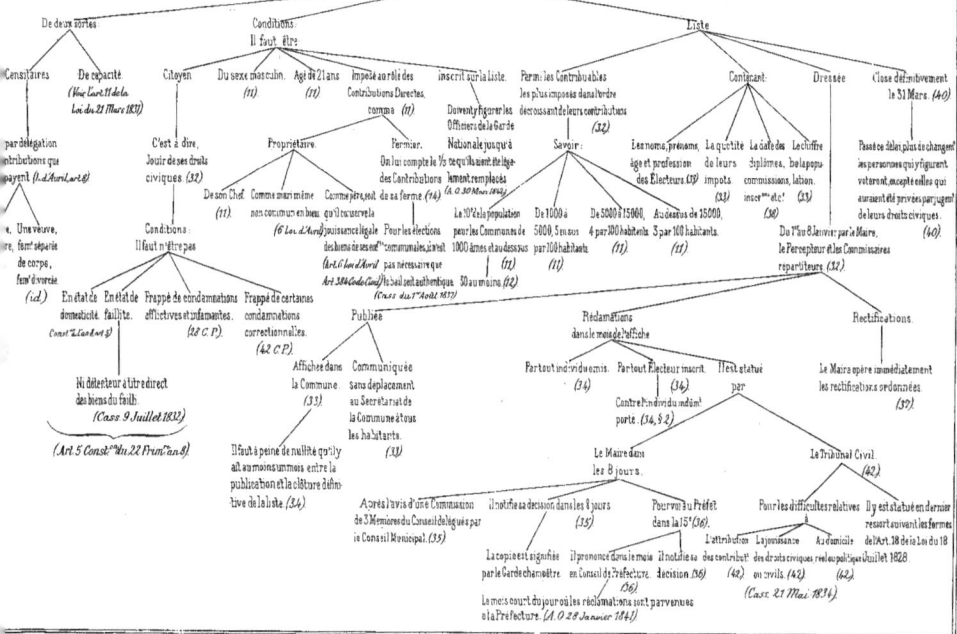

De deux sortes.

Conditions.
Il faut être.

Liste.

Censitaires.

De capacité
(Voir l'art.11 de la
Loi du 21 Mars 1831.)

Citoyen.

Du sexe masculin.
(11)

Âgé de 21 ans.
(11)

Imposé au rôle des
Contributions Directes,
comme (11)

inscrit sur la liste.

Parmi les Contribuables
les plus imposés dans l'ordre
décroissant de leurs contributions.
(32)

Contenant.

Dressée.

Close définitivement
le 31 Mars. (40)

par délégation
ntributions qu'
payent (L.d.Avril,art.8)

C'est à dire,
Jouir de ses droits
civiques. (32)

Propriétaire.

Fermier.

Nationale jusqu'à
On lui compte le 1/3 de ce qu'il sait, de l'age
des Contributions foncement remplacés
(A.0 30 Mars 1842)

Savoir:

Les noms, prénoms,
âge et profession
des Électeurs (39)
(33)

La quotité
de leurs
impôts.
(33)

La date de
diplômes,
inscr.ms etc.
(30)

Le chiffre
de la popu-
commissions, lation.
(33)

Passé ce délai, plus ne changent
les personnes qui y figurent
voteront, excepté celles qui
auraient été privées par jugem.t
de leurs droits civiques.
(40)

Une veuve,
re, fem.t séparée
de corps,
fem.d divorcée.
(id.)

De son Chef.
(11)

Comme au mari même
non contenu en biens
(6 Loi d'Avril)

Comme père, soit de sa ferme (14)

Le 10e de la population
pour les Communes de
1000 âmes et au dessus.
(11)

De 1000 à
5000, 5 en sus
(11)

De 5000 à 15000,
4 par 100 habitants.
(11)

Au dessus de 15000,
3 par 100 habitants.
(11)

Du 1.er Janvier par le Maire,
le Percepteur et les Commissaires
répartiteurs. (32)

Conditions.
Il faut n'être pas

En état de Frappé de condamnations
faillite. effectives et infamantes.
(28 C.P.)

Frappé de certaines
condamnations
correctionnelles.
(42 C.P.)

Publiée.

Réclamations
dans le mois de l'affiche.

Rectifications.

Ni détenteur à titre direct
des biens du failli.
(Cass. 9 Juillet 1832)

(Art.5 Const.m du 22 Frim.t an 8.)

Affichée dans
la Commune.
(33)

Communiquée
sans déplacement
au Secrétariat de
la Commune à tous
les habitants.
(33)

Il faut à peine de nullité qu'il y
ait, au moins un mois entre la
publication et la clôture définitive de la liste. (34)

Partout individu omis.
(34)

Partout Électeur inscrit.
(34)

Il est statué
par

Le Maire, opère immédiatement
les rectifications ordonnées.
(37)

Contre l'individu indûm.t
porté. (34, §.2)

Le Maire dans
les 8 jours.

Le Tribunal Civil.
(42)

Après l'avis d'une Commission
de 3 Membres du Conseil délégués par
le Conseil Municipal. (35)

Il notifie sa décision dans les 3 jours.
(35)

Pourvu au Préfet
dans la 15.e (36)

Pour les difficultés relatives
à

Il y est statué en dernier
ressort suivant les formes
de l'Art. 18 de la Loi du 18

La copie est signifiée
par le Garde champêtre.

Il prononce dans le mois
en Conseil de Préfecture.
(36)

Il notifie sa
décision (36)

des contribut.s
(42)

l'attribution
des droits civiques
ou civils. (42)

La jouissance
et politiques
(Cass. 21 Mai 1834)

Au domicile
réel ou politique
(42)

Juillet 1828.

Le mois court du jour où les réclamations sont parvenues
à la Préfecture. (A.0 28 Janvier 1841)

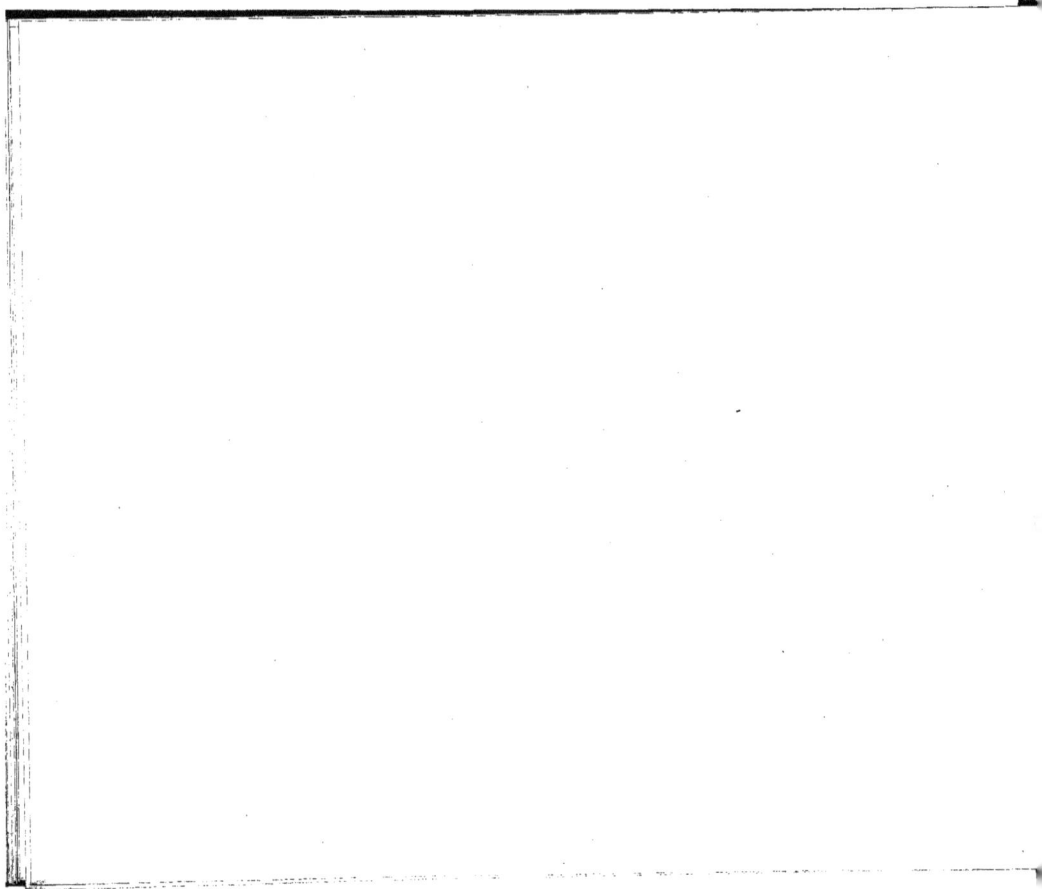

ÉLECTIONS.

Convoquées

Par le Préfet. *(43)*

affiches et par / res individuelles *(Circ.)*

A la Maison commune ou autre lieu choisi. *(Circ. 9 Mai 1843)*

A deux jours d'intervalle s'il y a plusieurs sections. *(44)*

Par le Maire. *(id.)*

Assemblées

Uniques dans les Communes de moins de 2500 habitants. *(44)*

En sections dans les Communes de 2500 habitants et au dessus. *(44)*

De manière que chacune d'elles ait au plus 6 conseillers à élire *(44)*

Président

Le Maire, l'Adjoint, un Conseiller municipal. *(44)*

Il a la police de l'assemblée *(48)*

Il ouvre et ferme la Séance *(Circ. 11 Aout 1831)*

Il empêche

Lorsqu'il s'absente, il est remplacé par le plus âgé des Scrutateurs. *(Circ.)*

L'entrée de tout étranger *(48)*

Qu'on s'occupe d'autres objets que de l'élection. *(48)*

Il est daté par

Toute discussion et toute délibération sont interdites *(48)*

An, mois et jour *(49)*

Heure, *(49)*

de l'ouverture de la Séance. *(Ord.)*

de la clôture de la Séance. *(Ord.)*

Quatre Scrutateurs.

Les deux plus âgés et les deux plus jeunes, présents à la séance. *(44)*

Sachant lire et écrire. *(id.)*

Il dresse le procès-verbal séance tenante.

Formalités de ce procès-verbal.

Il indique les noms des membres du Bureau

Il est signé par tous.

Il contient l'indication des incidents et de la décision. *(1.19 Avril 1831)*

Il contient le résultat du scrutin *(45)*

Bureau

Le Secrétaire. Il est désigné par le Bureau *(O. 24 Aout 1832)*

Il n'y a pas d'incompatibilité entre le père et le fils et les alliés *(Loi 19 Avril 1831, 44)* au même degré *(O. 24 Aout 1832)*

Il ne prend part aux délibérations du Bureau *(O. 24 Aout 1832)*

Transmis au Préfet dans les 5 jours du élections. *(57)*

Sous la condition qu'il y ait toujours 3 membres présents *(49)*

Le Conseil de Préfecture dans la mesure qui doit être proclamé par le Président. *(1.1 Avril.51)*

D'office, si le Préfet voit une nullité.

Dans les 3 mois de la connaissance de la décision du Conseil de Préfecture. *(O.15 Mars 1833)*

Le Tribunal de l'Arrond. statue dans le mois de l'envoi du Procès-verbal *(51)*

Le recours au Conseil d'État est de droit. *(O.3 Mai 1833)*

Communiqué au Procès-verbal *(52)*

Attributions.

Il juge provisoirement les difficultés *(50)*

Ces difficultés définitives? jugées par

d'une incapacité légale d'un ou de plusieurs membres élus. *(52)*

Sur réclamation d'un Électeur votant. *(52)*

Déposée à la Mairie dans les 5 jours des élections. *(52)*

Mais seulement celles qui s'élevant sur les opérations de l'assemblée et celles confiées aux Électeurs. *(Ord. 23 Avril 1832.)*

Le recours est notifié 10 jours à l'avance au Préfet et aux parties. *(1.2 Juillet 1828, 18.)*

La cause est jugée sommairement toutes affaires cessantes et sans ministère d'Avoué. *(id.)*

Mode de voter **Choix.**

Voir Tableau 52.

ÉLECTIONS.

Mode de voter

Choix

Après serment de chaque électeur votant. *(47)*

Par Bulletin secret écrit dans la Salle par *(L.d'Avril 48)*

Au scrutin de liste. *(49)*

Nombre à faire *(9)*

Parmi les Électeurs communaux portés sur la liste.

Élus.

Sur l'appel de la Liste. *(Loi d'Avril 48)*

L'Électeur qui le ferme et le remet au Président qui le dépose dans l'urne. *(L.d'Avril 48)*

Le fait que des bulletins ont été écrits hors de la durée 3 heures salle, fait annuler l'élection. *(Arr.du Conseil d'État 26 avril 1841)*

Chaque scrutin pour celles de 3 heures au moins. *(49)*

10 pour les Communes de 500 hab.^{le} et au-dessous. *(9)*
16 id de 1500 à 2500. *(9)*
21 id de 2500 à 3 500. *(9)*
23 id de 3 500 à 10 000. *(9)*
27 id de 10 000 à 30 000. *(9)*
36 id de 30 000 et au-dessus. *(9)*

3 de plus pour chaque adjoint supplémentaire. *(2.9)*

Âges de 25 ans accomplis. *(17)*

Sauf les incompatibilités et empêchements applicables aux

3/4 au moins parmi les domiciliés dans la Commune *(19)*

1/8 par les Électeurs censitaires *(16)*

Pour être élu Sauf après les élections générales, alors on tire au sort ceux qui devront sortir après les trois 1ères années. *(50)*

À la majorité des votes exprimés. *(49)*

Ils sont rééligibles. *(17)*

À moins qu'ils n'aient perdu la jouissance de leurs droits civiques, il faut alors qu'ils la recouvrent avant d'être réélus.

Il peut le faire écrire par un Électeur de son choix. *(48)*

Il peut y en avoir deux par jour. *(49)*

Préfets, sous-Préfets, Secrétaires généraux, Conseillers de Préfecture *(18)*

Ministres des divers Cultes, en exercice dans la Commune. *(18)*

Comptables des revenus communaux. *(18)*

Agents salariés par la Commune. *(18)*

Membres du Conseil municipal. *(18)*

Parenté au degré de père, fils, frère, allié au même degré pour les Communes au-dessous de 500 hab.^{ts} *(20)*

Elle doit être absolue Elle n'est qu'au 1er tour de scrutin, que relative *(49)* au 2e tour. *(49)*

Si le nombre des votants est impair, il suffit d'obtenir plus de la moitié des suffrages. *(O.1 29 Juin 1842)*

Le locataire d'un immeuble communal ne doit pas être considéré comme comptable. *(O.A. 8 Mai 1841)*

L'agent-voyer rétribué sur les fonds communaux ne peut être élu Membre du Conseil municipal *(O.A.3 Septembre 1844)*

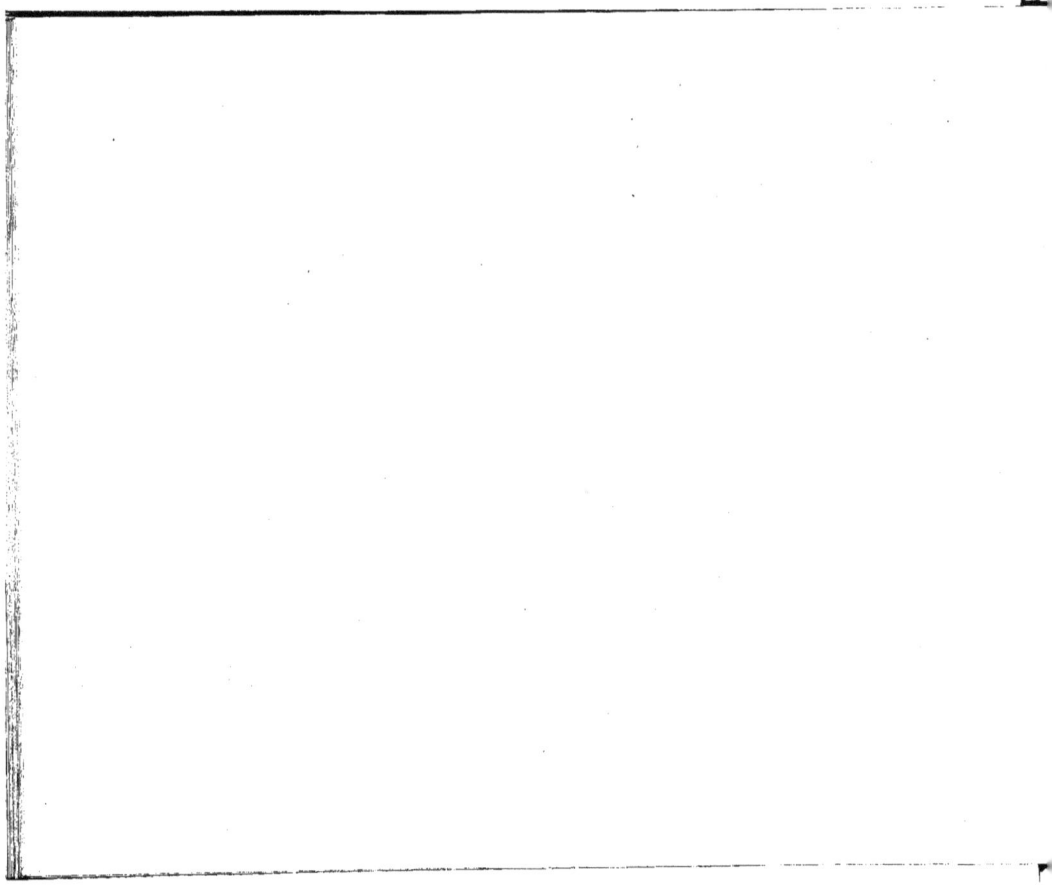

le Civil, art. 245, Charte 9.
du 7 Juillet 1833.
du 3 Mai 1841.

53.

EXPROPRIATION
pour cause d'utilité publique.

Formalités relatives

La déclaration d'utilité. — **L'expropriation.** — **L'indemnité.** — **Exception.**

Par une loi ou ordonnance. (3).

Par un arrêté du Préfet déterminant les propriétés sur lesquelles les travaux doivent avoir lieu. (11).

Jugement du Tribunal Civil de la situation des biens (14).

Offre d'un prix quelconque par l'Administration. (23).

Fixée par le Jury. (34).

Si les terrains n'étaient pas employés, les anciens propriétaires auraient droit de les reprendre pour le prix de la cession. (60).

claré l'utilité que, et autorise vaux. (2).

S'il elle n'indique pas les localités sur lesquelles les travaux auront lieu, un arrêté du Préfet les précise. (2).

Il est précédé.

Il commet un Membre du Tribunal pour être Directeur du Jury. (14).

Il est publié dans les Communes, affiché et inséré dans le Journal. (15).

Elle est affichée et publiée comme le plan parcellaire. (23).

Composé de 12 membres, mais ils peuvent délibérer au nombre de 9. (35).

Après avoir vu les pièces et les réclamations, entend les parties ou leurs fondés de pouvoir. (37).

Déchéance au bout de 3 mois après la publication de la mise en vente. (60).

Le Contrat sera passé devant le Préfet ou le Sous-Préfet en présence et sous le concours d'un préposé de l'administr.° de l'Enreg.t et d'un agent du Ministère pour le compte duquel l'acquisition a lieu. (0.22.Mars 1835).

D'un plan parcellaire des terrains et bâtiments. (4).

D'un Procès-verbal dressé par le Maire des déclarations et réclamations pendant 8 jours. (7).

D'un avis d'une Commission présidée par le Sous-Préfet et composée de 4 Membres du Conseil général qui ne peuvent prendre d'Arrondissement, du Maire de la Commune et de l'Ingénieur chargé de les diriger. (8).

Des réclamations, s'il y a lieu, contre et par toutes les personnes intéressées du Jury. (21).

Tous les tiers doivent faire connaître leurs droits au Directeur (21).

Choisis par le Tribunal sur une liste faite tous les ans par le Conseil général. (30).

En faveur des Communes. (Ord. 24 Août 1833).

à la Mairie. (5).

Avertissement d'en prendre connaissance. (6).

Il annexe celles faites par écrit. (7).

Commission prend connaissance sans déplacement et sans se faire du réclamations (10).

Le projet des travaux, leur but, leur tracé, et l'appréciation de leurs dépenses sont déposés à la Mairie. (1er).

Un Commissaire spécial, nommé par le Préfet, reçoit pendant 3 jours consécutifs les réclamations, et en dresse procès-verbal. (4).

En cas de réclamation ou d'un avis contraire, le (4).

Le Préfet transmet le tout avec son avis au Ministre de l'Intérieur sur le rapport duquel (4).

L'expropriation et l'indemnité sont réglées par la loi du 7

trompe mbour. (6).

Affiche à la porte de l'Église et de la Mairie. (6).

Insertion dans un Journal du Chef-lieu d'arrondissement (6) ou du département. (6).

Les parties peuvent être entendues, et leurs réclamations contre et sans suite, et de l'Ingénieur et déposé au Secrétariat de la Préfecture. (9).

15 jours sont accordés pour en prendre connaissance. (5).

Il donne son avis motivé. (4).

tout est transmis avec Ordonnance au Conseil d'État qui décide la question et prononce l'utilité publique, son avis. (4).

purge les hypothèques pour les acquisitions d'une valeur au-dessus de 500 francs. (1841.19). (5).

Sous la condition d'obtenir l'autorisation du Conseil municipal et l'approbation du Préfet. (0.13 Avril 1842, art. 2).

FORCE PUBLIQUE.

C'est la réunion des forces individuelles pour maintenir les droits de tous, et assurer l'exécution de la volonté générale (Art. 1.er Loi du 13 Juin 1791).

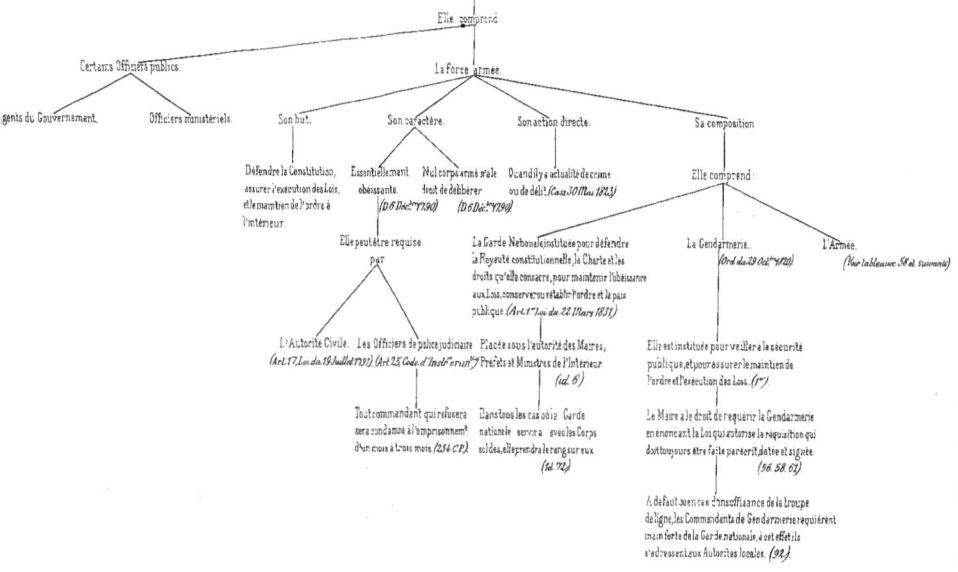

Elle comprend

- **Certains Officiers publics.**
  - gents du Gouvernement.
  - Officiers ministériels.

- **La Force armée.**

  - **Son but.**

    Défendre la Constitution, assurer l'exécution des Lois, elle maintien de l'ordre à l'intérieur.

  - **Son caractère.**

    - Essentiellement obéissante. *(D. 6 Déc.re 1790)*

      Elle peut être requise par

      - L'Autorité Civile. *(Art. 17, Loi du 19 Juillet 1791).* Les Officiers de police judiciaire. *(Art. 25, Code d'Instr. crim.re.)* Placée sous l'autorité des Maires, Préfets et Ministres de l'Intérieur. *(id. 6.)*

        - Tout commandant qui refusera sera condamné à l'emprisonnement d'un mois à trois mois. *(254 C.P.)*

        - Dans tous les cas où la Garde nationale servira avec les Corps soldés, elle prendra le rang sur eux *(id. 72.)*

    - Nul corps armé n'a le droit de délibérer. *(D. 6 Déc.re 1790)*

  - **Son action directe.**

    Ou quand il y a actualité de crime ou de délit. *(Loi 30 Mai 1833)*

    La Garde Nationale, instituée pour défendre la Royauté constitutionnelle, la Charte et les droits qu'elle consacre, pour maintenir l'obéissance aux Lois, conserver ou rétablir l'ordre et la paix publique. *(Art. 1.er Loi du 22 Mars 1831.)*

  - **Sa composition**

    Elle comprend :

    - **La Gendarmerie.** *(Ord. du 29 Oct.re 1820)*

      Elle est instituée pour veiller à la sécurité publique, et pour assurer le maintien de l'ordre et l'exécution des Lois. *(1.er)*

      Le Maire a le droit de requérir la Gendarmerie en énonçant la Loi qui autorise la réquisition qui doit toujours être faite par écrit, datée et signée. *(56. 58. 61.)*

      A défaut ou en cas d'insuffisance de la troupe de ligne, les Commandants de Gendarmerie requièrent main forte de la Garde nationale, à cet effet ils s'adressent aux Autorités locales. *(92.)*

    - **L'Armée.** *(Voir tableaux 58 et suivants)*

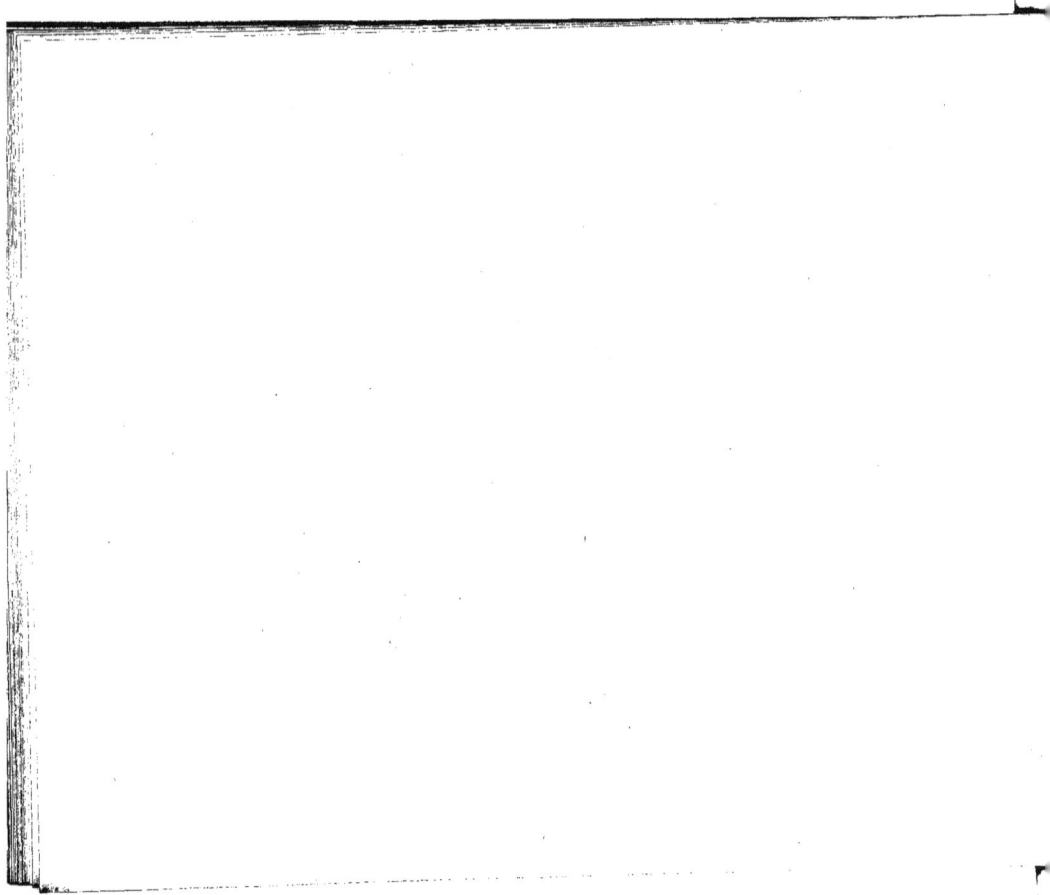

FORCE ARMÉE.
Garde Nationale.

Son Service.   Recensement.

De 3 sortes. *(1)*   Obligatoire *(8)*   Fait par le Maire. *(14)*   Soumis au Conseil de Recensement. *(15)*   Jury de Revision. *(21)*

Ordinaire à l'intérieur la Commune. *(3)* — De détachement hors de la Commune. *(3)* — De corps détachés pour seconder l'Armée. *(3)* — Sous trois conditions.   Exceptions.   Voir pour les renseignements à constater une Instruction Ministérielle du 27 Mars 1831.   Dans les Campagnes, c'est le Conseil municipal. *(15)*   Il revise les listes du Maire, et en fait le registre matricule *(16)*   Il forme le contrôle de service *(19)*   Sa composition. *(21)*   Il prononce au nombre de 7 voix au moins *(26)*   Ses Attributions.

D'âge de 20 à 60 ans *(9)* — De domicile réel et non fictif. *(9)* — De nationalité *(9)* Les Français seuls y sont astreints. — Incompatibilité avec les fonctions de magistrat requérant. *(11)* — Dispenses. — Exceptions. — Exclusions.   Composé de 8 Membres en nombre égal à la Garde nationale la Commune. *(15)*   Il peut s'adjoindre les habitants appelés à faire le service de les habitants de la Commune. *(17)*   Ce registre déposé à la Mairie sera communiqué à tous *(17)*   Deux espèces: Le Juge de Paix le préside *(23)* — 12 Jurés tirés au sort sur la liste des Officiers, sous-Officiers, — La décision relative aux majorités abusives contestations. *(26)*   Il statue sur toutes les contestations relatives à

Les anciens militaires arrivés à 50 ans d'âge, et ayant 20 ans de service, peuvent s'en dispenser.   Pourront cependant y être appelés les Étrangers admis à jouir des droits civils. *(10)*

De droit pour les   Les Concierges et Employés des Prisons, et les Agents de justice et de police. *(13)* — Les Condamnés aux peines afflictives au moins pour vols, escroqueries, abus de confiance, banqueroutes, attentats aux mœurs et vagabondage *(13)*   Ordinaire composé de *(19)*   Ceux qui paient l'impôt... *(19)* Caporaux et Gardes nationaux âgés de plus de 25 ans, et sachant lire et écrire *(23)* — De réserve. *(19)*   Seuls recours au Conseil d'État pour incompétence ou excès de pouvoir *(Avis du Cons. d'État 15 Juillet 1831)*   L'inscription sur le tableau du Conseil de discipline *(25)* — L'inobservation des formes pour l'élection des Officiers, sous-Officiers et Caporaux *(24)* — La désignation faite pour la formation des corps détachés. *(146)*

1° Ecclésiastiques, 2° Militaires en activité, 3° id. en congé illimité, 4° id. en congé de semestre, 5° id. en disponibilité, 6° Préposés des Douanes et Octrois, 7° Gardes champêtres et forestiers. *(12)*   Facultatives pour les   1° Membres des deux Chambres, 2° id. des Cours, 3° id. des Tribunaux, 4° Anciens Militaires ayant 50 ans d'âge et 20 ans de service, 5° Gardes nationaux ayant 55 ans, 6° Facteurs. *(12)*   Ceux payant l'impôt important *(19)* Ceux non imposés qui, ayant fait le service ordinaire, voudront le continuer. *(19)*   Il comprend ceux pour qui le service ordinaire est une charge trop lourde. *(19)*

Les Commis Greffiers des Tribunaux. *(Cass. 15 Juillet 1843).*   Leurs Fils.

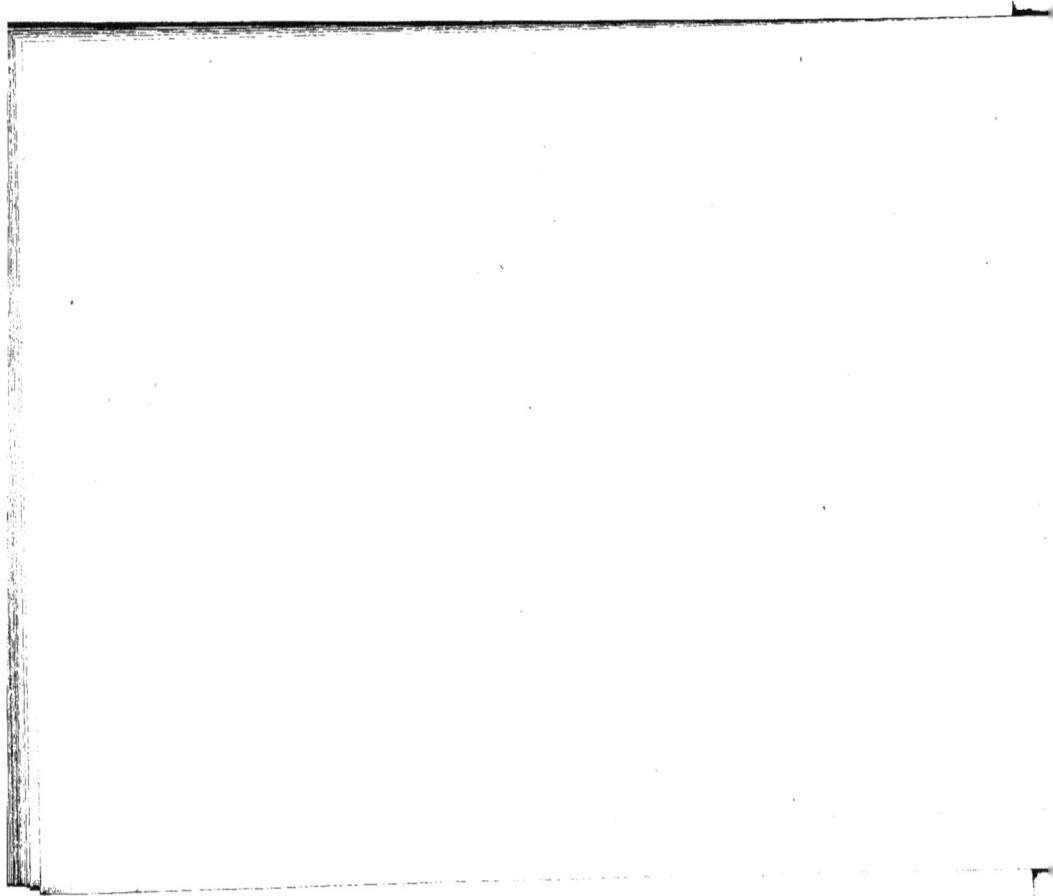

FORCE ARMÉE.
Garde Nationale.

Nomination aux grades. — Armement. — Comptabilité.

chaque Commune
nce du Maire
es 2 Membres
gés du Conseil
sement. *(50)*

1.° Election a lieu pour chaque Grade
successivement en commençant par
les plus élevés. *(51)*

Reconnaissance
des Officiers.

Les armes sont
poinçonnées et
numérotées. *(69)*

Les armes sont fournies
par l'État à la Commune. *(69)*

Les armes qui se détériorent
dans un incendie ou autre cas
de force majeure, périssent
au compte de l'État. *(Circ)*

Les Dépenses sont votées,
réglées et surveillées comme
toutes les dépenses communales.
(79)

Les Dépenses sont
de deux natures. *(81)*

urs Communes
ent pour former
ignée en un seul
mmune le plus
e. *(50)*

Par les Gardes
nationaux sans
armes et sans
uniforme. *(50)*

Au scrutin
secret et
individuel. *(51)*

Pour les grades
de Chefs de Bataillon
et de Porte Drapeau. *(53)*

Les Chefs de Légions
sont nommés par le Roi
sur une liste de 10 membres
présentés à la majorité
relative. *(56)* Même au 2.ᵉ tour de scrutin. *(O. 29 Juin 1842.)*

A la majorité
absolue des
suffrages. *(51)*

Dans chaque Commune
le Maire fait reconnaître
à la Garde Nationale sous
les armes le Commandᵗ
(59) puis complètement
armés, équipés
et habillés. *(53)*

Sont réputés
démissionnaires
ceux qui, sous
de 2 mois, ne sont
(59)

La Commune est
responsable. *(69)*

Elle les remet aux Gardes nationaux,
attend un état d'émargement signé
par eux. *(69)*

Un Conseil d'administration
composé du Commandant et de 5
Garde Nationale et de 6 Membres
chisis parmi les Officiers, Sous-
Officiers et Gardes nationaux. *(80)*

Ce Conseil présente
les comptes au Maire,
et vise les pièces justi-
ficatives de l'emploi
des fonds. *(80)*

Savoir :

ulement par eux
sont tenus aux
rs de la Garde
nale. *(Circ)*

Les Officiers des
grades supérieurs
peuvent partie per
aux élections des
grades inférieurs.
(Circ 17 Mars 1834.) Pour 3 ans. *(60)*

Sous la présidence
du Maire qui
convoque. *(53)*

Partie sur les
Officiers de Sous-Officiers.
(53)

Personnes égal
pour
les S. Officiers et Caporaux
nationaux *(53)*

Par exception est à la
majorité relative pour
le S. Officiers et Caporaux
(id. §.2.)

Les réparations,
en cas d'accident
de la charge. *(69)*

L'entretien est
à la charge. *(69)*

Le refus persistant de
recevoir l'arme peut
(69) être qualifié insubordination. *(Cass 14 Juillet 1832)*

Les paiements sont faits sur
les ordonnances du Maire.
(Circ)

Ordinaires,
obligatoires. *(81)*

Extraordinaires,
facultatives. *(81)*

La période compte du jour
des Elections générales.

Les Officiers peuvent
être réélus. *(60)*

Au moment de la reconnaissance,
les Officiers prêteront serment de
fidélité au Roi des Français et
à l'obéissance à la Charte et aux Lois
du Royaume. *(59)*

Quand une seule Commune
forme une Compagnie, le
Maire reçoit le serment du
Commandant, autrement
ce est le Préfet ou son délégué.

La réintégration
dans les fonctions
se fait comme la
reconnaissance. *(59)*

Le Gouvernement peut contraindre
une Commune à remettre dans les
magasins de l'État les armes de la
Garde nationale dissoute ou suspendue
à charge de l'en dé mais er.
(Av. du Cel d'État du 22 Octᵇʳᵉ 1834)

Le refus de restituer l'arme rend passible
des peines portées à l'art. 408 du Code P.
(Cass. 27 Juillet 1832)

Après le décès ou la disparition
d'un garde national, le Maire doit
revendiquer les armes qui lui
auraient été confiées.
(O. 24 Octᵇʳᵉ 1833. 24.)

Achat de
drapeaux,
et entretien, bureau
des armes. *(§.3)*
(81, §.1)

Il en est de même ces casques, buscuejines. *(94.)*
haches des Sapeurs Pompiers,
lorsque la nécessité en a ère été
bien constatée. *(Avis du Com de l'Int. 5 Mai 1835.)*

Réparation,
et entretien
des armes. *(§.3)*

Frais de
bureau. *(81)*

Chauffage,
éclairage et
entretien
des postes. *(81)*

Le traitement, l'habillement et la
solde des Mayors et solde des tambours
Adjudᵗˢ Majors, et trompettes. *(81)*

L'Officier non reconnu et qui
n'a pas prêté serment, est
incapable de remplir les
fonctions de son grade.
(Cass. 27 Avril 1833.)

D'après un abonnement ou
un tarif réglé entre le maire et
l'Autorité. *(O. 24 Octᵇʳᵉ 1833.)*
(Circ 11 Août 1846)

Est à pique pour
le Conseil de *(17)*

Le Maire fixe leur
traitement, s'il n'a
pas été fixé par le
Conseil municipal.
(Circ)

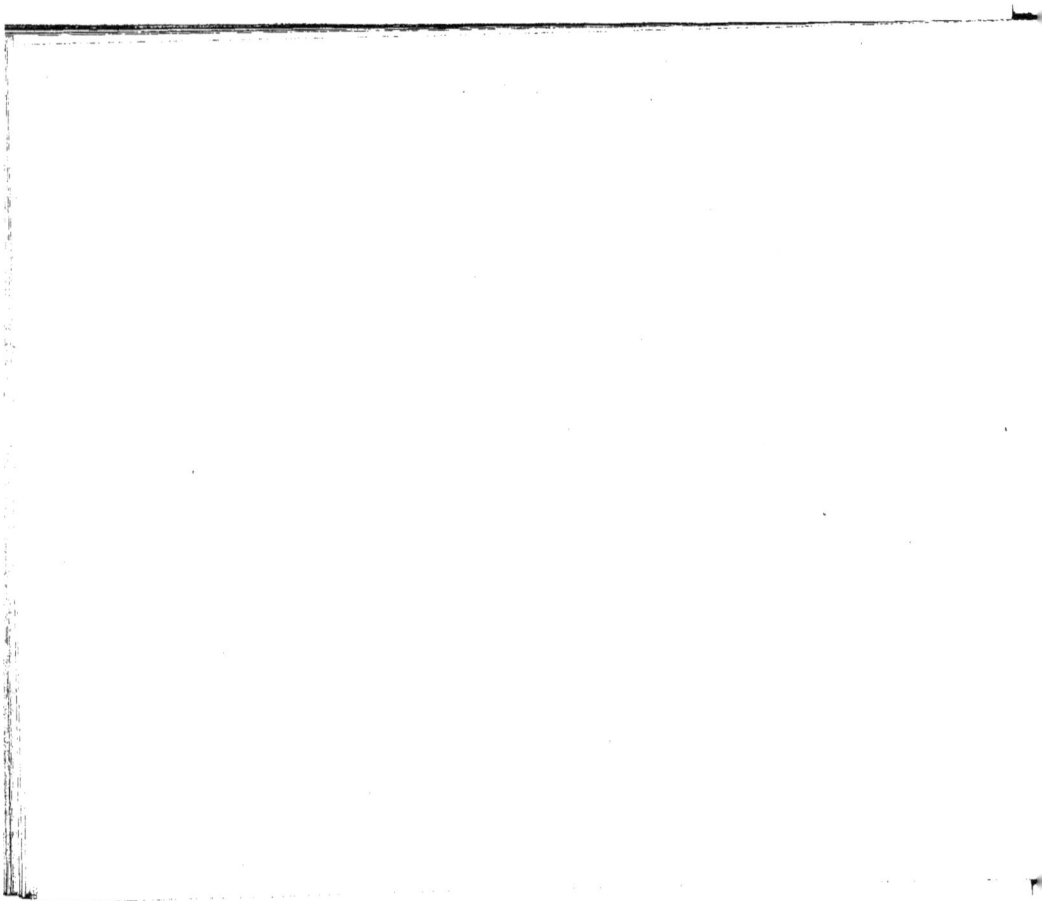

FORCE ARMÉE.

Garde Nationale.

Des Peines.

Par le Chef de poste. (82)

Par le Chef du corps.

Par le Conseil de discipline.

Par le Tribunal correctionnel.

Une faction hors de tour pour (82)

La détention dans la prison du poste jusqu'à la relevée de la Garde (82)

Indépendamment du service regulièrement commandé, la Garde national, le Caporal ou le Sous-Officier sera tenu de monter une garde hors de tour, lorsqu'il aura manqué pour la 1ère fois au service. (83)

La réprimande.

Les arrêts pour 3 jours au plus.

La prison pour 3 jours au plus

La privation du Grade

Contre le Garde nat. prévu au d'avoir rendu (contre la Garde national a son profit les armes de guerre ou les effets qui lui ont été confiés.

Emprisonm.t de 5 à 10 jours contre la Garde national déjà condamné deux fois pourrefus de service. (92)

... manque à l'appel. (82)

S'être absenté du poste sans autorisation. (82)

Contre tout Garde national

Simple: à l'Officier qui sera commis une infraction même légère aux règles du service. (85)

Avec mise à l'ordre: à l'Officier qui, se rend coupable de en uniforme, tiendra une conduite propre à porter atteinte à la discipline de la Garde nationale ou à l'Ordre public. (85)

à tout Officier qui étant de service se rend coupable de:
1° Désobéissance et d'insubordination
2° Manque de respect propos offensants, menaces d'une ou d'insultes envers des Officiers d'un grade supérieur
3° Propos outrageants envers un subordonné, ou abus d'autorité.
4° Manquement à un service commandé
5° Toute infraction aux règles du service. (87)

S'il n'y a pas dans la Commune, la peine se commue en une de dix journées de travail. (84)

La privation du Grade sera ordre coupable d'une faute entrainant l'emprisonnement s'il est moins d'un an depuis la 1ère condamnation. (40)

À tout Officier, S-Officier ou Caporal qui après avertissement

En cas de récidive l'emprisonm.t ne pourra être moindre de 10 jours ni excéder 20 jours. (92)

En état d'ivresse. (82).

Coupable de bruit, tapage, voies de fait ou de provocation au désordre et à la violence. (82)

Ces peines peuvent être appliquées aux S-Officiers, Caporaux et Gardes nationaux. (88)

Sans préjudice du renvoi au Conseil de discipline. (82)

Ces faits, suivant la gravité des cas, peuvent motiver la condamnation à l'emprisonnement. (id.)
1° Qui aura refusé pour la 2ᵉ fois un service d'ordre et de sureté.
2° Qui de service sera en état d'ivresse, ou qui tiendra une conduite qui porte atteinte à la discipline et à l'ordre public.
3° Qui aura abandonné ses armes ou son poste avant d'être relevé. (89)

Contre tout S-Officier, Caporal et Garde national coupable de désobéissance et d'insubordination, et:
1°...

Il en sera de même de celui qui aura abandonné son poste avant qu'il ne soit relevé. (90)

Il ne pourra être rétabli qu'aux élections generales (id.)

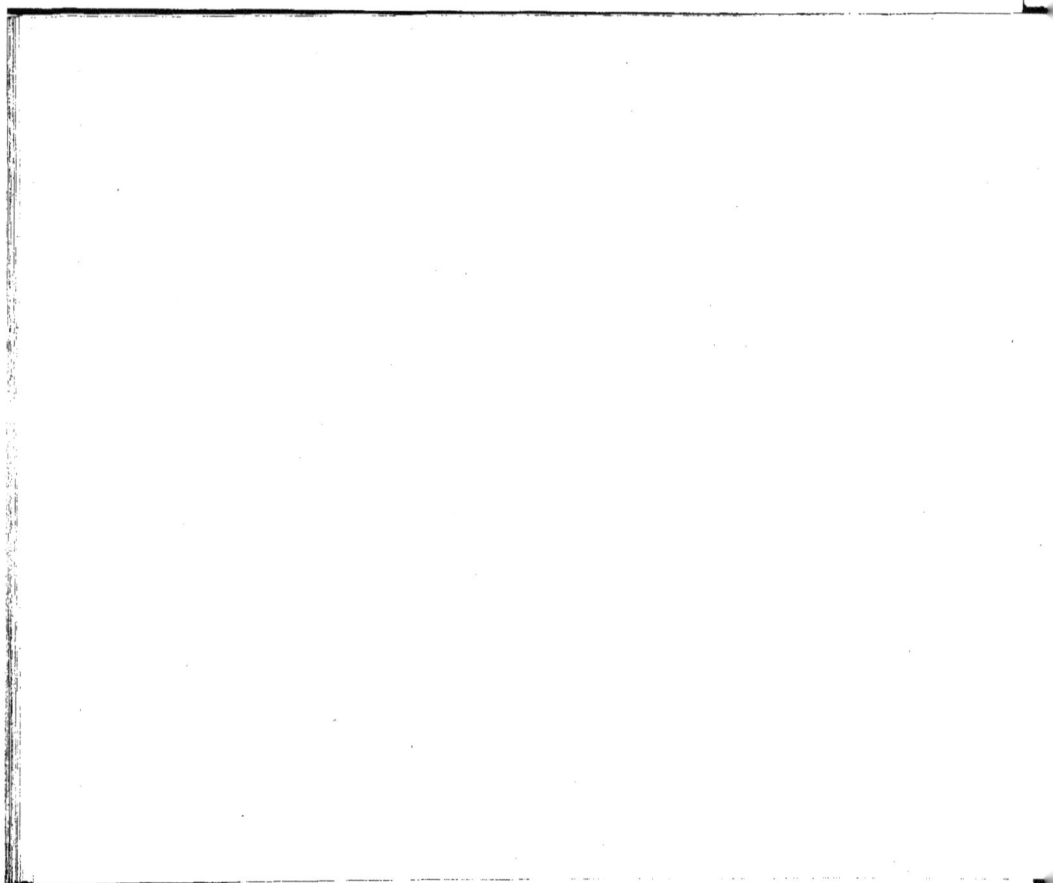

du 21 Mars 1832;
r.eq Ministérielle du 30 Mars 1832.

58.

FORCE ARMÉE.

Recrutement.

Recensement. — Tirage (Tableau 59). — Conseil de Révision (Tableau 60). — Ordre de route (Tableau 61). — Engagements (Tableau 62). — Désertion (Tableau 63). — Logements militaires (Tableau 64).

Les tableaux en sont dressés dans les premiers jours de Janvier par le Maire de chaque Commune (1).

La liste.

Par ordre de lettres alphabétique. — Elle comprend (Circ.) — Elle est faite en double expédition (Circ. 12 Août 1818).

Ils comprennent les jeunes gens, même ceux mariés qui ont. (1) — Obligation pour les Parents ou Tuteurs de faire inscrire les jeunes gens. (2) — Les jeunes gens sont inscrits d'office par le Maire. (S §2) — D'abord ceux âgés, ensuite ceux de l'année (9. 38) — Les renseignements nécessaires (Circ. 12 Août 1818) — L'une conservée par le Maire (id.) — L'autre est envoyée au Sous-Préfet (id.)

Leur 20e année (Art. 5) — Leur domicile légal dans le Canton (Art. 5) — Ceux ou mineurs précédents, à moins qu'ils aient plus de 30 ans (9) — Ceux dont le sexe serait mal indiqué (9) — A cet effet les Maires sont autorisés à consulter tous les registres et actes publics, et au besoin le notariat publique (8, Circ. 6 Nov.re 1818) — Les noms, prénoms, date et lieu de naissance des jeunes gens. (id.) — La profession, la déclaration, la mention des réclamations des père et mère. (id.) — La mention de résidence (id.) — Comment est publiée (9) — Examen en est fait par celui-ci ou par un Conseiller de Préfecture, ou un membre du Conseil d'Arrond.t (10)

Ceux émancipés, engagés, établis au dehors, expatriés, détenus ou absents, mais dont l'existence est notoire, ailleurs père et mère, ou tuteur sont leur domicile dans le Canton (Art. 6) — Dans le canton du domicile paternel, s'ils ne sont momens dans la Commune de leur résidence. (Art. 6) — Excepté, pour ceux — A deux Dimanches d'intervalle devant la porte de la Mairie. (6) — Il est dressé acte de ces formalités. — Au Chef-lieu du Canton en présence de tous les Maires (10) — En cas de réclamation il y est statué par le S.-Préfet, après avoir pris l'avis des Maires (10)

orphelins de père et de mère — Les orphelins de père ou domicile de la mère, alors même que le tuteur de l'enfant serait domicilié ailleurs (Circ. 7) — L'enfant des hospices dans la Commune de l'hospice (Circ. 5 Juin 1819) — Dont les père et mère sont ailleurs domicile légal dans les Colonies (Circ. 9) — Expatriés dont les père et mère sont naturalisés en pays étranger (Circ. 19) — Nés de parents étrangers (2) — L'affiche ne peut être remplacée par un exemplaire déposé à la Mairie. — Le Maire doit tenir note des mutations qui surviennent depuis la publication, et en prévenir immédiatement (Loi 21 Mars, s.15v.) la S.-Préfet. (Circ.) — Ils peuvent être remplacés par leurs adjoints — Ils sont porteur des 2 tableaux de recensement de la Commune (Circ. la S.-Préfet. (Circ.) — Le tableau est arrêté définitivem.t (id.)

Même d'une mère Française, si elle est mariée à un étranger (2) — Immédiatement après il est procédé au tirage (id.)

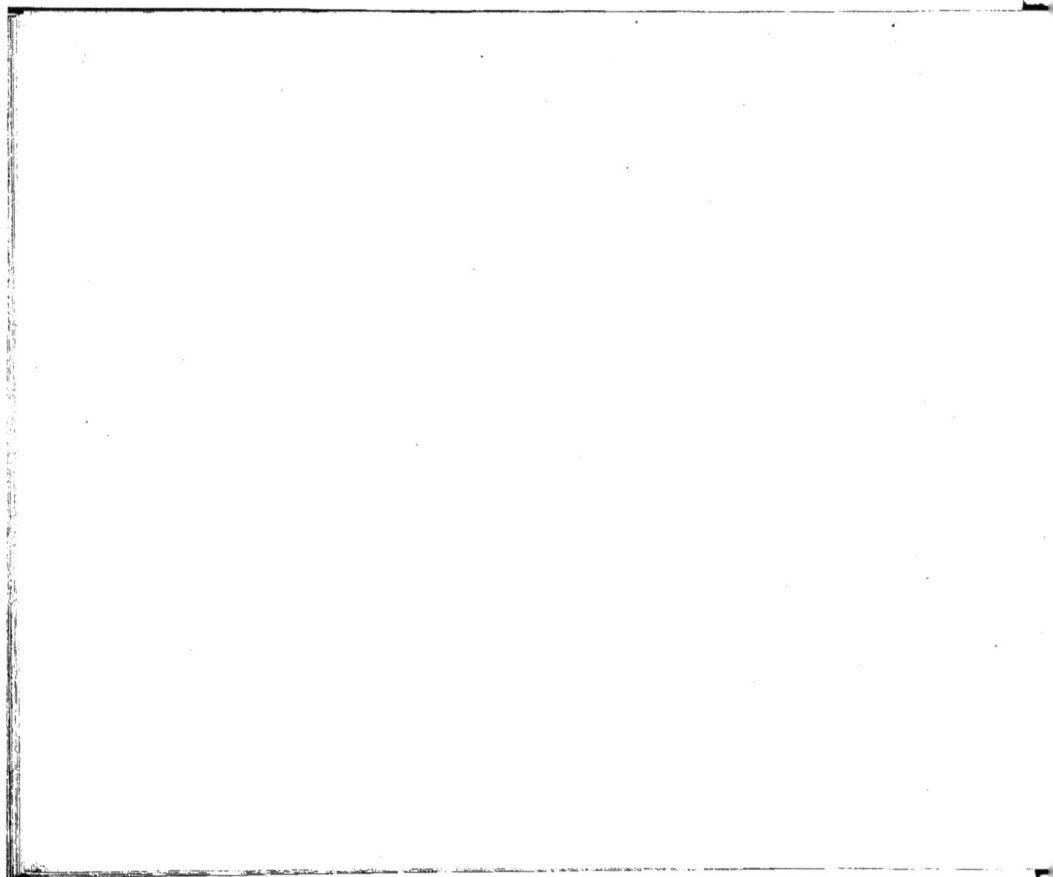

FORCE ARMÉE.
Recrutement.

Tirage.

Préliminaires.

Opération du Tirage.

Précautions dans l'intérêt des familles.

La liste du Tirage est préparée par le Sous-Préfet.

Chaque année on tire au sort l'ordre des Communes *(10)*

Elle a lieu par les jeunes gens, leurs Parents ou Tuteurs, ou par le Maire. *(12)*

Jamais elle n'est recommencée. *(12)*

L'ordre des N.º indique toujours l'ordre d'appel du contingent. *(12)*

Le Sous-Préfet appelle chaque conscrit. *(12)*

Le Sous-Préfet remet aux Maires la seconde expédition des tableaux de recensement, après avoir mis le résultat de ses opérations et du Tirage. *(Circ.)*

[...] compte [...] les bulletins qu'une fraude auraient été omis, le N.º les épargne, les premiers N.º leur seront attribués de droit avant le tirage. *(12)*

Il inscrit en tête les jeunes gens [...]

Constatation.

S'il n'y a pas assez de bulletins, les jeunes gens qui n'ont pas tiré sont renvoyés à l'année suivante. *(Circ.)*

S'il y a un excédent de bulletins, ceux non sortis sont considérés comme des hommes exempts et remplacés dans le contingent. *(Circ.)*

La liste en est affichée au Chef-lieu du Canton *(id.)* inscrite sur la liste du tirage et sur celle du recensement.

À mesure qu'il se présente, le Maire déclare s'il est celui inscrit *(Circ.)*

Il lui demande s'il a des causes de dispense ou d'exemption à faire valoir *(Circ.)*

Il met ses observations sur la liste du tirage et le tableau du recensement. *(12)*

Les Maires doivent le conserver ainsi que la liste du tirage pour les communiquer aux familles.
(Circ. 30 Sept.re 1818)

En regard du N.º sorti, le Sous-Préfet inscrit les noms et prénoms de celui à qui revient le N.º *(12)*

Le Maire prend note sur le tableau de recensement resté entre ses mains *(Circ.)*

Sur le tableau de recensement le N.º est inscrit en regard de chacun de ceux qui lui appartient. *(Circ.)*

Si plusieurs bulletins portent le même N.º, les jeunes gens à qui ils appartiennent tirent entre eux et sont inscrits dans l'ordre que le sort désigne. *(id.)*

L'extrait en est dressé par le Sous-Préfet est publié dans chaque Commune *(id.)*

Il lui indique quelles pièces qu'il doit produire au Conseil de revision. *(12)*

Si les pièces fournies immédiatement, il les examine le régularité, et les vise *(id.)*

Si les jeunes gens sont absents, les parents ou tuteurs déclarent le lieu de leur résidence *(Circ.)*

Il dresse procès-verbal de ces opérations, et le fait signer à tous les Maires du Canton *(12)*

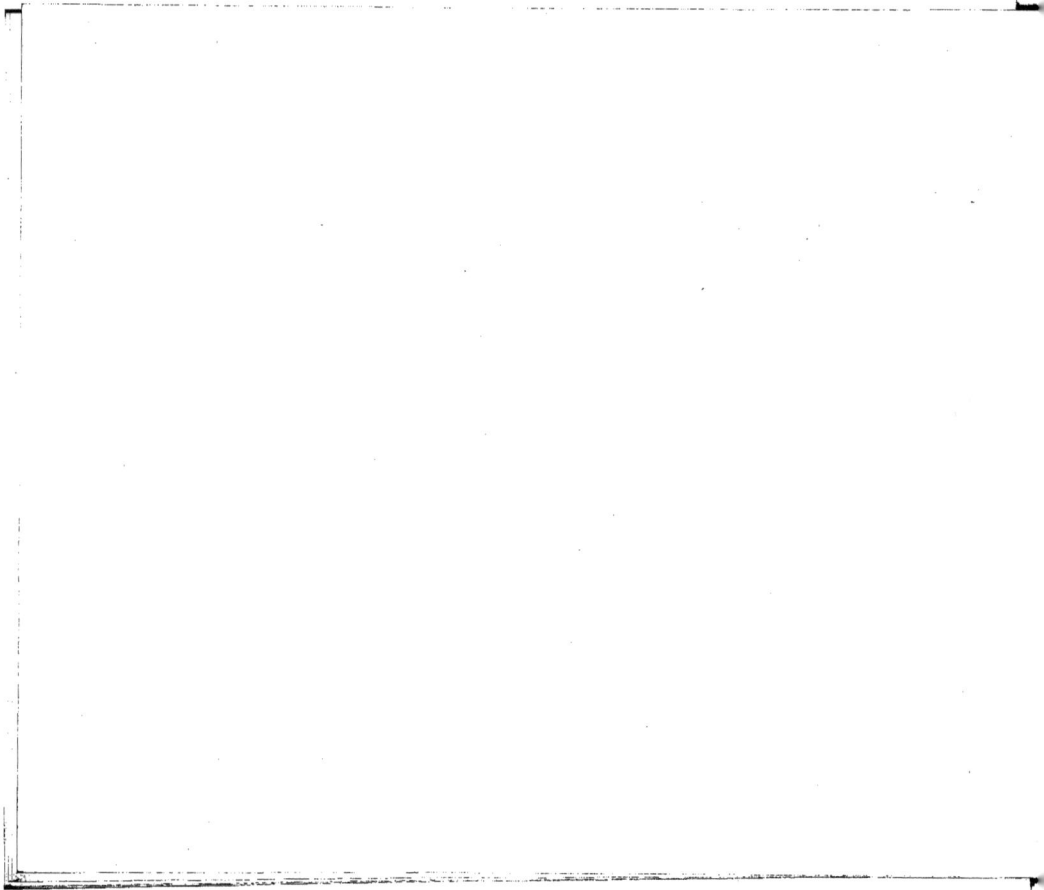

FORCE ARMÉE.

Recrutement.

Conseil de Révision.

Sa composition. — Ses Séances sont essentiellement publiques (15). — Il se transporte dans chaque Canton, à moins que le Préfet ne l'ait réuni plusieurs. (15). — Sa juridiction.

Il statue sur toutes les réclamations des concerts appelés tous individuellement. (15). — Il prononce, séance tenante, la libération des jeunes gens non appelés à faire partie du contingent. (15). — S'il a rendu des décisions provisoires, il prend un nombre double d'hommes décisions indiquant le dernier N° appelé, sont, à la diligence des Maires, affichés comme le rôle du recensement. (Voir tableau 58). — Quand la liste départementale est arrêtée, des bulletins.

Pour — A moins qu'il ne se soit élevé des questions à juger par les Tribunaux. (Circ. 19 Juillet 1819). — Les Maires notent sur les tableaux de recensement les jeunes gens qui par leur N° sont libérés. (Circ. 11 Juin 1819).

Exemptions. — Elles ont un caractère définitif et absolu (13).
Causes (1). — Leur effet (id).

Substitutions de N°° (17).

Dispenses. — En certains cas elles sont absolues et définitives, dans d'autres elles ne sont que conditionnelles. (14).
Leur effet (id). — Causes (id).

Remplacements. — Conditions pour remplacer. — Le remplaçant est responsable pendant un an. — Accepter toujours où il n'a été est passé devant le Préfet.

FORCE ARMÉE.

Recrutement.

Ordres de route. { *Tout ce tableau est réglé par l'Instruction. Ministérielle du 30 Mars 1832.*

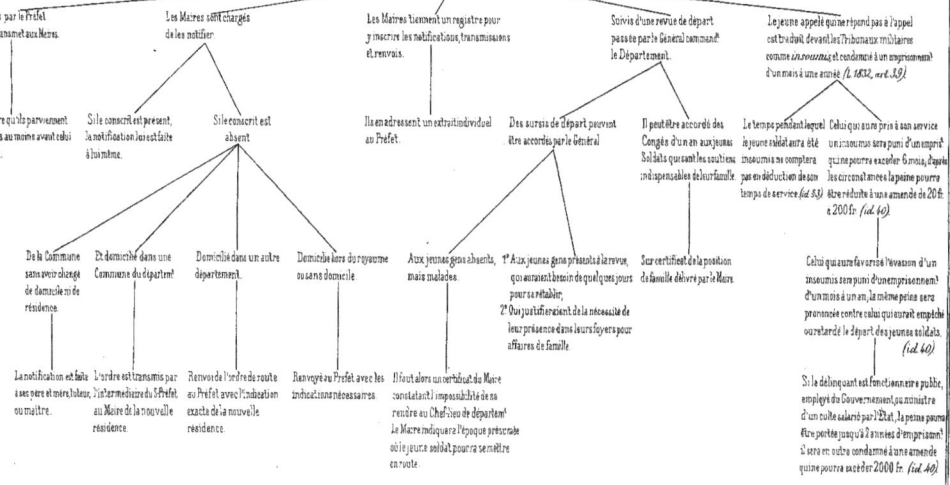

Les Maires sont chargés de les notifier.

Les Maires tiennent un registre pour y inscrire les notifications, transmissions et renvois.

Suivis d'une revue de départ passée par le Général command.* le Département.

Le jeune appelé qui ne répond pas à l'appel est traduit devant les Tribunaux militaires comme *insoumis* et condamné à un emprisonnem.* d'un mois à une année *(L.1832, art.39.)*

...fiés par le Préfet ...transmet aux Maires.

Si le conscrit est présent, la notification lui est faite à lui-même.

Si le conscrit est absent.

Ils en adressent un extrait individuel au Préfet.

Des sursis de départ peuvent être accordés par le Général.

Il peut être accordé des Congés d'un an aux jeunes Soldats qui sont les soutiens indispensables de leur famille.

Le temps pendant lequel le jeune soldat aura été insoumis ne comptera pas en déduction de son temps de service *(id.53.)*

Celui qui aura été pris à son service un insoumis sera puni d'un emprison.* qui ne pourra excéder 6 mois, d'après les circonstances la peine pourra être réduite à une amende de 20 fr. à 200 fr. *(id.40.)*

...mière qu'ils parviennent ...ours au même avant celui ...art.

De la Commune sans avoir changé de domicile ni de résidence.

Et domicilié dans une Commune du départm.*

Domicilié dans un autre département.

Domicilié hors du royaume ou sans domicile.

Aux jeunes gens absents, mais malades.

1.° Aux jeunes gens présents à la revue, qui auraient besoin de quelques jours pour se rétablir;
2.° Qui justifieraient de la nécessité de leur présence dans leurs foyers pour affaires de famille.

Sur certificat de la position de famille délivré par le Maire.

Celui qui aura favorisé l'évasion d'un insoumis sera puni d'un emprisonnem.* d'un mois à un an, la même peine sera prononcée contre celui qui aurait empêché ou retardé le départ des jeunes soldats. *(id.40.)*

La notification est faite à ses père et mère, tuteurs, ou maître.

L'ordre est transmis par l'intermédiaire du S.*Préfet. au Maire de la nouvelle résidence.

Renvoi de l'ordre de route au Préfet avec l'indication exacte de la nouvelle résidence.

Renvoyé au Préfet avec les indications nécessaires.

Il faut alors un certificat du Maire constatant l'impossibilité de se rendre au Chef-lieu de départem.* Le Maire indiquera l'époque présumée où le jeune soldat pourra se mettre en route.

Si le délinquant est fonctionnaire public, employé du Gouvernement, ou ministre d'un culte salarié par l'État, la peine pourra être portée jusqu'à 2 années d'emprison.* Il sera en outre condamné à une amende qui ne pourra excéder 2000 fr. *(id.40.)*

ARMÉE.

Engagements et Réengagements volontaires.

Engagement.
C'est l'acte par lequel un homme qui
n'est point encore désigné pour le service,
ou qui en est libéré, demande à servir.
(Circ. 20 Mai 1818, 10).

Réengagement.
C'est le contrat par lequel le soldat, après l'expiration
de son service militaire, demande à continuer pour un
temps déterminé.

Conséquences:

Elle même les appelés
surgent, mais avant la
définitive du contingent.
(0.11).

Durée du service
en temps de

Conditions.

Il se fait devant le
Sous-Intendant militaire
(37).

Il ne peut être que de
2, 3, 4 ou 5 ans.
(Ord. 1834).

C'est un acte gratuit.
(31).

Choix de l'arme.
(0.5).

Formalités de l'acte
d'engagement *(0.13).*

Est réputé insoumis l'engagé qui,
un mois après celui où il devait
arriver au corps, n'y est pas rendu,
il est puni d'un emprisonnement
d'un mois à un an. *(0.17).*

Paix 7 ans.
(3.1).

Guerre: 2 ans.
(3.2).

Être âgé de 16 ans
pour la Marine, et
de 18 ans pour
l'Armée de terre
(5r u 2).

Jouir de ses
droits civils.
(5.3).

N'être ni marié
ni veuf avec enfants.
(5.4).

Justifier
de bonnes
vie et mœurs
(5.5).

Être sain et
robuste et avoir
la taille exigée,
au moins 1 m 56.
(0.17).

Une donne lieu ni à une
prime en argent, ni à un
prix quelconque, seulement
les réengagés ont une
haute paie *(id.).*

L'Infanterie,
la Cavalerie,
l'Artillerie,
le Génie, et
les Équipages
militaires.

Devant Maire du Chef lieu
de canton dans les formes prévues
par les articles 34 et suivants du
Code Civil. *(0.8).*

Elle compte du jour de la
signature de l'acte *(0.12).*

Il sera le consentement des père, mère
ou tuteur, si l'engagé a moins de 20 ans.
(32, § 5).

Conditions.
(0.17).

Conditions.
(id.).

En présence de
deux témoins. *(0.9).*

Les conditions
de la durée de l'en-
gagement seront
inscrites dans l'acte
(0.9).

Lecture est donnée par le Maire,
avant la signature, des conditions et
des articles 2, 31, 32, 33 et 34 de la
Loi du 21 Mars 1832, et 16 et 17 de
l'Ordonnance. *(0.14).*

Être dans le cours
de sa dernière année
de service *(id.).*

Être sain, robuste
et en état de faire
un bon service
(id.).

N'avoir pas 50 ans
d'âge, et 30 ans de
service accomplis.
(id.).

Le Maire
constatera
l'identité
de l'engagé
(0.9).

Le Maire fait déclarer
à l'engagé qu'il n'est
pas dans les cas d'exemptions,
et il en est fait mention
dans l'acte. *(0.9).*

Le Maire exigera la
représentation du
certificat d'aptitude.
(0.8).

Immédiatement
après la signature,
(0.8).

A peine de nullité. *(Art. 34.)*

Les pièces produites
resteront annexées
à l'acte. *(0.14).*

Il est donné copie
de l'acte à l'engagé
avec un ordre de
route. *(0.15).*

Les réclamations sont adressées
au Préfet, ou si l'homme est sous les
drapeaux au Lieutenant Général
commandant la Division militaire.
(0.18).

Le Ministre de la Guerre statue
ou renvoie devant les Tribunaux.
(id.).

Loi pénale du 19 Vendémiaire an 12.
Loi du 21 Mars 1832.
Ordonnance du 23 Avril 1832.

ARMÉE.

Désertion. { C'est l'abandon du Service sans congé ni permission.

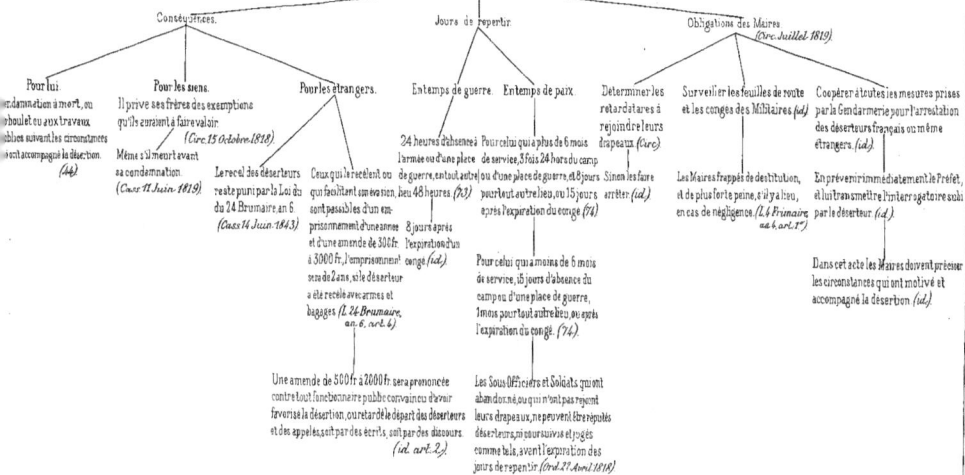

Conséquences.

Jours de repentir.

Obligations des Maires. (Circ. Juillet 1819.)

Pour lui.
...damnation à mort, ou ...boulet ou aux travaux ...blics suivant les circonstances ... ont accompagné la désertion. *(44.)*

Pour les siens.
Il prive ses frères des exemptions qu'ils auraient à faire valoir. *(Circ. 15 Octobre 1818.)*
Même s'il meurt avant sa condamnation. *(Cass. 11 Juin 1819.)*
Le recel des déserteurs reste puni par la Loi du 24 Brumaire an 6. *(Cass. 14 Juin 1843.)*

Pour les étrangers.
Ceux qui le recèlent ou qui facilitent son évasion, sont passibles d'un emprisonnement d'une année et d'une amende de 300 fr. à 3000 fr.; l'emprisonnement sera de 2 ans, si le déserteur a été recelé avec armes et bagages *(L. 24 Brumaire, an 6. art. 6.)*
Une amende de 500 fr. à 2000 fr. sera prononcée contre tout fonctionnaire public convaincu d'avoir favorisé la désertion, ou retardé le départ des déserteurs et des appelés, soit par des écrits, soit par des discours. *(id. art. 2.)*

En temps de guerre.
24 heures d'absence à l'armée ou d'une place de guerre, en tout autre lieu 48 heures. *(73.)*
8 jours après l'expiration d'un congé. *(id.)*
Les Sous-Officiers et Soldats qui ont abandonné, ou qui n'ont pas rejoint leurs drapeaux, ne peuvent être réputés déserteurs, ni poursuivis et jugés comme tels, avant l'expiration des jours de repentir. *(Ord. 27 Avril 1818.)*

En temps de paix.
Pour celui qui a plus de 6 mois de service, 3 fois 24 heures du camp ou d'une place de guerre, et 8 jours pour tout autre lieu, ou 15 jours après l'expiration du congé. *(74.)*
Pour celui qui a moins de 6 mois de service, 15 jours d'absence du camp ou d'une place de guerre, 1 mois pour tout autre lieu, ou après l'expiration du congé. *(74.)*

Déterminer les retardataires à rejoindre leurs drapeaux. *(Circ.)*
Sinon les faire arrêter. *(id.)*

Surveiller les feuilles de route et les congés des Militaires. *(id.)*
Les Maires frappés de destitution, et de plus forte peine, s'il y a lieu, en cas de négligence. *(24 Frimaire an 6. art. 1er.)*

Coopérer à toutes les mesures prises par la Gendarmerie pour l'arrestation des déserteurs français ou même étrangers. *(id.)*
En prévenir immédiatement le Préfet, et lui transmettre l'interrogatoire subi par le déserteur. *(id.)*
Dans cet acte les Maires doivent préciser les circonstances qui ont motivé et accompagné la désertion. *(id.)*

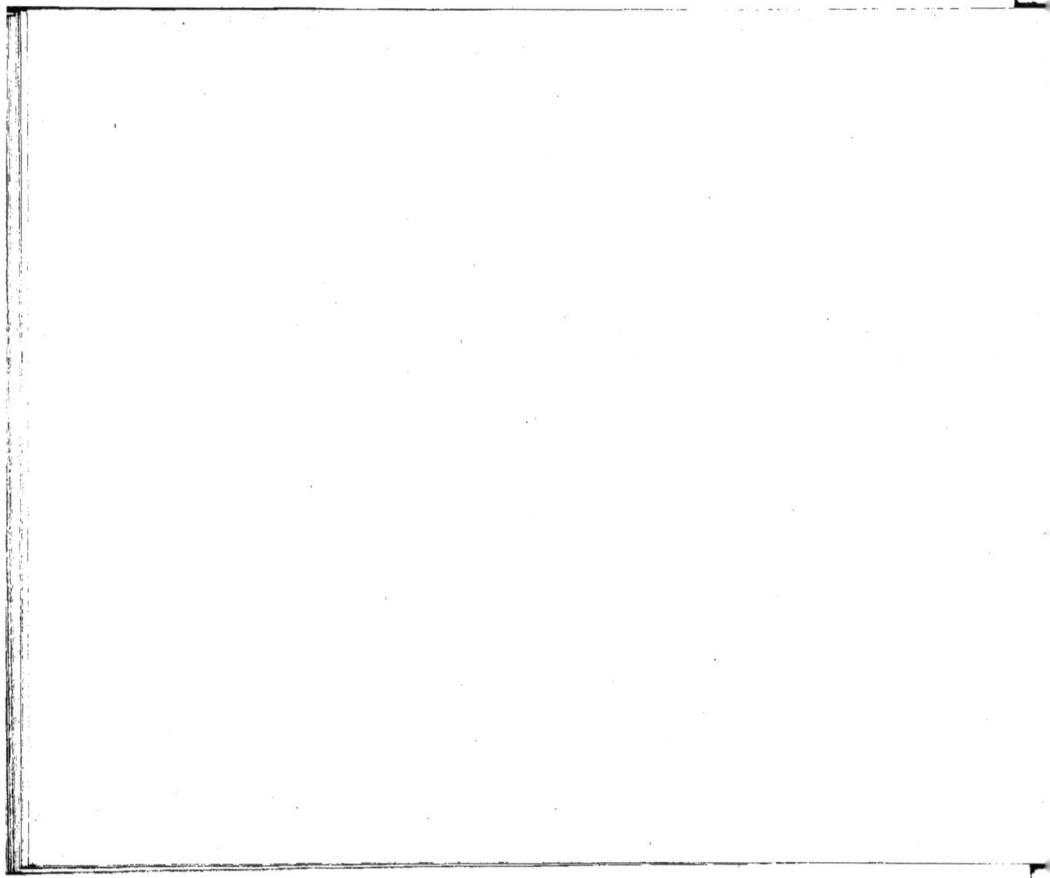

Loi du 10 Juillet 1791.
Loi du 23 Mai et 6 Juin 1792.
Réglement du 20 Juillet 1824.

64.

ARMÉE.

Logements militaires. {Sacrifice momentané que la nécessité oblige d'imposer aux citoyens dans l'intérêt général du Pays.}

Troupes en marche. **Troupes d'escorte pour le Roi et les Princes.** **Troupes en station ou cantonnement.**

Elles sont logées chez l'habitant qui doit fournir sans indemnité le coucher, les ustensiles nécessaires pour leur cuisine et une place au feu et à la lumière. *(Régl.t 117-123)*

Il en est de même pour tous les Militaires march.t le logement sur la présentation des feuilles de route ou des avis qu'ils ont reçus du Sous-intendant. *(Régl.t 100)*

Au bout de 3 nuits, les Officiers doivent se loger à leurs frais. *(Régl.t 107)*

Les Maires font fournir le logement sur la présentation des feuilles de route ou des avis qu'ils ont reçus du Sous-intendant. *(Régl.t 103)*

Si les troupes ne peuvent toutes être logées à l'étape, les Maires doiv.t autant que possible envoyer au dev.t de la colonne, et jusqu'au lieu marqué pour la séparation de la troupe, des guides chargés de les conduire dans des gîtes annexés. *(Régl.t 113)*

Les habitants ont droit à une indemnité fixée pour une huitée d'un jour, à 25.c par chaque Officier et cavalier monté, et à 10.c par nuit, lorsque les détachements couchant dans la commune moins de 3 jours, au delà de 3 jours, c'est l'indemnité de la Loi de 1792. *(Ord.15 Fév.1829)*

Lorsqu'elles arrivent, elles sont logées gratuitement chez l'habitant 3 nuits au plus. *(Régl.t 104-130)*

Prêts de lits complétés à la caserne. *(Régl.t 106)*

Elles sont logées chez l'habitant, lorsqu'il n'y a pas de bâtiments militaires, ou qu'ils sont insuffisants pour coucher *(L. 2)*

Elles ne peuvent exiger de place au feu, car elles reçoiv.t les prestations de chauffage. *(Régl.t 114)*

---

sont responsables des dégâts et dégradations qui sont occasionnés *(Régl.t 108)*

sont constatés par l'autorité locale, et l'état est présenté avant le départ ou, au plus tard sur tous après *(Régl.t 109)*

Après la distribution des billets, un Officier de la troupe et un Membre du Conseil municipal doivent rester à la Mairie pour recevoir les réclamations et y faire droit, s'il y a lieu. *(Art.120)*

Il est fourni aux troupes pour le dépôt de leurs bagages un local à la proximité du corps de garde de police. *(Régl.t 126)*

Par tous les habitants de manière que la charge soit également supportée partout, même par les étrangers. *(9)*

Le Maire doit veiller à ce qu'on n'abuse pas dans le prix du loyer au besoin et les filles peuvent fournir le logement aux Officiers. *(L.6)*

Les habitants ne doivent jamais être délogés de la chambre et des lits où ils ont coutume de coucher. *(Régl.t 124)*

Les personnes ayant des causes publiques, les veuves absentes, le Maire nomme d'office un habitant pour loger à leurs frais. *(L.9)*

Des guides sont également fournis au départ, lorsqu'ils sont jugés nécessaires et demandés par le Command.t *(Régl.t 114)*

Si les personnes sont absentes, le Maire nomme d'office un habitant pour loger à leurs frais. *(L.9)*

De même en cas de refus.

En cas de contestation sur le paiement de ces frais, la Mairie énumère le montant, et sur sa réquisition le Juge de paix le rend exécutoire. *(Avis 22.Fév.1833)*

Il y a là même indemnité, si elles passent plus de 3 nuits.

Si le nécessaire, des magasins sont fournis, au Maire par le S.Intendant. *(Régl.t 109)* et le loyer en est payé par l'État. *(Régl.t 102)*

La demande en est adressée qu'une chambre à cheminée munie qu'ils puissent. *(L.8)*

On est tenu de ne leur fournir que ce qu'ils puissent faire cuire leurs aliments. *(id.)*

l'indemnité accordée est de *(Régl.t 105)*

Elle doit être réclamée par le Maire dans le délai de 6 mois *(L.13 Juin 1806 art.3)*

15.c par adjudant ou sous-officier ayant le droit de coucher seul *(Régl.t 105)*

7.c 1/2 pour le logement de tout militaire couchant à 2 par nuit et par homme. *(id.)*

5.c par nuit et par cheval *(id.)*

Il doit avoir un registre à cet effet.

Sur un état contenant la note exacte des personnes qui ont logé, le nombre annuel qui a droit à aucun d'hommes, de journées et de chevaux. *(Ord.5Août1812 art.9)*

Elle est touchée par le Receveur qui en opère la distribution. indemnité.

Il est envoyé d'ans le courant du mois qui suit le trimestre, et certifiés du Command.t et celui-ci envoi, pour avoir une cette certaine, c'est être constaté. *(Circ.11 Août 1842)*

En 3 expéditions accompagnées des certificats du Command.t du corps et remises au S.Intend.t *(Régl.t 130)*

Il la répartit aux habitants qui en argent les états de distribution.

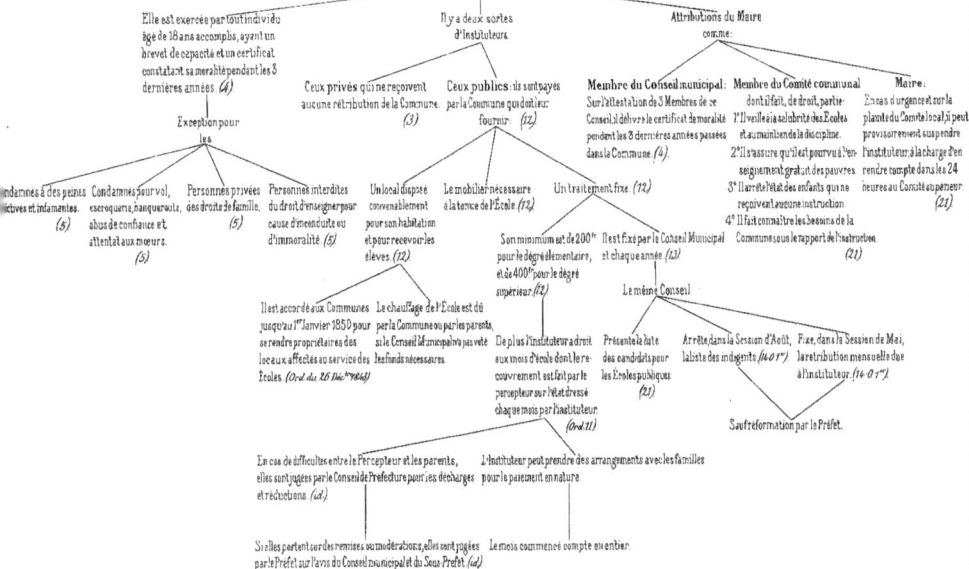

L'INSTRUCTION PUBLIQUE.

Instruction Primaire.

Elle est exercée par tout individu âgé de 18 ans accomplis, ayant un brevet de capacité et un certificat constatant sa moralité pendant les 3 dernières années. (4)

Il y a deux sortes d'Instituteurs.

Attributions du Maire comme:

Exception pour les

Ceux privés qui ne reçoivent aucune rétribution de la Commune. (3)

Ceux publics: ils sont payés par la Commune qui doit leur fournir: (12)

Membre du Conseil municipal: Sur l'attestation de 3 Membres de ce Conseil, il délivre le certificat de moralité pendant les 3 dernières années passées dans la Commune. (4).

Membre du Comité communal dont il fait, de droit, partie. 1° Il veille à la salubrité des Écoles et au maintien de la discipline. 2° Il s'assure qu'il est pourvu à l'enseignement gratuit des pauvres. 3° Il arrête l'état des enfants qui ne reçoivent aucune instruction. 4° Il fait connaître les besoins de la Commune sous le rapport de l'instruction. (21)

Maire: En cas d'urgence et sur la plainte du Comité local, il peut provisoirement suspendre l'instituteur, à la charge d'en rendre compte dans les 24 heures au Comité supérieur. (21)

Condamnés à des peines afflictives et infamantes. (5)

Condamnés pour vol, escroquerie, banqueroute, abus de confiance et attentat aux mœurs. (5)

Personnes privées des droits de famille. (5)

Personnes interdites du droit d'enseigner pour cause d'incendie ou d'immoralité. (5)

Un local disposé convenablement pour son habitation et pour recevoir les élèves. (12)

Le mobilier nécessaire à la tenue de l'École. (12)

Un traitement fixe. (12)

Son minimum est de 200ᶠ pour le degré élémentaire, et de 400ᶠ pour le degré supérieur. (12)

Il est fixé par le Conseil Municipal, et chaque année. (13)

Le même Conseil

Il est accordé aux Communes jusqu'au 1ᵉʳ Janvier 1850 pour se rendre propriétaires des locaux affectés au service des Écoles. (Ord. du 26 Déc. 1843)

Le chauffage de l'École est dû par la Commune ou par les parents, au Conseil Municipal n'a pas voté les fonds nécessaires.

De plus l'Instituteur a droit à un mois d'École dont le recouvrement est fait par le percepteur sur l'état dressé chaque mois par l'Instituteur. (Ord. 11)

Présente la liste des candidats pour les Écoles publiques. (21)

Arrête dans la Session d'Août, la liste des indigents. (14.01ᵉ)

Fixe, dans la Session de Mai, la rétribution mensuelle due à l'Instituteur. (14.01ᵉ)

Sauf réformation par le Préfet.

En cas de difficultés entre le Percepteur et les parents, elles sont jugées par le Conseil de Préfecture pour les décharges et réductions. (id.)

L'Instituteur peut prendre des arrangements avec les familles pour le paiement en nature.

Si elles portent sur des remises ou modérations, elles sont jugées par le Préfet sur l'avis du Conseil municipal et du Sous-Préfet. (id.)

Le mois commencé compte en entier.

POLICE GÉNÉRALE.
Mesures d'Ordre et de Sureté.

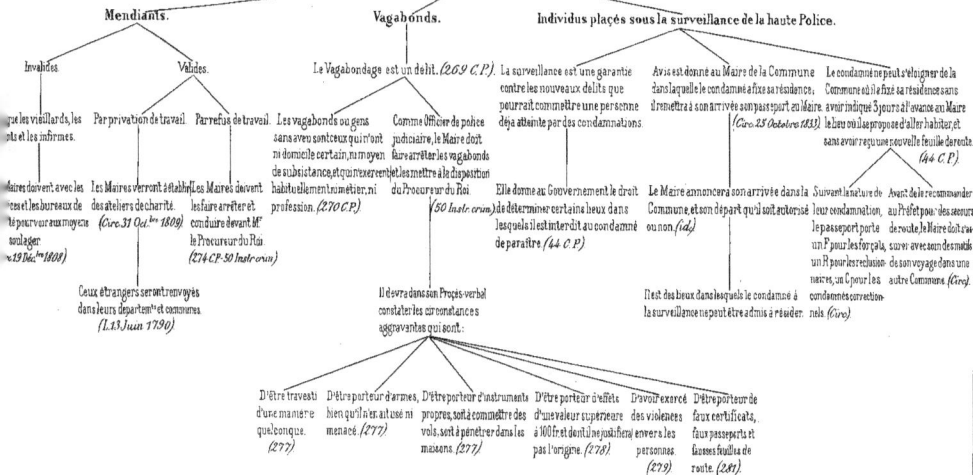

Mendiants.

Vagabonds.

Individus placés sous la surveillance de la haute Police.

Mendiants

Invalides. — que les vieillards, les ... ots et les infirmes.

Maires doivent, avec les ... ces et les bureaux de ... té pourvoir aux moyens ... soulager *(... 19 Déc.br 1808)*

Valides. — Par privation de travail. — Les Maires verront à établir des ateliers de charité. *(Circ. 31 Oct.bre 1809)*

Par refus de travail. — Les Maires doivent les faire arrêter et conduire devant M.r le Procureur du Roi *(274 C.P.-50 Instr.crim)*

Ceux étrangers seront renvoyés dans leurs départem.ts et communes. *(L. 13 Juin 1790)*

Vagabonds

Le Vagabondage est un délit. *(269 C.P.)* — Les vagabonds ou gens sans aveu sont ceux qui n'ont ni domicile certain, ni moyen de subsistance, et qui n'exercent habituellement ni métier, ni profession. *(270 C.P.)*

Comme Officier de police judiciaire, le Maire doit faire arrêter les vagabonds et les mettre à la disposition du Procureur du Roi *(50 Instr.crim.)*

Il devra dans son Procès-verbal constater les circonstances aggravantes qui sont:

D'être travesti d'une manière quelconque. *(277)*

D'être porteur d'armes, bien qu'il n'en ait usé ni menacé. *(277)*

D'être porteur d'instruments propres, soit à commettre des vols, soit à pénétrer dans les maisons. *(277)*

D'être porteur d'effets d'une valeur supérieure à 100 fr et dont il ne justifiera pas l'origine. *(278)*

D'avoir exercé des violences envers les personnes. *(279)*

D'être porteur de faux certificats, faux passeports et fausses feuilles de route. *(281)*

Individus placés sous la surveillance de la haute Police

La surveillance est une garantie contre les nouveaux délits que pourrait commettre une personne déjà atteinte par des condamnations.

Elle donne au Gouvernement le droit de déterminer certains lieux dans lesquels il est interdit au condamné de paraître *(44 C.P.)*

Avis est donné au Maire de la Commune dans laquelle le condamné a fixé sa résidence, d'remettra à son arrivée son passeport au Maire. *(Circ. 25 Octobre 1833.)*

Le Maire annoncera son arrivée dans la Commune, et son départ qu'il soit autorisé ou non. *(id.)*

Il est des lieux dans lesquels le condamné à la surveillance ne peut être admis à résider.

Le condamné ne peut s'éloigner de la Commune où il a fixé sa résidence sans avoir indiqué 3 jours à l'avance au Maire le lieu où il se propose d'aller habiter, et sans avoir reçu une nouvelle feuille de route. *(44 C.P.)*

Suivant la nature de leur condamnation, le passeport porte un P pour les forçats, un R pour les réclusionnaires, un C pour les condamnés correctionnels. *(Circ)*

Avant de le recommander au Préfet pour la sureté de route, le Maire doit causer avec soin des motifs de son voyage dans une autre Commune. *(Circ)*

POLICE GÉNÉRALE.

Passeports.

à l'Étranger.
(L.14 Ventôse an 4.)

En France.

vrés par le Préfet du départem.[t] *'on demeure sur une demande (particulière) quant la destination et les motifs voyage (L.14 Ventôse an 4.)*

Sur feuilles timbrées remises au Maire par le Percepteur. *(Circ.15 Déc.[bre] 1826 art.821)*

Délivrés par le Maire du domicile légal. *(O.23 Août 1836.)*

Valables pour un an.

Avec secours de route à raison de 0f.50 par myriamètre *(Loi 13 Juin 1790 Circ.23 Octobre 1811)*

utorité municipale est consultée ir dire si rien ne s'oppose à la vrance du passeport. (id.).

Au droit de 2 fr. *(D.art.6.)*
Exceptions.

Le Maire en donne reçu immédiatement, et tient compte, après l'emploi, de leur produit.*(id.822.)*

Chaque passeport est individuel, cependant un seul peut être fourni au mari et à sa femme et à ses enfants âgés de moins de 15 ans. *(a.23.)*

Le Ministre peut dans certains cas interdire à un Maire de délivrer des passeports et délé-guer un autre. *(Regl.Cdes 25 Janvier 1816 art.15)*

Ils doivent être délivrés en présence de la personne qui le réclame et qui signe sur la souche. *(a. 3.)*

Aux citoyens qu'il connaît personnellement ou qui lui sont présentés par deux notables de la commune. *(L.77 Vendém.an 4.)*

Visas *(D.18 Sept.[bre] 1807.)*

Ils sont délivrés *(Circ.22 Août 1829)* Le Maire de la destination retire le passeport au voyageur, et en donne avis au Préfet. *(id.)*

Ils contiennent un itinéraire par le Préfet. qui est forcé sous peine d'être pour suivi comme vagabond. *(id.)* Les frais en sont pris sur les fonds départe-mentaux sur un état dressé par trimestre.

personnes qui ventablement placées sous la garties, et qui surveillance tient d'un cen- de la haute police. tralgatif du pecteur des tributions Il ne peut en outre du Conseil délivrer pour certaines s 22 Déc. résidences, telles que : Aix, Bordeaux, Brest, Charbourg, Lille, Lorient, Lyon, Marseille, Nantes, Rochefort, Rouen, Strasbourg, Toulon et le dép.[t] de la Seine. (Circ.)

Aux individus placés sous la surveillance de la haute police. Il ne peut en outre délivrer pour certaines résidences, telles que :

Ceux gratuits sont fournis au Maire par le Préfet. *(Circ.).*

Il doit préciser le lieu de la destination. *(L.28 Vendém.[re] 6.)*

Les renvois, surcharges et ratures doivent être approuvées.

Sous peine d'emprisonn.[t] de 1 à 6 mois et de l'amende s'il est délivré sous un nom supposé. *(C.P.153.)*

Ils doivent signer la souche du passeport. *(id.).*

Exceptions.

Lorsque l'on change de destination, on fait viser le Passeport par le Maire pour la nouvelle destination. *(id.)*
Pour mettre les visas, *on peut ajouter* une feuille de papier en laissant démarrée *qu'elle n'en puisse être détachée.* *(Circ.)*

Les visas sont gratuits, ils doivent indiquer une destination précise. *(5.)*

À chaque visa on doit apposer le cachet de la Mairie. *(Circ.)*

Le Maire doit tenir un registre sur 12 colonnes. 1.° Le N.° d'ordre. 2.° Le N.° du passeport. 3.° La Date du passeport. 4.° La Date du visa. 5.° L'Autorité qui a délivré le passeport. 6.° Les noms et prénoms du porteur. 7.° Professions ou fonctions. 8.° La demeure actuelle. 9.° Indications portées sur le passeport. 10.° Indications portées sur le dernier visa. 11.° Visa obtenu à la Mairie. 12.° Observations.

Les frais de route payés hors de l'itinéraire seront à la charge de la commune. *(id.)*

Les sommes sont avancées par le Percepteur sur les deniers communaux. *(id.)*

Ils ne doit pas en être délivré :

Aux Soldats en activité de service. Ils obtiennent des feuilles de route de l'autorité militaire. *(Circ.)*

Malgré une opposition faite en vertu de jugement prononçant la contrainte par corps, sauf d'une ordonnance du *pour les hommes* Président. *(Inst.minist.)*

N'en délivrer qu'avec autorisation :

De l'Autorité militaire par corps en disponibilité, de la réserve. *(Circ.)*

Des chefs, aux comptables, dépositaires deniers publics. *(Circ.)*

Des parents ou tuteurs, aux mineurs. *(Circ.)*

Du maître, aux ouvriers, ou domestiques d'après la représen-tation de leurs livrets. *(Art.9 Frimaire an 12)*

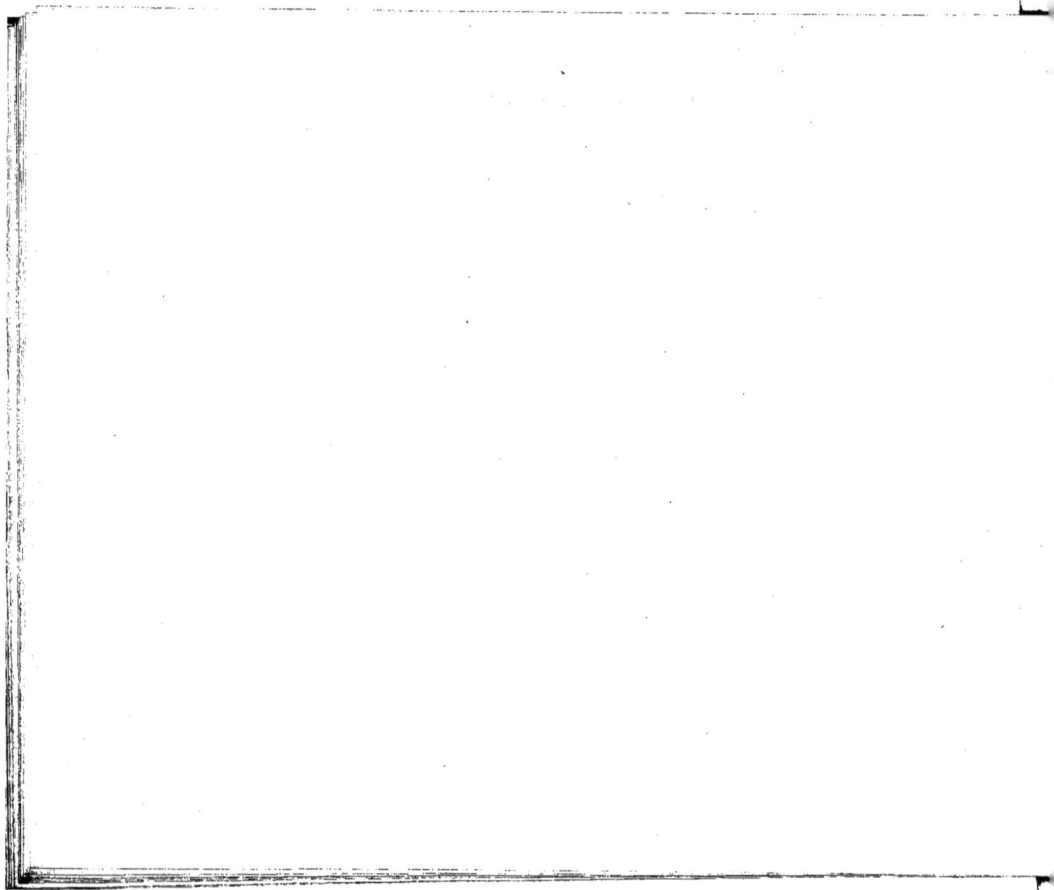

POLICE GÉNÉRALE.

Poids et Mesures. *(Leur uniformité ordonnée par le Décret du 8 Mai 1790.)*

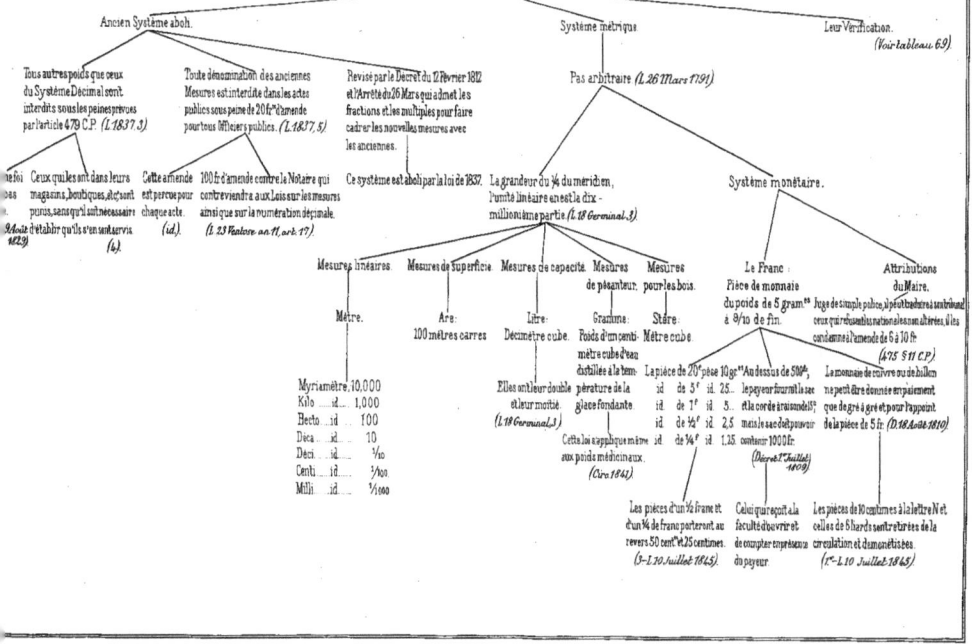

Ancien Système aboli.

Système métrique.

Leur Vérification. *(Voir tableau 69.)*

Tous autres poids que ceux du Système Décimal sont interdits sous les peines prévues par l'article 479 C.P. *(L. 1837, 3.)*

Toute dénomination des anciennes Mesures est interdite dans les actes publics sous peine de 20 fr.° d'amende pour tous Officiers publics. *(L. 1837, 5.)*

Revisé par le Décret du 12 Février 1812 et l'Arrêté du 26 Mars qui admet les fractions et les multiples pour faire cadrer les nouvelles mesures avec les anciennes.

Pas arbitraire *(L. 26 Mars 1791.)*

Ceux qui les ont dans leurs magasins, boutiques, etc, sont punis, sans qu'il soit nécessaire de les établir qu'ils s'en sont servis *9 Août 1829.* *(b.)*

Cette amende est perçue pour chaque acte. *(id.)*

100 fr d'amende contre le Notaire qui contreviendra aux Lois sur les mesures ainsi que sur la numération décimale. *(L. 23 Ventose an 11, art. 17.)*

Ce système est aboli par la loi de 1837.

La grandeur du ¼ du méridien, l'unité linéaire en est le dix - millionième partie *(L. 18 Germinal, 3.)*

Système monétaire.

Mesures linéaires.

Mesures de Superficie.

Mesures de capacité.

Mesures de pesanteur.

Mesures pour les bois.

Le Franc. Pièce de monnaie du poids de 5 gram.** à 9/10 de fin.

Attributions du Maire.

Métre.

Are. 100 mètres carres.

Litre. Décimètre cube.

Gramme. Poids d'un centimètre cube d'eau distillée à la température de la glace fondante. *(L. 18 Germinal, 3.)*

Stère. Mètre cube.

Juge de simple police, il peut traduire et condamner ceux qui réussira à une nationale sont altérés, il les condamnera à l'amende de 6 à 10 fr. *(475 § 11 C.P.)*

Myriamètre . 10,000
Kilo .... id.... 1,000
Hecto ... id 100
Déca .... id.... 10
Déci .... id..... ⅒
Centi ... id..... ¹⁄₁₀₀
Milli ... id .... ¹⁄₁₀₀₀

Elles ont leur double et leur moitié. *(L. 18 Germinal, 3.)*

Cette loi s'applique même aux poids médicinaux. *(Circa 1841.)*

La pièce de 20ᶠ pèse 10 gr.** Au dessus de 500**,
id. de 5ᶠ id. 25... le payeur fournit la sac
id. de 1ᶠ id. 5.. et la corde à raison de 1²;
id. de ½ᶠ id. 2,5 mais le sac doit pouvoir
id. de ¼ᶠ id. 1,25 contenir 1000 fr.
(Décret 7 Juillet 1808)

La monnaie de cuivre ou de billon ne peut être donnée en paiement que de gré à gré et pour l'appoint de la pièce de 5 fr. *(D. 18 Août 1810)*

Les pièces d'un ½ franc et d'un ¼ de franc porteront au revers 50 cent.** et 25 centimes. *(3 - L. 10 Juillet 1845.)*

Celui qui reçoit a la faculté d'ouvrir et de compter en présence du payeur.

Les pièces de 10 centimes à la lettre N et celles de 5 liards se retireront de la circulation et démonétisées. *(1ᵉʳ - L. 10 Juillet 1845.)*

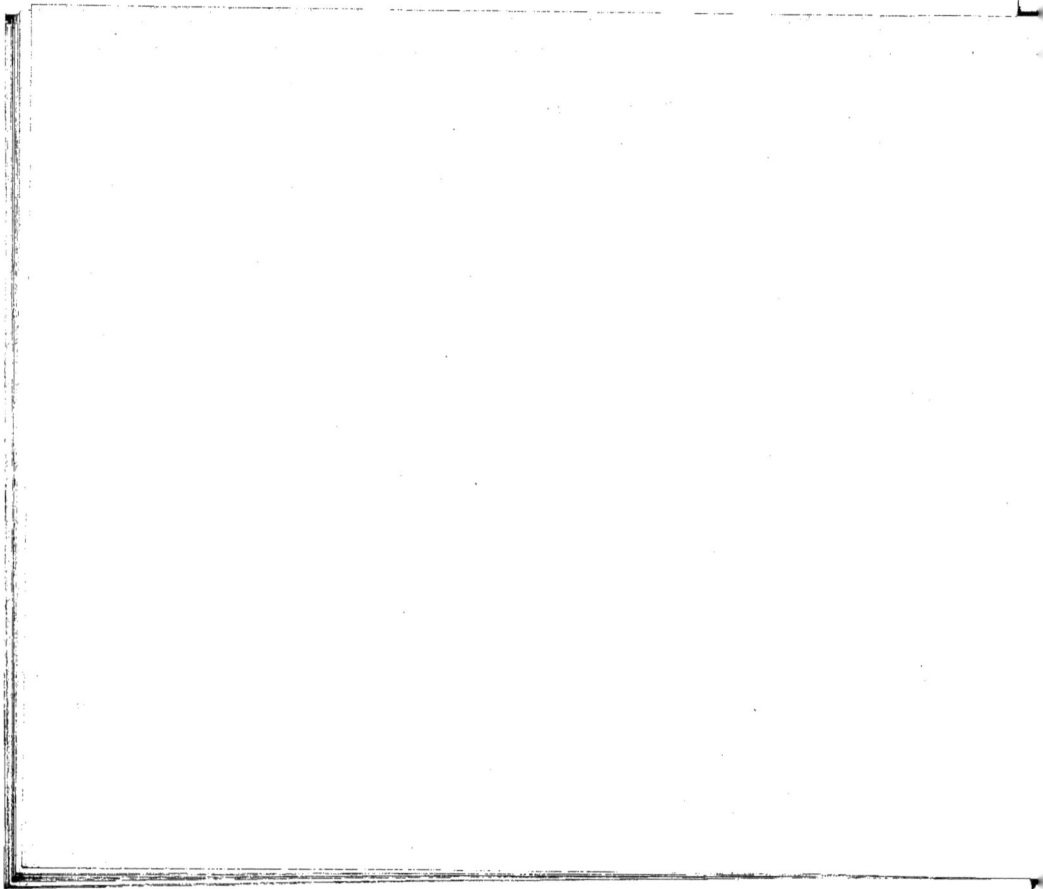

POLICE GÉNÉRALE.

Poids et Mesures. {Leur uniformité ordonnée par le Décret du 8 Mai 1790.

Vérification.

Elle a lieu tous les ans au temps prescrit par l'arrêté du Préfet, de commune en commune par l'Employé des Poids et Mesures. *(18)*

Chaque commerçant, marchand ou débitant est tenu de représenter et faire poinçonner les Poids et Mesures a son usage sous peine d'amende de simple police.

L'employé saisit les faux poids, et les dépose à la Mairie. *(35)*

En l'absence des Vérificateurs, les Maires, plusieurs fois dans l'année, doivent faire des visites pour s'assurer de l'exactitude et du fidèle usage des poids. *(29)*

...rrivée est annoncée à l'avance par le ...s à l'avance par le ...es débitants sont ...deles attendre. *(38)*

Il doit être assisté d'un Officier de Police quorsque le Procès-verbal des contraventions, et émarge au fur et à mesure le relé du Vérificateur. *(40)*

Les Procès-verbaux sont affirmés, soit devant le Maire de la résidence, soit devant celui de la Commune où la contravention a été commise, au plus tard dans les 24 heures de la clôture des Procès-verbaux. *(41)*

Même les marchands colporteurs. *(21)*

L'Autorité municipale a le droit de fixer dans un réglement les personnes qui par leur profession et leur industrie, doivent être pourvues de poids et mesures. *(Cass. 7 Nov.™ 1833)*

L'arrêté est exécutoire après approbation du Ministre *(Ord. 18 Dec.™ 1825 art. 11)*

La rétribution est fixée par le Tarif du 18 Dec.™ 1825.

Sont considérés comme faux poids *(35)*

Tous les instruments défectueux et non susceptibles de rajustage sont brisés. *(O 16 Juin 1830 art. 3).*

Les mesures qui, par leur oxidation, pourraient nuire à la santé, doivent être brisées à la diligence de l'Officier de police. *(37)*

Ils doivent poursuivre les contrevenants

Chaque Maire doit être muni d'étalons ou mesures modèles.

...autres ne peuvent avoir ...e pendant le jour, et ...es débitants pendant ...temps que les lieux de ...sont ouverts au public. *(26)*

L'affirmation est signée par le Vérificateur et par le Maire. *(id.)*

Les Procès-verbaux font foi jusqu'à preuve contraire. *(34)*

Tous les Marchands et Commerçants y sont soumis. *(49)*

Le recouvrement est assimilé à celui des Contributions directes. *(51-53)*

Elle n'est pas due pour la vérification des poids neufs ou nouvellement rajustés. *(48)*

Ceux

Si des affiches ou des annonces contiennent des dénominations autres que celles de la loi, les Maires doivent constater cette contravention, et envoyer leur Procès-verbal au Receveur de l'Enregistrement. *(45)*

En fer pour les poids, en étain pour les liquides, et en bois pour les autres. *(Circ. 31 Dec.™ 1825)*

...ca les Vérificateurs ...être assistés du Maire ...n Officier de Police. *(39)*

Anciens. *(27)*

Qui ne sont pas régulière. *(35)*

Dépourvus de la marque du poinçon général de l'État. *(35)*

D'une forme prohibée. *(O 16 Juin 1839)*

Un propriétaire qui débite le vin de son cru ne peut sans contravention avoir dans sa cave des mesures anciennes. *(Cass. 17 Juillet 1840)*

Et du Poinçon annuel *(13-27)*

Par Ordonnance du Roi. *(O 16 Juin 1839)*

Le marchand qui fait usage de balances non poinçonnées est passible de l'amende et de la confiscation de la balance *(Cass. 8 Sept.™ 1842)*

POLICE GÉNÉRALE.

Grande Voirie.

Elle comprend les Routes Royales et Départementales, les Rues des Villes, Bourgs et Villages qui en sont le prolongement,
les Cours d'eau navigables et flottables et les Chemins de hallage.

Largeur des routes.

1.re Classe , 14 mètres
2.me id 12 id
3.me id 10 id

Les dimensions peuvent être augmentées selon les localités, sans dépasser 20 mètres.

Leurs plantations

Obligation pour les riverains. *(D.89)*

À 1 mètre du moins du fossé en tretenu par les Agents voyers. *(D.90)*

Leur surveillance est confiée aux Maires pour les terrains appartenant aux Communes. *(D.94)*

Ils ne peuvent abattre quels arbres donnant des signes de dépérissement, et sur une permission de l'Administration. *(L.act 1.er)*

Les arbres morts doivent être remplacés dans les 3 derniers. *(D.31)*

L'élagage des arbres se fait par

En cas de refus, l'Administration remplace les arbres morts aux frais du riverain *(D.95-97)*

Le Propriétaire avec permission. *(L.act 1.er)*

L'État ou la Commune propriétaire, mais par adjudication publique. *(D.103-104)*

Le riverain est en outre condamné à l'amende d'un franc par chaque pied d'arbre. *(D.97)*

Celui qui élague des arbres qui ne lui appartiennent pas est passible des peines portées au Code pénal 445-448.

Leur conservation est confiée aux Maires, Gardes champêtres etc *(D.106)*

Alignement.

On ne peut construire sur les routes faisant partie de la Grande Voirie sans un alignement donné par le Préfet. *(D.13 April 1809)*

Si ce n'est quand les routes traversent des places plus larges que la route, dans ce cas, l'autorisation de construire sur la place est donnée par le Maire. *(Arrêt du Conseil d'État du 26 Août 1836.)*

La surveillance des routes.

Elle nécessite une inspection des travaux de quinzaine en quinzaine. *(D.59)*

À cet effet le Maire se fait accompagner par le Cantonnier. *(D.58)*

Qui lui doit compte chaque jour des abus et délits commis dans le Canton. *(D.55)*

Il reçoit l'affirmation des Procès verbaux des employés et gardes champêtres. *(D.112)*

Le Maire est tenu de dresser Procès verbal des plaintes, et de l'adresser immédiatement au Sous-Préfet. *(D.50)*

Il constate les contre- ventions. *(id.)*

Un tiers des amendes revient à la Commune du lieu du délit. *(D.115)*

Le Maire ne peut ordonner ou interdire aucun travail quelconque. *(D.59)*

Exceptions dans les circonstances extraordinaires.

Alors le Maire peut ordonner tous travaux sur les routes, même la démolition des bâtiments menaçant ruine. *(D.16 Juin 1824)*

Il en rend compte de suite au Sous-Préfet. *(id.)*

Les usurpations, dégradations et embarras dans les villes, bourgs et villages, sont poursuivis devant les Tribunaux administratifs ou en simple police.

Le Maire donne les alignements pour les parties de route traversant les bourgs et villages. *(Arrêt du Conseil d'État 26 Août 1836)*

Quand il est statué par le Conseil de Préfecture, ses décisions sont notifiées par huissier.

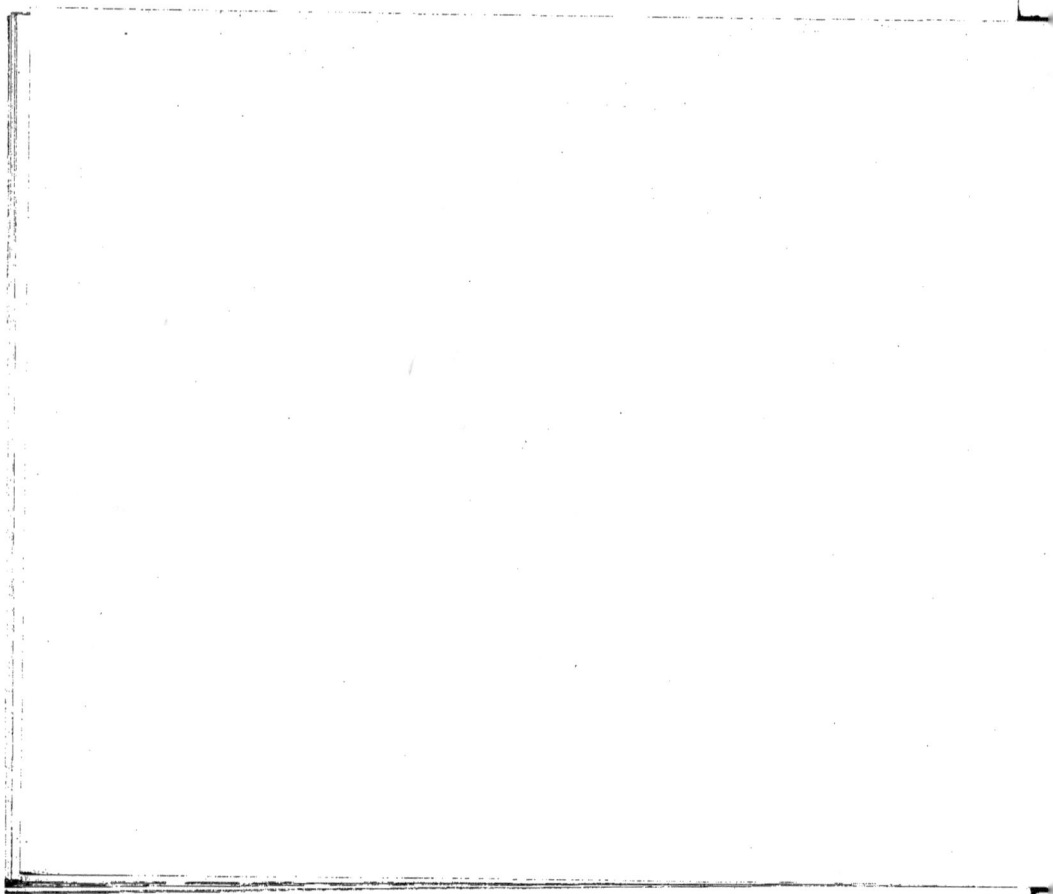

POLICE GÉNÉRALE.

Cours d'eau.

Toutes les eaux qui ont un mouvement, qui fluent,
les sources, fontaines, ruisseaux, torrens, rivières et fleuves.

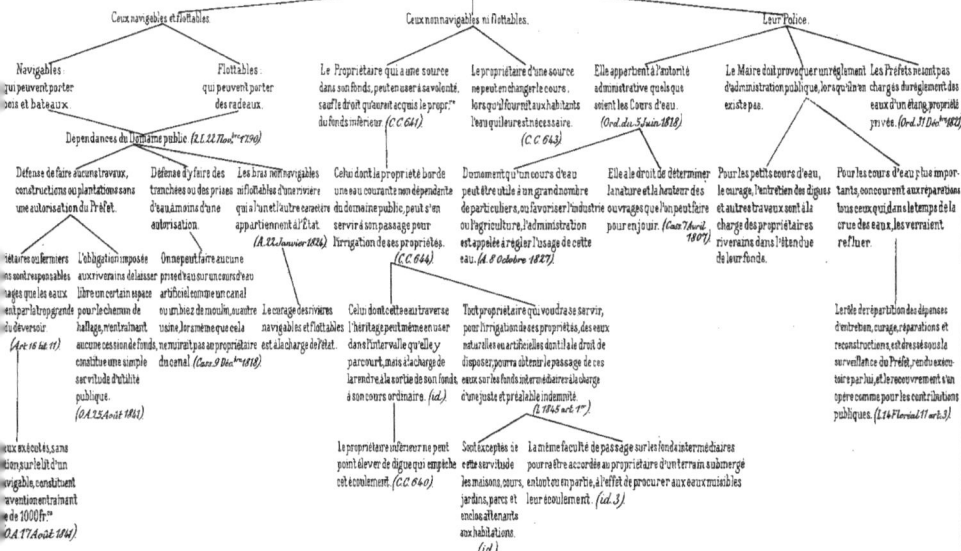

Ceux navigables et flottables — Ceux non navigables ni flottables. — Leur Police.

Ceux navigables et flottables

Navigables
qui peuvent porter
bois et bateaux

Flottables
qui peuvent porter
des radeaux.

Dependances du Domaine public. *(L.L. 22 Nov.bre 1790)*

Défense de faire aucuns travaux,
constructions ou plantations sans
une autorisation du Préfet.

Défense d'y faire des
tranchées ou des prises
d'eau, à moins d'une
autorisation.

Les bras non navigables
ni flottables d'une rivière
qui a l'un et l'autre caractère
appartiennent à l'État.
(A. 22 Janvier 1826)

...riétaires ou fermiers
...ns sont responsables
...mages que les eaux
...ent par la trop grande
...du déversoir
(Art 16 t. 11)

L'obligation imposée
aux riverains de laisser
libre un certain espace
pour le chemin de
hallage, n'entraînant
aucune cession de fonds,
constitue une simple
servitude d'utilité
publique.
(O.A. 23 Août 1841)

On ne peut faire aucune
prise d'eau sur un cours d'eau
artificiel comme un canal
ou un bief de moulin, ou entre
usine, lors même que cela
ne nuiroit pas au propriétaire
du canal. *(Cass. 9 Déc.bre 1818)*

Le curage des rivières
navigables et flottables
est à la charge de l'État.

...aux exécutés, sans
...tion sur le lit d'un
...navigable, constituent
...avention entraînant
...de 1000 fr.s
(O.A. 17 Août 1841)

Ceux non navigables ni flottables

Le Propriétaire qui a une source
dans son fonds, peut en user à sa volonté,
sauf le droit qui aurait acquis le propr.re
du fonds inférieur *(CC 641)*

Celui dont la propriété borde
une eau courante non dépendante
du domaine public, peut s'en
servir à son passage pour
l'irrigation de ses propriétés.
(CC 644)

Celui dont cette eau traverse
l'héritage peut même en user
dans l'intervalle qu'elle y
parcourt, mais à la charge de
la rendre à la sortie de son fonds
à son cours ordinaire. *(id.)*

Le propriétaire inférieur ne peut
point élever de digue qui empêche
cet écoulement. *(C.C 640)*

Le propriétaire d'une source
ne peut en changer le cours,
lorsqu'il fournit aux habitants
l'eau qui leur est nécessaire.
(C.C 643)

Du moment qu'un cours d'eau
peut être utile à un grand nombre
de particuliers, ou favoriser l'industrie
ou l'agriculture, l'administration
est appelée à régler l'usage de cette
eau. *(A. 8 Octobre 1827)*

Tout propriétaire qui voudra se servir,
pour l'irrigation de ses propriétés, des eaux
naturelles ou artificielles dont il a le droit de
disposer, pourra obtenir le passage de ces
eaux sur les fonds intermédiaires à la charge
d'une juste et préalable indemnité.
(L 1845 art 1.er)

Sont exceptés de
cette servitude
les maisons, cours,
jardins, parcs et
enclos attenants
aux habitations.
(id.)

La même faculté de passage sur les fonds intermédiaires
pourra être accordée au propriétaire d'un terrain submergé
ou marécageux à l'effet de procurer aux eaux nuisibles
leur écoulement. *(id. 3)*

Elle appartient à l'autorité
administrative quels que
soient les Cours d'eau.
(Ord. du 5 Juin 1818)

Elle a le droit de déterminer
la nature et la hauteur des
ouvrages que l'on peut faire
pour en jouir. *(Cass. 7 Avril 1807)*

Leur Police

Le Maire doit provoquer un réglement
d'administration publique, lorsqu'un en
existe pas.

Les Préfets ne sont pas
chargés du réglement des
eaux d'une étang, propriété
privée. *(Ord. 31 Déc.bre 1821)*

Pour les petits cours d'eau,
le curage, l'entretien des digues
et autres travaux sont à la
charge des propriétaires
riverains dans l'étendue
de leur fonds.

Pour les cours d'eau plus impor-
tants, concourent aux réparations
tous ceux qui dans le temps de la
crue des eaux, les verraient
refluer.

Le rôle de répartition des dépenses
d'entretien, curage, réparations et
reconstructions, est dressé sous la
surveillance du Préfet, rendu exécutoire par lui, et le recouvrement s'en
opère comme pour les contributions
publiques. *(L 14 Floréal 11 art. 3.)*

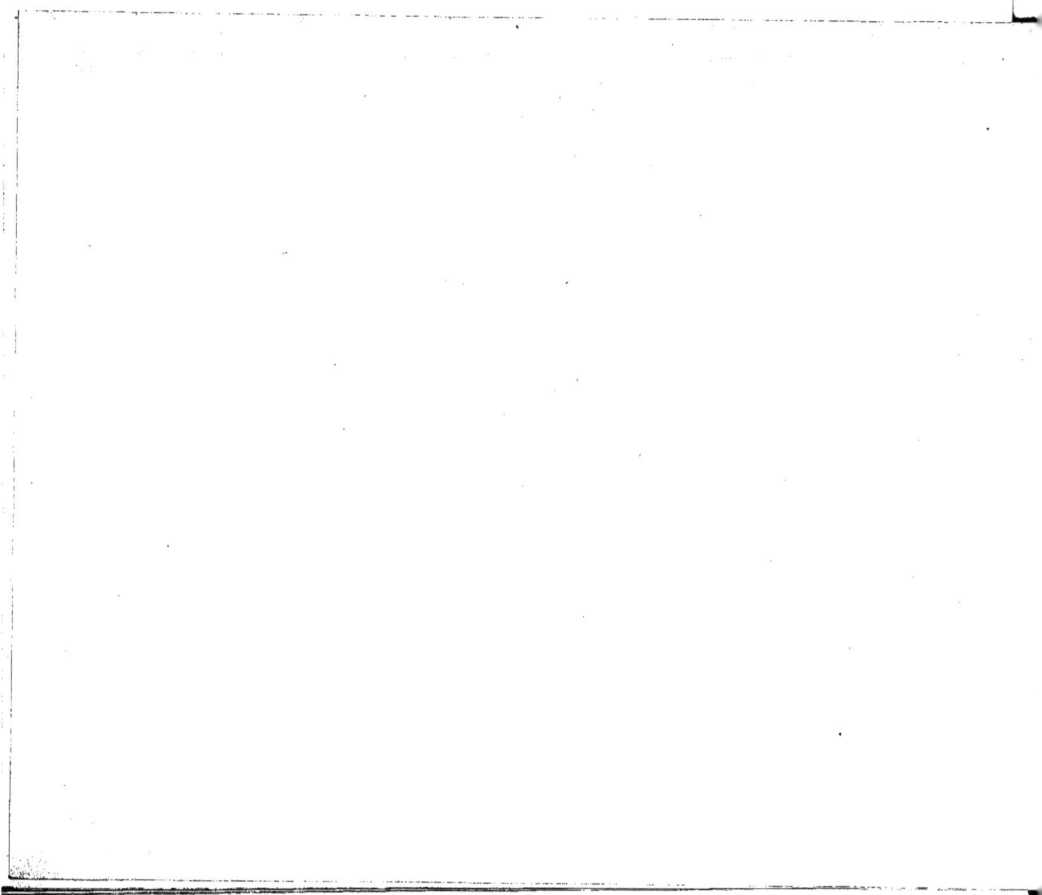

POLICE MUNICIPALE. {Elle comprend tout ce qui intéresse l'Ordre, la Sûreté et la Salubrité des habitants.}

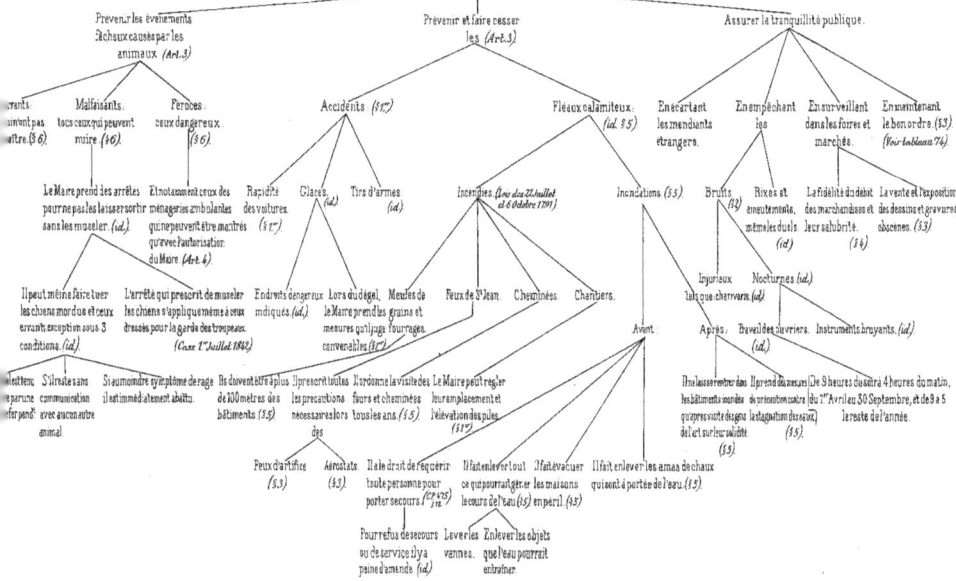

Ordre et Sûreté.

Prévenir les événements
fâcheux causés par les
animaux *(Art. 3)*

Prévenir et faire cesser
les *(Art. 3)*

Assurer la tranquillité publique.

...vants
...uivent pas
...ettre. *(§ 6)*

Malfaisants:
tous ceux qui peuvent
nuire. *(§ 6)*

Féroces:
ceux dangereux
(§ 6)

Accidents *(§ 17)*

Fléaux calamiteux:
(id. § 5)

En écartant
les mendiants
étrangers.

En empêchant
les

En surveillant
dans les foires et
marchés.

En maintenant
le bon ordre. *(§ 3)*
(Voir tableau 74)

Le Maire prend des arrêtés
pour ne pas les laisser sortir
sans les museler. *(id.)*

En notant ceux des
ménageries ambulantes
qui ne peuvent être montrés
qu'avec l'autorisation
du Maire *(Art. 4)*

Rapidité
des voitures.
(§ 17)

Glaces.
(id.)

Tirs d'armes
(id.)

Incendies *(lois des 22 juillet
et 6 octobre 1791)*

Inondations. *(§ 5.)*

Bruits
(§ 2)

Rixes et
ameutements,
même les duels
(id.)

La fidélité du débit
des marchandises et
leur salubrité.
(§ 4)

La vente et l'exposition
des dessins et gravures
obscènes. *(§ 3)*

Il peut même faire tuer
les chiens mordus et ceux
errants, exception sous 3
conditions. *(id.)*

L'arrêté qui prescrit de museler
les chiens s'applique même à ceux
dressés pour la garde des troupeaux.
(Cass. 1er Juillet 1842)

Endroits dangereux
indiqués. *(id.)*

Lors du dégel,
le Maire prend les grains et
mesures qu'il juge
convenables *(§ 17)*

Meules de
fourrages.

Feux de St-Jean.

Cheminées.

Chantiers.

Injurieux
tels que charivaris. *(id.)*

Nocturnes *(id.)*

...battre:
...e par une
...or prend

S'il naît sans
communication
avec aucun autre
animal.

Si au moindre symptôme de rage
il est immédiatement abattu.

Ils doivent être à plus
de 100 mètres des
bâtiments *(§ 5)*

Il prescrit toutes
les précautions
nécessaires lors
des

Il ordonne la visite des
fours et cheminées
au moins une fois tous les ans. *(§ 5)*

Le Maire peut régler
leur emplacement et
l'élévation des piles.
(§ 17)

Avant:

Après:

Travaux des ouvriers.
(id.)

Instruments bruyants. *(id.)*

Feux d'artifice
(§ 3)

Aérostats.
(§ 3)

Il a le droit de requérir
toute personne pour
porter secours. *(CP 475
n.)*

Il fait enlever tout
ce qui pourrait gêner
le cours de l'eau. *(§ 5)*

Il fait évacuer
les maisons
en péril. *(§ 3)*

Il fait enlever les amas de chaux
qui sont à portée de l'eau. *(§ 5)*

Il ne laisse sortir des
les bâtiments couverts
que pres... dirige...
de l'art sur leur validité.
(§ 5)

Il prend des mesures
de prévention contre
le stagnation des eaux.
(§ 5)

De 9 heures du soir à 4 heures du matin,
du 1er Avril au 30 Septembre, et de 9 à 5
le reste de l'année.

Pour refus de secours
ou de service il y a
peine d'amende. *(id.)*

Lever les
vannes.

Enlever les objets
que l'eau pourrait
entraîner.

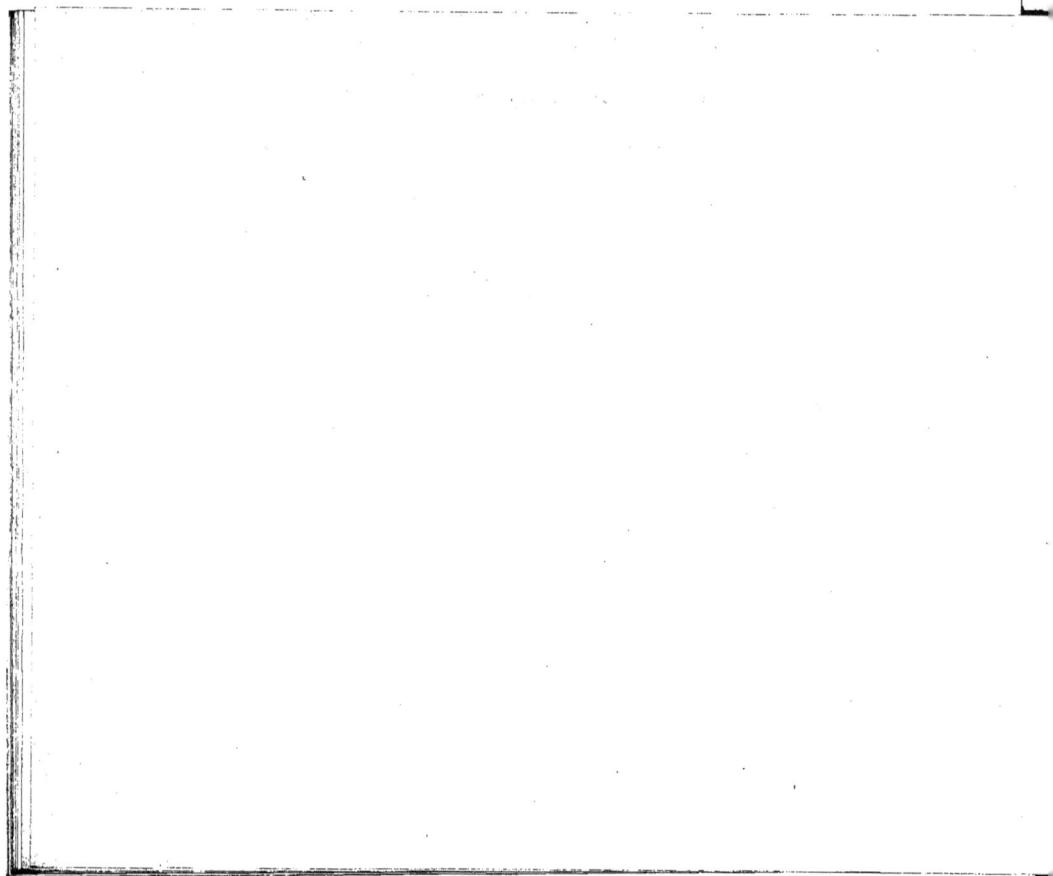

POLICE MUNICIPALE.

Ordre et Sureté.

Maintenir le bon ordre

Sureté.

Pendant les réjouissances publiques
telles que

Dans les lieux publics,
tels que: (art 3)

Le Maire peut défendre
de placer sur les fenêtres
des vases ou des pots qui
pourraient tomber (art 3)

Foires (art. 3)   Mascarades (art. 3)   Spectacles, Concerts
et Bals publics.
(art. 3 et 4.)

Auberges   Cafés et Jardins   Maisons de jeux.
Elles sont prohibées.
(L. 16 Juillet 1836 art. 19)

Bains publics.

établissement   Le lieu en   Le Maire doit défendre   Défense d'insulter   l'autorisation est accordée   Fanal allumé   Tenue de livres   Le Maire a le droit   Le Maire a seul le droit   Les jeux de hazard sont   Le Maire doit prescrire   Défense de se baigner
at émaner que   est fixé par   tout déguisement pouvant   qui que ce soit, et de   par le Maire, à la charge   à la porte.   pour inscrire   d'entrer dans tous les   d'autoriser la vente de   prohibés. (Du 24 Juin 1806) la séparation des sexes,   dans certains endroits,
evoir Royal.   le Maire   blesser, blesser l'ordre, la   tenir des discours   d'acquitter le droit des   (475 C.P.)   les voyageurs.   lieux où tout le monde   boissons sur la voie   et assigner un emplacem. (L.19 Juillet 1791).
26 Nov.bre 1814)   (art. 3)   décence et les mœurs.   indécents (id.)   pauvres qui est le 1/4 brut   (471 C.P.)   est admis. (art. 9)   publique. (Cass. 18 Octobre 1838)   Les loteries sont prohibées.   pour chacun d'eux.
(id.)   de la recette. (L. 8 Thermidor an 5)   (L. 21 Mai 1836)

fixer les heures   Le tarif du droit de plaçage   Le Maire peut fixer les   Il doit veiller à ce qu'il ne soit représenté   Il peut défendre aux maîtres de ces   Sont exemptées celles d'objets mobiliers destinées   Notamment ceux qui sont
vente des marchés.   doit être approuvé par le   heures et l'emplacement.   aucune pièce pouvant troubler l'ordre   établissements de donner à boire   à des actes de bienfaisance et à l'encouragement   rapprochés des habitations
ses 8 Juin 1830)   Gouvernement.   (L. 22 Juillet 1791)   public, d'une manière quelconque.   après une certaine heure. (46)   des arts, mais après autorisation (id. art. 5)   et des chemins publics.
(Cass. 15 Janvier 1828)   (Arrêté du 25 Pluviose 4.)

Les autorisations sont accordées à Paris par le Préfet de Police,
et dans les Départements par le Préfet sur la proposition du Maire
(Ord. 29 Mai 1844)

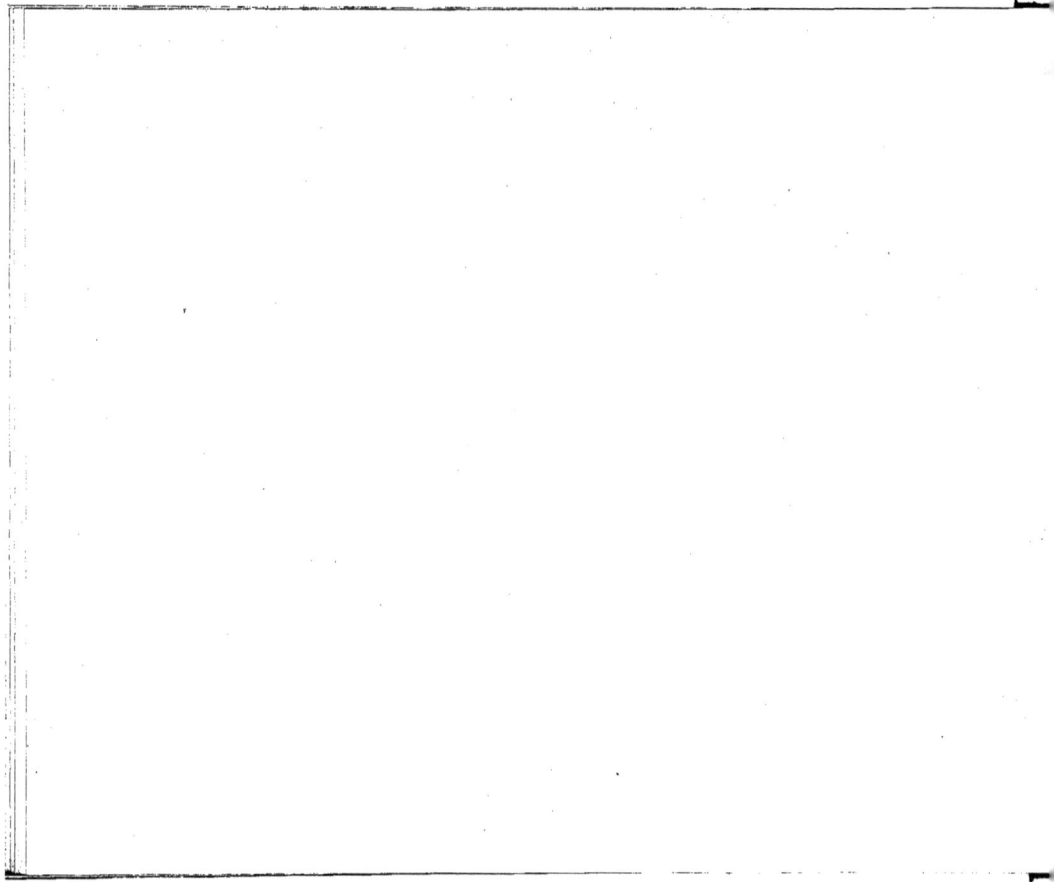

POLICE MUNICIPALE.

Sous le rapport de la Salubrité.

En ce qui concerne

Les Hommes. Les Boissons. Les Comestibles. Les Habitations
(Voir le Tableau 77)

Épidémies. Asphyxie. Vaccine à propager. Exhumations.

Il y a épidémie quand il y a plus de malades que de coutume. (Circ. 30 Sept.bre 1813.)

Aucune inhumation n'a lieu sans l'autorisation du Maire et avant un délai de 24 heures. (Art. 77 du Code Civil.)

Médecine et Chirurgie.

Par la braise.

Par les liqueurs en fermentation.

Par le froid.

Dans les puits, citernes, fosses.

Le Maire envoie l'état des enfants non vaccinés. (Circ. du 28 Juin 1832.)

Elles ont lieu de droit pour les recherches de la justice.

Il faut l'autorisation du Ministre de l'Intérieur pour (Décret du 23 Prairial an VIII, art. 17.)

Maire doit exécuter... prévenir le ...Préfet. (id.)

Il fait exécuter toutes les mesures sanitaires indiquées par le Médecin des épidémies. (id.)

Sauf toutefois le cas d'une décomposition trop rapide des cadavres.

Elles sont exercées par des

Il convient de s'abstenir de boissons spiritueuses, et faut surtout ne pas s'endormir à l'air.

La translation d'un cadavre d'une sépulture dans une autre. (id.)

L'évacuation des cimetières ou de caves sépulcrales. (id.)

Docteurs-Médecins et Officiers de santé. (Loi du 19 Ventose 11.)

Sages-femmes. (Loi du 19 Ventose 11.)

Pharmaciens.

Charlatans.

...sont tenus de justifier leur qualité. (24.)

Ils sont tenus de se rendre aux réquisitions du Maire. (Code d'inst. crim. 43.)

Ils peuvent vendre des médicaments s'il n'y a pas de Pharmacien dans la Commune, mais à leurs malades seulement. (L. 21 Germinal 11 art. 27.)

Peine de 100 fr. d'amende contre celles qui exerceront sans diplôme. (35.)

La bonne foi ne peut être invoquée. Alors même qu'il ne serait survenu aucun accident.

Défense de vendre des remèdes secrets. (L. du 21 Germinal an 11.) (Cass. 6 Juillet 1827.)

Toute vente ou étalage dans les places publiques des drogues ou préparations médicamenteuses sont interdites, sous peine d'amende

...est de même des dentistes et des oculistes. ...20 Juillet 1832.)

Lorsque l'accouchement est difficile, clef. (34.) les Sages-femmes qui ont un diplôme doivent elles-mêmes requérir un médecin (Règl.t 8 Nov.bre 1810 tit. 11, art. 13)

Les substances vénéneuses de 25 fr. à 600 fr. (L. du 21 Germinal an 11 art. 10) doivent être gardées sous clef. (34.)

Elles ne peuvent être vendues qu'à des personnes connues sous peine de 100 à 3000 fr. d'amende, et d'un emprisonnement de 6 jours à 2 mois. (L. 19 Juillet 1845.)

Les Pharmaciens tiendront un registre coté et paraphé par le Maire, ils y inscriront les noms et demeures des personnes qui en achètent. (35.)

i du 16 Messidor an 7,
écret du 7 Floréal an 3,
d. du 31 Octobre 1821.

HOSPICES.
Etablissements publics destinés à recevoir les indigents, les malades, les infirmes, les vieillards indigents et les enfants abandonnés.

Ils sont administrés par une Commission gratuite

Sa composition.

Ses attributions

Maire en est le Président de droit. *(D.7 Floréal.3.art.2)*

Cinq membres ayant leur domicile réel dans la Commune.

La révocation des Membres ne peut être prononcée que par le Ministre de l'Interieur. *(Circ.16 Septembre 1830).*

Les délibérations ont lieu à la majorité des voix.

Gérer et administrer.

Le service intérieur, sauf l'approbation du Préfet. Elle détermine

Les biens et revenus *(Voir tableau 76)*

En cas de partage, sa voix est prépondérante.

Ils sont soumis au serment prescrit par la Loi du 31 Août 1830. *(Circ.1.Sept.bre 1830.)*

En cas d'urgence, le Préfet peut la prononcer provisoirement. *(Ord.6 Juin 1830 art.2)*

Tout arrêté pris par la Commission est adressé au Préfet dans les 10 jours *(L.art.14)*

Le nombre, la classification et les attributions des employés et des gens de service.

Le nombre des lits et la nature des maladies traitées.

Ils sont nommés par

Le renouvellement a lieu chaque année par 5.e *(Ord.6 Février 1816 art.4)*

Ceux relatifs au service journalier sont exécutés provisoirement. *(L.art.11)*

L'Hospice dont avoir un ¼ en sus du nombre moyen des lits occupés.

Les fondations des lits ne peuvent être acceptées ou réglées qu'en vertu d'une Ordonnance du Roi. *(Arr.16 Fructidor 11).*

Tous les trimestres elle adresse au Préfet l'état du mouvement de la population.

Ministre dans les Communes où le Maire est nommé par le Roi.

Le Préfet dans les Communes dont le Maire est nommé par le Ministre.

Il a lieu les 4 premières années par la voie du sort et ensuite par ancienneté. *(Circ.du 8 Février 1823)*

Il n'y a pas d'incompatibilité entre ces fonctions et celles de Conseiller municipal. *(Circ.16 Sept.bre 1830)*

Les aumôniers sont nommés par l'Evêque sur la présentation de 3 candidats par la Commission.

Les Receveurs, Controleurs, Médecins et Chirurgiens sont nommés par le Préfet.

Les Employés servants, Domestiques infirmiers et Gens de peine sont nommés par la Commission. *(Ord.1821)*

La Commission règle

Les registres tenus pour l'ordre de la maison, ne peuvent suppléer les actes de l'État civil. En cas de mort, on doit, en prévenir le Maire qui s'y transporte pour s'assurer du décès dont il dresse l'acte.

L'avis du Préfet est consulté la Commission.

Les Membres nomment un Vice-Président et un Secrétaire.

Si la recette est inférieure à 30.000. l'Administration se concerte avec la congrégation pour en être chargé. *(Ord.17 Sept.bre 1837)*

Les admissions le service et les renvois règler le nombre de Sœurs & les conditions doivent être arrêtées par le Ministre sur l'avis du Préfet.

La police de santé et le régime intérieur des salles alimentaire.

En attendant le Receveur fait tous les actes conservatoires.

Les enfants trouvés et abandonnés.

Les frais des voyageurs indigents sont à la charge de l'Hospice. *(Circ.12 Juin 1829)*

Les ⅔ du produit du travail sont versés à la caisse de l'Hospice, l'autre ⅓ est extrémis chaque semaine aux indigents. *(L.14)*

Trouvés: Ceux nés de père et mère inconnus. *(D.19 Janvier 1811)*

Abandonnés: Ceux nés de père et mère connus, élevés par eux, puis délaissés, sans qu'on sache ce que les parents sont devenus.

Les militaires y sont admis, à moins qu'il n'y ait un hôpital qui leur soit spécial.

Le travail est obligatoire pour tous ceux qui sont en état de s'y livrer. *(Circ.31 Janvier 1840)*

Sont assimilés les enfants nés dans les Hospices, si la mère est reconnue dans l'impossibilité de s'en charger.

Ils ne sont pas admis après leur douzième année.

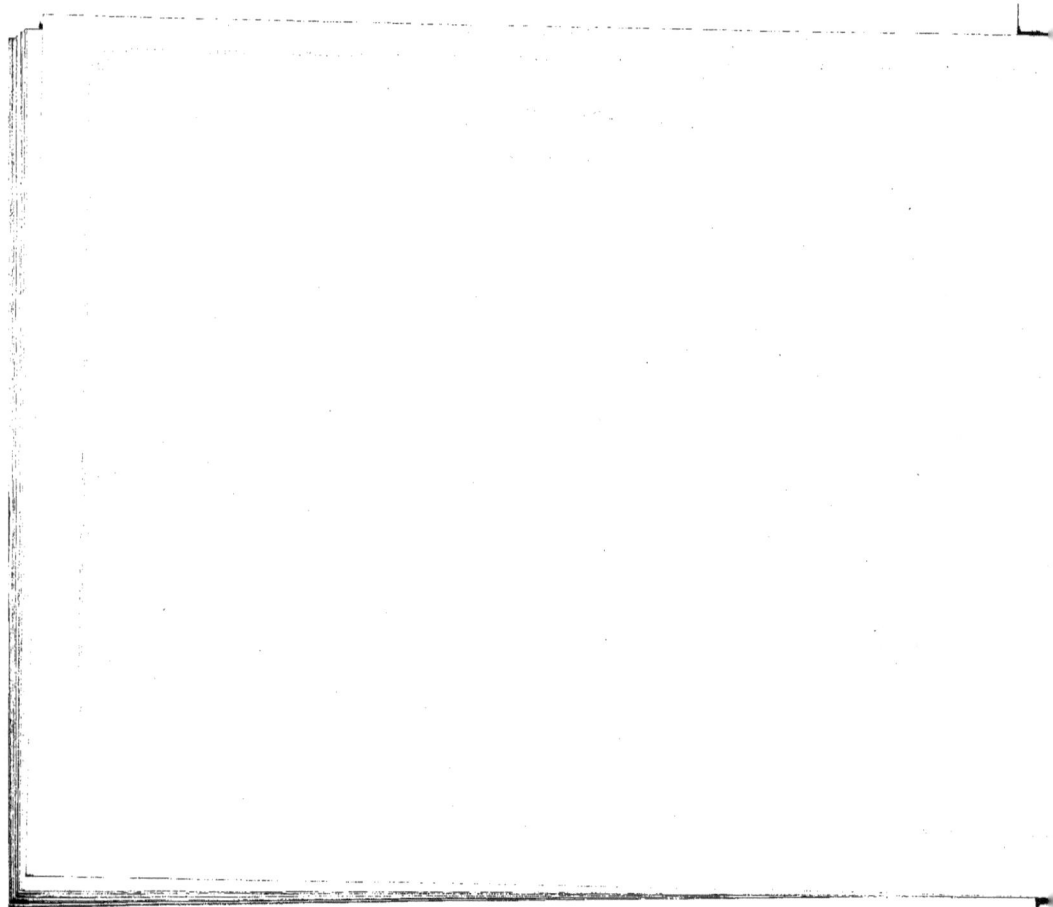

HOSPICES.

Biens et Revenus.

Leur gestion — Les actions judiciaires sont soumises à un Comité consultatif. *(Arr. 7 Messidor 9, art. 11)* — Leur budget.

Biens mobiliers | Biens immobiliers. | Est réglé par le Préfet, mais ceux qui excèdent 100,000 francs sont soumis à l'approbation du Ministre de l'Intérieur. *(O. 31 Octobre 1821, art. 13.)* | Comprend :

La Commission fait dresser état exact et complet du mobilier.

La Commission ne peut accepter aucuns dons ou legs sans une autorisation

Leur exploitation.

Les acquisitions, ventes ou échanges ne peuvent avoir lieu comme pour les Communes qu'après Ordonnance du Roi.

Les Recettes qui sont de 2 sortes :

Les Dépenses.

afin de chaque année, on en fait un récolement.

Du Roi, quand ils s'élèvent à plus de 3000 fr.

Du Préfet, quand ils n'atteignent pas le chiffre de 3000 fr."

Les Commissions ne peuvent exploiter par elles-mêmes qu'avec l'autorisation du Préfet. *(Ord. 31 Octobre 1821)*

L'exploitation de portion des jardins par des agents de l'Administration ne peut être permise que moyennant une indemnité.

Les biens sont affermés par baux reçus par un Notaire désigné par le Préfet après affiches et publications. *(L. art. 15)*

Quelquefois, mais par exception, le Préfet peut dispenser des enchères. *(Circ. d. Février 1823)*

Les baux sont approuvés par Ordonnance du Roi, s'ils excèdent 18 ans, et par le Préfet au dessous de cette durée. *(L. 25 Mai 1835)*

Les revenus fixes — Comprennent :

Les ressources éventuelles — Comprennent :

Tout marché pour fournitures doit être adjugé au rabais, si ce n'est quand des circonstances rendent préférable la vue des marchés amiables.

Voir le Budget des Communes *(Tableau 100)*

Le produit des rentes sur l'État.

Le produit des biens immeubles.

Le produit des legs ou dons etc. en immeubles ou en rente.

Les sommes votées par la Commune pr suppléer à l'insuffisance des fonds.

Les offrandes volontaires à domicile, les quêtes dans les Églises.

Les droits perçus sur les spectacles, les collectes, concerts, bals, danses et fêtes où le Public est admis en payant.

Le produit des dépenses attribuée à quelques amendes qui y sont admis.

La portion des journées du pro- duit des militaires travail.

Le produit du travail des malades.

Les 2/3 du

Les Hospices peuvent recevoir à fonds perdu ou à rente viagère avec l'autorisation du Préfet, si les sommes n'excèdent pas 500 fr., au dessus il faut une Ordonnance du Roi. *(D. 23 Juin 1806)*

1er par jour, 2e par sépulture chaque mois un état de mou- vement journalier des militaires. *(D. 25 Germ. 13. art 18)*

Les Administrateurs ouvriront chaque mois un état et de mou- vement journalier des 50 cent" par chaque sortie.

L'intérêt annuel ne peut excéder 10 p' % du capital. *(id.)*

Il sera clos le 30 de chaque mois, certifié et transmis au S.Préfet dans le délai de 40 jours. *(Circ. 14 Mars 1812.)*

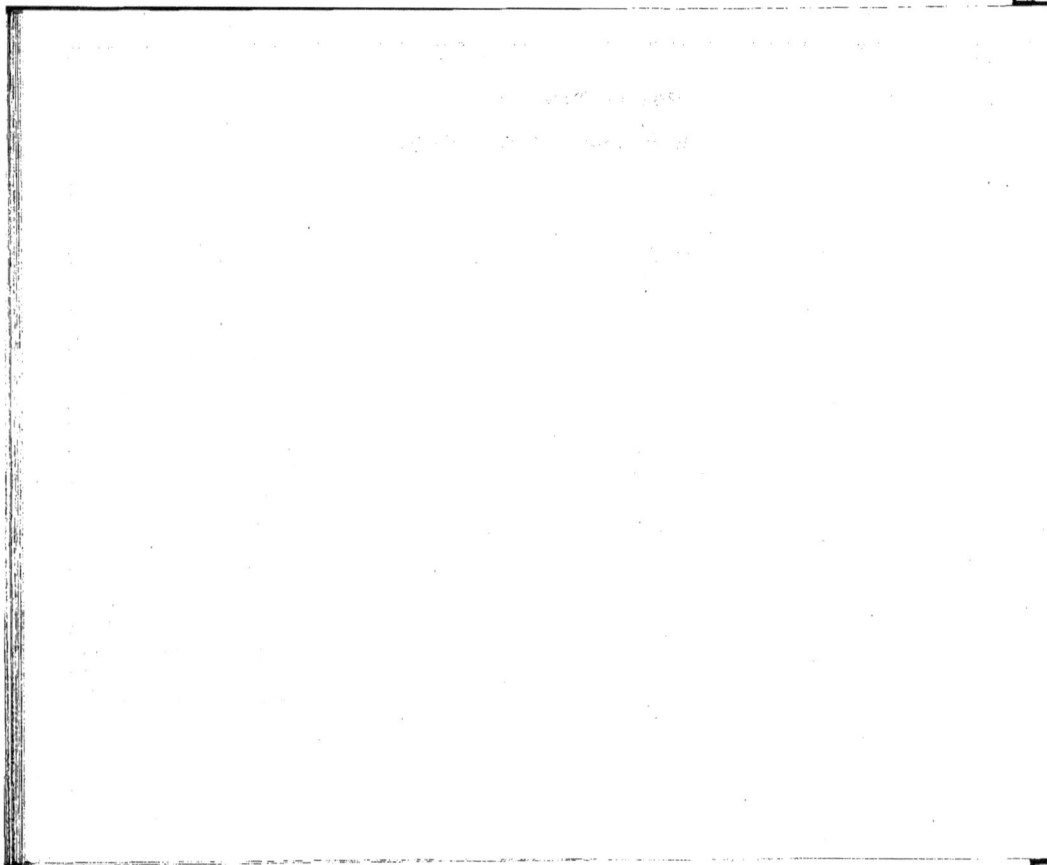

POLICE MUNICIPALE.

Sous le rapport de la Salubrité.

En ce qui concerne

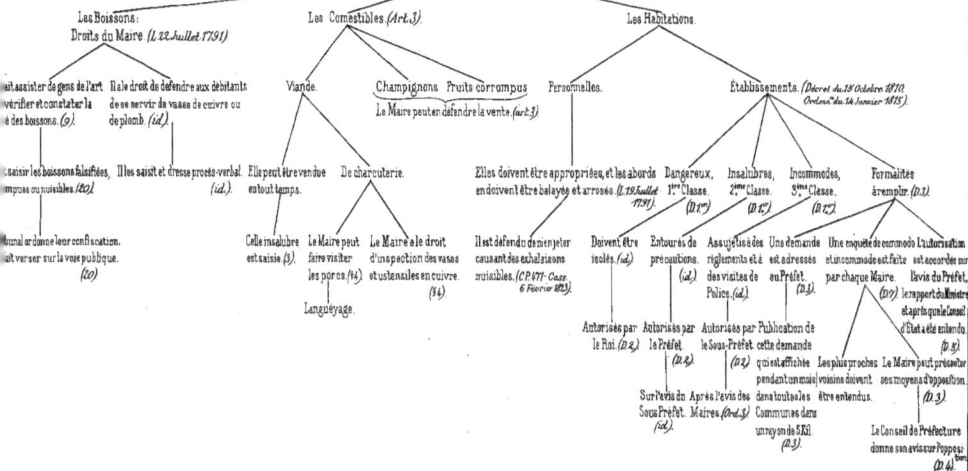

Les Boissons: Droits du Maire *(L. 22 Juillet 1791)*   Les Comestibles. *(Art. 3)*   Les Habitations.

fait assister des gens de l'art vérifier et constater la [qualité] des boissons. *(9)*   Il a le droit de défendre aux débitants de se servir de vases de cuivre ou de plomb. *(id.)*   Viande.   Champignons Fruits corrompus   Personnelles.   Établissements. *(Décret du 15 Octobre 1810 Ordonce du 14 Janvier 1815.)*

Le Maire peut en défendre la vente. *(art. 3)*

[Il peut] saisir les boissons falsifiées, [cor]rompues ou nuisibles. *(20.)*   Il les saisit et dresse procès-verbal. *(id.)*   Elle peut être vendue en tout temps.   De charcuterie.   Elles doivent être appropriées, et les abords en doivent être balayés et arrosés. *(L. 16 Juillet 1791)*   Dangereux, 1re. Classe. *(D. 1er)*   Insalubres, 2me. Classe. *(D. 1er.)*   Incommodes, 3me. Classe. *(D. 1er.)*   Formalités à remplir. *(D. 1.)*

[Le trib]unal ordonne leur confiscation. [et les] fait verser sur la voie publique. *(20)*   Celle insalubre est saisie. *(3)*   Le Maire peut faire visiter les porcs. *(14)*   Le Maire a le droit d'inspection des vases et ustensiles en cuivre. *(14)*   Il est défendu de rien jeter causant des exhalaisons nuisibles. *(CP.471 - Cass 6 Février 1823.)*   Doivent être isolés. *(id.)*   Entourés de précautions. *(id.)*   Assujettis à des règlements et à des visites de Police. *(id.)*   Une demande est adressée au Préfet. *(D.3.)*   Une enquête de commodo & incommodo est faite et un commodo est faite et accordée par par chaque Maire.

Languéyage.

Autorisées par le Roi. *(D.2)*   Autorisés par le Préfet. *(D.2.)*   Autorisés par le Sous-Préfet. *(D.2.)*   Publication de cette demande qui est affichée pendant un mois dans toutes les Communes dans un rayon de 5 Kil. *(D.3.)*

Sur l'avis du Sous-Préfet. *(id.)*   Après l'avis des Maires. *(Ord. 3.)*   L'autorisation l'avis du Préfet, et après que le Conseil d'État a été entendu. *(D.3.)*

Les plus proches voisins doivent être entendus.   Le Maire peut présenter ses moyens d'opposition. *(D.3.)*

Le Conseil de Préfecture donne son avis sur l'opposition. *(D.4.)*

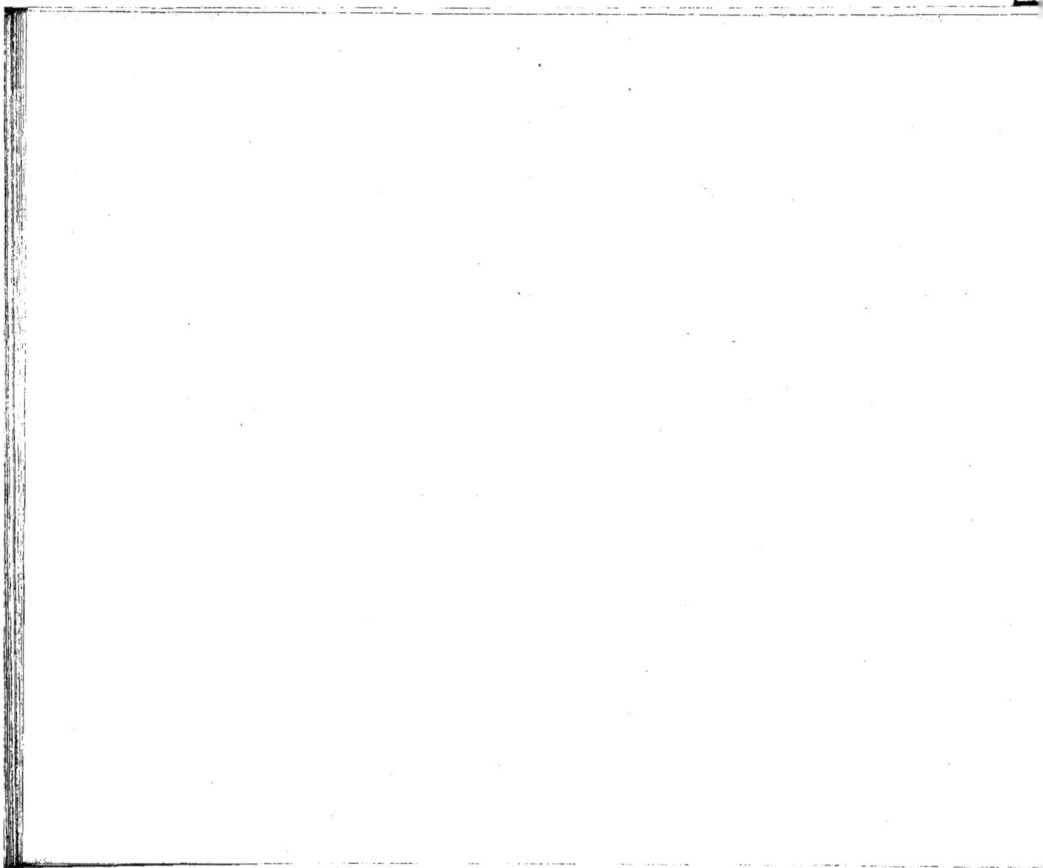

Loi du 24 Août 1790.
Arrêté du Parlement du 24 Mars 1745.
id. du Consul du 19 Juillet 1746.
id. id. du 16 Juillet 1784.
id. du 27 Messidor an 5.
Ordonnance du 22 Juillet 1815.

POLICE MUNICIPALE.

Sous le rapport de la Salubrité.

En ce qui concerne les Animaux.

Leur parcours.

Celui des Oies peut être réglé par le Maire. (Arr. 52 Messidor) et savonage et d'y faire rouir le chanvre. (475 C.P.)

Abreuvoirs.

Défense d'y laver et savonage et d'y faire rouir le chanvre. (475 C.P.)

On ne peut jeter dans les rivières, mares et abreuvoirs, les boues, fumiers, gravois etc.° (id.)

Les Bouchers, Tripiers, Teinturiers, Tanneurs, Ecarisseurs, n'y peuvent porter les abattis et les immondices. (475 C.P.)

Il est défendu d'y conduire les animaux atteints de maladie contagieuse. (Arr. 27 Messidor 5.)

Épizootie.
Maladie contagieuse des Animaux, et plus particulièrement des Bêtes à corne. (Arrêté du 27 Messidor an 5.)

Précautions.

Avant que la maladie soit constatée, et sur de simples appréhensions, le Maire prend les arrêtés qu'il jugera nécessaires pour prévenir ce fléau (id.)

Sauf recours au Préfet (id.)

Tout propriétaire d'animaux soupçonnés doit avertir le Maire sur le champ, et tenir ses animaux renfermés même avant la réponse du Maire, sous peine d'un emprisonnement de 6 jours à 6 mois.

Mesures.

Quand la maladie est constatée, le Maire empêche la communication du troupeau avec aucun animal de la Commune. (id.)

Sous aucun prétexte on ne peut les mener aux pâturages et abreuvoirs communs. (id.)

Le Maire en informe dans le jour le Sous-Préfet, et indique le nom du propriétaire et le nombre des bêtes malades. (id.)

Le Maire en instruira toutes les propriétaires par une affiche, avec injonction de déclarer le nombre de bêtes à corne qu'ils possèdent.

Il fera marquer sous ses yeux toutes les bêtes à corne de sa Commune avec un fer chaud qui a la lettre M. (id.)

Quand une bête sera morte, au bœuf de la traîner, on la portera à l'endroit ou elle doit être enfouie à 50 toises des habitations. (id.)

On l'enfouira seule dans une même (sic)... fosse de 3°.° de profondeur, pratiquée hors des habitations (sic.)

La purification des bâtiments aura lieu à la diligence du Maire. (id.)

La terre dela ... les murs seront lavés et ... (id.)

Des fumigations seront faites avec ...

Il est indispensable de les nourrir dans des lieux enfermés sous peine de 100 francs d'amende. (id.)

Après la maladie le Préfet ordonne une contre marque pour que les bêtes puissent être vendues (id.)

Tout fonctionnaire qui trouvera sur les chemins, foires, marchés, des bêtes ainsi marquées, les conduira devant le juge de paix qui les fera tuer en sa présence. (id.)

Le propriétaire de bêtes ... saisies en pays infesté peut les faire tuer chez lui, ou ... sous peine de 300 francs d'amende. (id.)

Défense de la jeter dans les ... ni à l'enterrer dans les étables, cours et jardins. (id.)

Pour le transport de l'Animaire ... (C.P. 475.)

Du cuire ... La voiture sera ensuite lavée à l'eau bouillante. (id.)

Un réchaud de charbons allumés de sous une terrine ... (id.)

Le Claveau pour les Moutons, fièvre inflammatoire suivie d'une éruption de pustules.
Le Charbon pour les Bêtes à corne, fièvre putride exanthématique (charbonneuse) contagieuse.
La Morve pour les Chevaux.

Moyens curatifs.
Séton chargé d'un caustique, Bouchonnement souvent répété.

L'évaporation d'eau chaude sous le ventre, Lavements avec l'eau légèrement vinaigrée, Aliments de meilleure qualité, aspergés d'eau salée. L'eau blanchie avec du son et vinaigrée (...) (M.° Husard.)

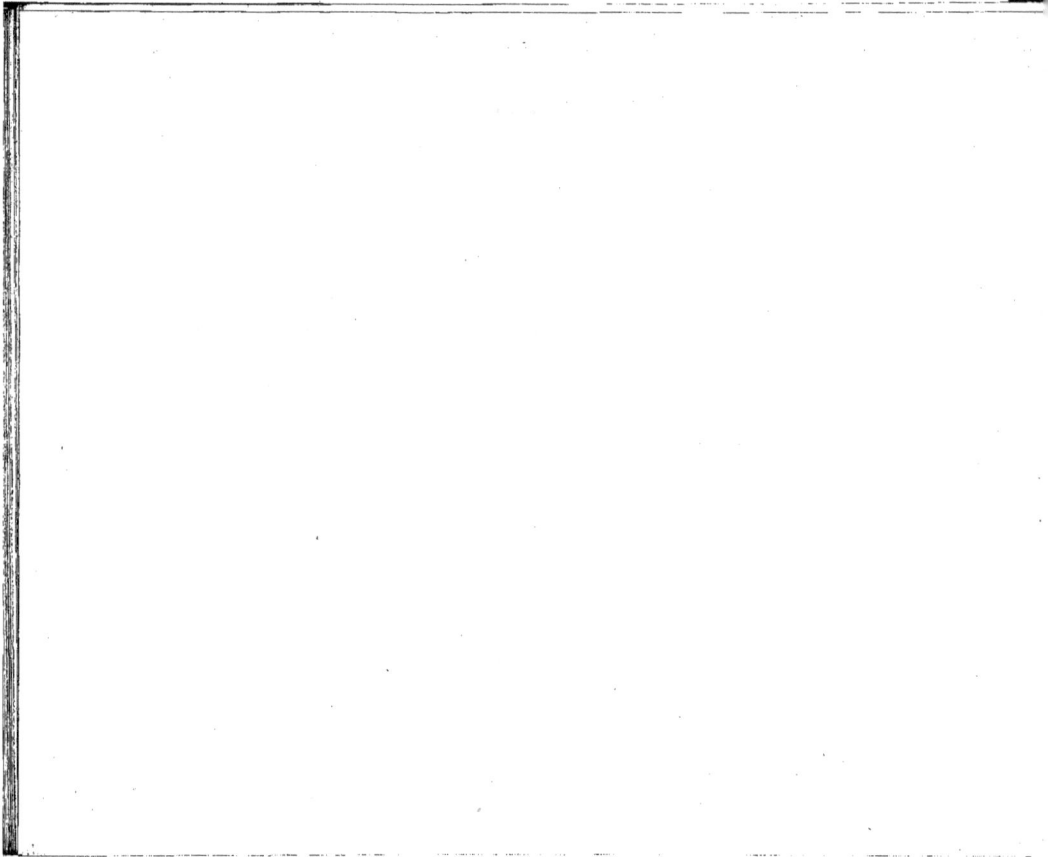

Loi du 24 Août 1790.
Loi du 16 Septembre 1807.
Loi du 18 Juillet 1837.

VOIRIE MUNICIPALE (Petite).

Toutes les Rues, Places, etc. qui ne sont pas le prolongement
des Routes Royales et Départementales, font partie de la
Petite Voirie.

Urbaine.
Elle a pour objet l'Établissement, la Conservation, l'Entretien et la Police des voies publiques
dans les Villes, Bourgs et Villages.

Vicinale.
(Tableau 81).

Classement des Rues et Places.

Alignement.
Fixation de la limite que les constructions riveraines de la voie publique ne doivent pas dépasser.

Propriété des Rues et Places.
(Tableau 80).

Si les bâtiments menacent ruine. (L. 1790 tit. 11 art. 3).

Les Communes qui ont plus de 2000 habitants sont soumises à l'alignement. (Circ. 17 Août 1813).

Les plans sont:

Dressés en triple exemplaire. Ceux (Circ. 28 Août 1808).

Présentés à l'adoption du Conseil Municipal. (Circ. 29 Octobre 1811).

Ceux arrêtés sont irrévocablement suivis par le Maire pour les alignements à donner, soit pour (L. 1807 art. 52).

[diagram content partially illegible]

oi du 24 Août 1790
id. du 16 Sept.^{bre} 1807.
d. du 18 Juillet 1837.

80.

VOIRIE MUNICIPALE.

Urbaine.

Les Communes ont la Propriété des Rues et Places.

mprescriptibilité existe
profit des Rues et Places
mmunales. (C.C. 2226)

Pavage

Suppression.

Plantations.

Police.

rsque par suite d'un
nement régulier, la
eur d'une rue est
innée, la portion de
rain ainsi retranchée
voie publique devient
scriptible. (Cass du 25
Janvier 1842)

D'après l'usage des Communes,
l'établissement du Pavage peut
être à la charge des propriétaires
riverains. (Av. du Conseil d'État
du 25 Mars 1807.)

L'entretien est
à la charge de la
Commune
(Ord. 4 Juin 1834)

Nivellement

Avec les mêmes formalités
que pour leur création.

Les riverains
sont indemnisés,
s'il y a lieu.

Elles sont réglées par
l'Autorité Municipale.

Celles des

Rues

Places

Le Maire peut ordonner la circulation
des voitures dans certaines rues ou
places de la Petite Voirie. (L.1790)

Obligations
imposées
aux

Il se fait du Consentement
des propriétaires riverains,
ou du moins en leur tenant
compte du dommage
éprouvé.

Les réclamations
sont reçues par le
Maire et appréciées
par le Conseil municipal
qui donne son avis.

Leurs réclamations sont
appréciées par le Conseil
de Préfecture.
(Ord. 20 Mars 1843)

Après délibération
du Conseil municipal.

Sauf réformation
par l'Autorité
supérieure.

Celles antérieures
à la loi du 28 Août
1792 sont aux rive-
rains.

Avec l'assentiment
qui ont remplacé
le seigneur dans
ces droits.
(L.28 Août 1792;
et.L13)

Communes
le devant de leurs portes,
lorsque des voitures y
sont arrêtées. (L.1790)

Aubergistes de éclairer Constructeurs.

t à l'Autorité administrative
l'appartient de reconnaître
clarer que l'est l'usage.
du Conseil d'État du
15 Février 1838)

Si les revenus d'une
Commune sont épuisés,
le Préfet peut autoriser
la dépense à charge des
riverains.
(Décret du 25 Mars 1807)

En dehors de l'usage, le
pavage peut être imposé
à ceux qui demandent l'au
torisation de paver une
rue. (id.)

Mêmes formalités que pour
les alignements.
(Cass 19 Janvier 1826)

Elles sont jugées,
quant aux indemnités
par le Conseil de
Préfecture.
(Ord. Arrêt 28 Mars 1843)

Les Couvreurs doivent attacher à la
maison où ils travaillent un signe qui
sont un avertissement pour les passants.

Même sans accident il y a contravention
punie par une amende de simple police.

Les dépôts de dé-
combres doivent
être enlevés auss
tôt que possible.

Et toujours éclairés
pendant la nuit.
(L.1790)

Les Propriétaires de carrières sont obligés,
moyennant indemnité, de laisser extraire
les matériaux nécessaires pour le pavage
des Rues. (Av. du Conseil d'État du
17 Novembre 1837)

n du 6 Octobre 1791.
d. du 28 Juillet 1824.
d. du 21 Mai 1836.
str^rie ministérielle 24 Juin 1836

VOIRIE MUNICIPALE.

Vicinale. *(Celle des Chemins vicinaux qui se divisent en vicinaux ordinaires, et ceux de grande communication nécessaires aux communications des Communes.)*

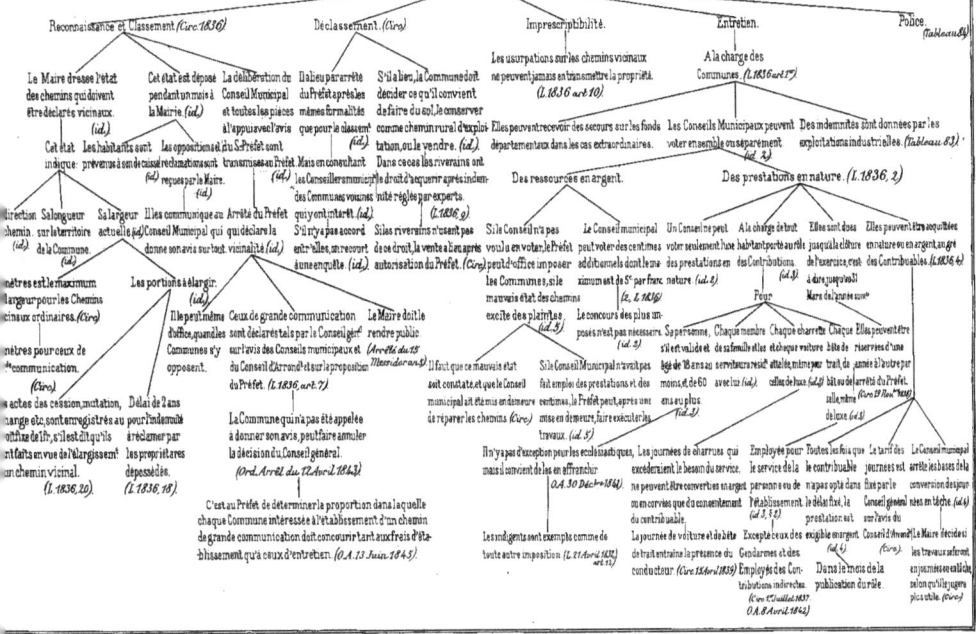

Reconnaissance et Classement *(Circ. 1836)*

Le Maire dresse l'état des chemins qui doivent être déclarés vicinaux. *(id.)*

Cet état indique : *(id.)*

Direction *(id.)* — sur le territoire actuelle de la Commune. *(id.)*

mètres est le maximum largeur pour les Chemins vicinaux ordinaires. *(Circ)*

mètres pour ceux de **communication. *(Circ)*

actes de cession, mutation, change etc, sont enregistrés au profit de l'État, s'il est dit qu'ils ntfaits en vue de l'élargissement un chemin vicinal. *(L. 1836, 20.)*

Salongueur *(id.)*

Sa largeur *(id.)*

Les habitants sont prévenus à son dépôt et les réclamations sont reçues par le Maire. *(id.)*

Les oppositions et du S.Préfet sont transmises au Préfet. *(id.)*

Cet état est déposé pendant un mois à la Mairie *(id.)*

Il les communique au Conseil Municipal qui qui déclare la donne son avis sur leur vicinalité *(id.)*

Les portions à élargir. *(id.)*

Il peut même d'office, quand les Communes s'y opposent.

Ceux de grande communication sont déclarés tels par le Conseil d'Arrond^t sur l'avis des Conseils municipaux et du Conseil d'Arrond^t et sur la proposition du Préfet. *(L. 1836, art. 7)*

La Commune qui n'a pas été appelée à donner son avis, peut faire annuler la décision du Conseil général. *(Ord. Arrêt du 12 Avril 1843)*

Délai de 2 ans pour l'indemnité à réclamer par les propriétaires dépossédés. *(L. 1836, 18.)*

Déclassement. *(Circ)*

La délibération du Conseil Municipal et toutes les pièces à l'appui avec l'avis *(id.)*

Il a lieu par arrêté du Préfet après les mêmes formalités que pour le classement *(id.)*

S'il a lieu, la Commune doit décider ce qu'il convient de faire du sol, le conserver comme chemin rural d'exploi- tation, ou le vendre. *(id.)* Dans ce cas les riverains ont

les Conseillers communaux le droit d'acquérir après indem- des Communes voisines nité réglés par experts. qui y ont intérêt. *(id.)* *(L. 1836, 9)*

S'il n'y a pas accord entr'elles, on recourt à une enquête. *(id.)*

Si les riverains n'usent pas de ce droit, la vente a lieu après autorisation du Préfet. *(Circ)*

Le Maire doit le rendre public *(Arrêté du 15 Nivôse an 11)*

Il faut que ce mauvais état soit constaté, et que le Conseil municipal ait été en demeure de réparer les chemins *(Circ)*

C'est au Préfet de déterminer la proportion dans laquelle chaque Commune intéressée à l'établissement d'un chemin de grande communication doit concourir tant aux frais d'éta- blissement qu'à ceux d'entretien. *(O. A. 13 Juin 1845)*

Imprescriptibilité.

Les usurpations sur les chemins vicinaux ne peuvent jamais en transmettre la propriété. *(L. 1836, art. 10)*

Elles peuvent recevoir des secours sur les fonds départementaux dans les cas extraordinaires.

Des ressources en argent.

Si le Conseil n'a pas voulu en voter, le Préfet peut d'office imposer les Communes, si le mauvais état des chemins excite des plaintes. *(id. 3)*

Le Conseil municipal peut voter des centimes additionnels dont la base nature *(id. 8)* xi est de 5e par franc *(2, L. 1836)*

Un Conseil ne peut voter seulement qu'une habitant peut sur les des prestations en des Contributions. *(id. 3)*

Si le Conseil Municipal n'a voté pas fait emploi des prestations et des journées en demeure en argent, continues, le Préfet peut, après une mise en demeure, faire exécuter les travaux. *(id. 5)*

Il n'y a pas d'exception pour les ecclésiastiques, mais il convient de les en affranchir. *(O.A. 30 Décembre 1841)*

Les indigents sont exempts comme de toute autre imposition *(L. 21 Avril 1832, art. 13)*

Entretien.

A la charge des Communes *(L. 1836 art 1er)*

Les Conseils Municipaux peuvent voter ensemble ou séparément. *(id. 2)*

Des prestations en nature. *(L. 1836, 2)*

A la charge de tout habitant porté sur le rôle des Contributions. *(id. 3)*

Pour

Sa personne, Chaque membre Chaque charrette Chaque s'il est valide et de sa famille âlles attelage voiture bête de âgé de 18 ans au serviteurs résid^t attelée, mi-ne par trait, de moins, et de 60 avec lui. *(id.)* celle de luxe. *(id.)*

Employée pour le service de la personne ou au service que du consentement du contribuable.

Toutes les fois que le contribuable ne peut l'établissement le délai fixe, la prestation est *(id. 5, 6)*

La journée de charrues qui excédent ou le besoin du service. âtre converties en argent. *(id. 3, 4)*

Exceptés deux des de trait entraîne la présence du conducteur *(Circ 15 Avril 1839)* Employés des Con- tributions indirectes. *(Circ. C.Juillet 1837 O.A. 8 Avril 1842)*

Des indemnités sont données par les exploitations industrielles. *(Tableau 83)*

Elles sont dues jusqu'à la clôture de l'exercice, c'est à dire jusqu'au 1er Mars de l'année une^e

Chaque bât ou dela voile de luxe. *(id.)*

Employée pour les journées est âté des familles de arrêté les bases de la conversion de jour

La journée et arrêté par le Conseil général *(id 4)* Conseil général mises en tâche. *(id 4)* sur l'avis du *(id. 4)* *(Circ.)*

Le tarif des journées est exigible aussitôt devient. *(Circ.)*

Dans le mois de la publication du rôle.

Elles peuvent être acquittées en nature ou en argent au gré de l'exercice, c'est *(L. 1836 4)* à dire jusqu'au 1er Mars de l'année une^e

Elles peuvent être celle même *(Circ 19 Nov. 1840)*

Le Conseil municipal arrêté les bases de la en journées en tâche, selon qu'il le jugera plus utile. *(Circ.)*

Police.

(Tableau 84)

i du 6 Octobre 1791
d. du 28 Juillet 1824
d. du 21 Mai 1836
rc du 24 Juin 1836

VOIRIE MUNICIPALE.
Vicinale.

Entretien des Chemins.

Rôle des prestations. (L. 1824 et Circ.)

Les propriétés de l'État, productives de revenus, contribuent aux dépenses comme celles privées, mais pour les communes seulement. (Circ.)

Travaux. (Circ.)

Ceux utiles à plusieurs Communes. (L. 1836, 6)

L'État matrice en est dressé par une Commission composée du Maire et des répartiteurs assistés du Contrôleur des Contributions directes.

Rôle. (Circ.)

Exécution.

S'il a nécessité des extractions de matériaux ou enlèvements de terre, ils sont autorisés par arrêté du Préfet qui désigne les lieux. (Circ.)

Avant tout, le Maire visite et fait connaître les travaux à effectuer.

15 jours avant leur ouverture, il fait publier à la Messe, et il fait afficher à la porte de la Mairie pour répartir le nombre de journées nécessaires que seront consultés. (id.)

Ils ont lieu sous la surveillance du Maire ou d'un Membre du Conseil municipal à ce délégué. (id.)

Les Conseils municipaux doivent donner leur avis. (id.)

Si une Commune prétend ne pas supporter seule la réparation des chemins, elle indique qu'elles Communes doivent y contribuer. (id.)

— énonce dans chaque article le nom de l'habitant, — des membres de la famille et des domestiques, — le nombre des bêtes de somme et des voitures. Une redevance pour les déclarations d'option. (Circ.)

Les imprimés de cet état sont fournis par le Directeur des Contributions directes. (id.)

Frais.

Payés sur les fonds affectés au recouvrement des contributions municipales. (id.)

Il est rendu public pendant un mois par les soins du Maire.

Les réclamations sont instruites et jugées au Directeur des Contributions directes.

Il est rendu exécutoire par le Préfet.

Il les transmet au Directeur qui dresse l'État des recouvrements. (id.)

Des avertissements individuels sont adressés sans frais à chaque contribuable. (id.)

Il a indiqué le nombre de journées qui sont dues et de journées qui sont dues.

Il n'y a pas lieu de les imposer, lorsque le Conseil municipal a voté que les prestations en nature, leur sont autorisées par arrêté. (Circ.)

L'arrêté est notifié aux parties 10 jours avant son exécution. (Circ.)

L'indemnité due est réglée à l'amiable, sinon par le Conseil de Préfecture sur le rapport des experts. (Circ.)

Il dresse un état pour répartir le nombre de journées au commencement. (id.)

Cet avis est mis à lettre d'avis aux contribuables à l'amiable, indiquant le jour, l'heure et le lieu de la tâche. (id.)

Dimanche, elle a lieu des travaux, plus les détails mentionnés sur l'avertissement. (id.)

Démarge l'état des prestations, quand les journées sont acquittées, nature de la tâche et leur avertissement. (id.)

Après les avoir été les apporte, consultés, le Préfet décide. (id.)

Elle est remise sans frais pour le Garde-champêtre. (id.)

Des journées peuvent être accordées en cas d'empêchements légitimes. (Circ.)

Les prestations en nature ne doivent pas être mises en réserve d'une année sur l'autre. (id.)

pas au même départ. La Ministre de l'Intérieur décide. (Circ.)

Le Percepteur particulier pour le montant des rôles. (id.)

Au Contrôleur le mandat particulier pour la rédaction de l'état matrice. (id.)

Au Directeur 4 cent. par article pour la confection des rôles. (id.)

Sont portées aux dépenses ordinaires, s'il n'y a pas de rachat des prestations en nature, ni d'autres pour l'entretien des chemins. (id.)

Les prestations, couvertes en argent, sont perçues comme les autres impositions.

Le Maire dresse le rôle de recouvrement de celles en nature. (id.)

D'en voire l'état dans les Communes. (id.)

Il contient :

Les côtes que les prestataires seraient payées, acquitter en nature le jour où ils en sont requis, sont de droit exigibles en argent. (Circ.)

À cet effet, le Maire adresse au Percepteur le nom du prestataire retardataire. (id.)

Il doit arrêter le tarif de conversion en bêtes des journées de prestations. (id.)

La date de la délibération du Conseil municipal. (id.)

Le nombre de journées
— D'hommes, dues pour chacun des membres de la famille et des serviteurs. (id.)

Dues pour chaque voiture attelée. (id.)

La valeur en argent de chaque journée, d'après la base arrêtée par le Conseil général est :

Journée d'hommes	1f.	..
id. de Chevaux	1f. 50c.	
id. de Mulets, Ânes, Bœufs	50c.	
id. Voiture à 4 roues	2f.	..
id. à 2 roues	1f.	..

(Circ. 1er Avril 1837)

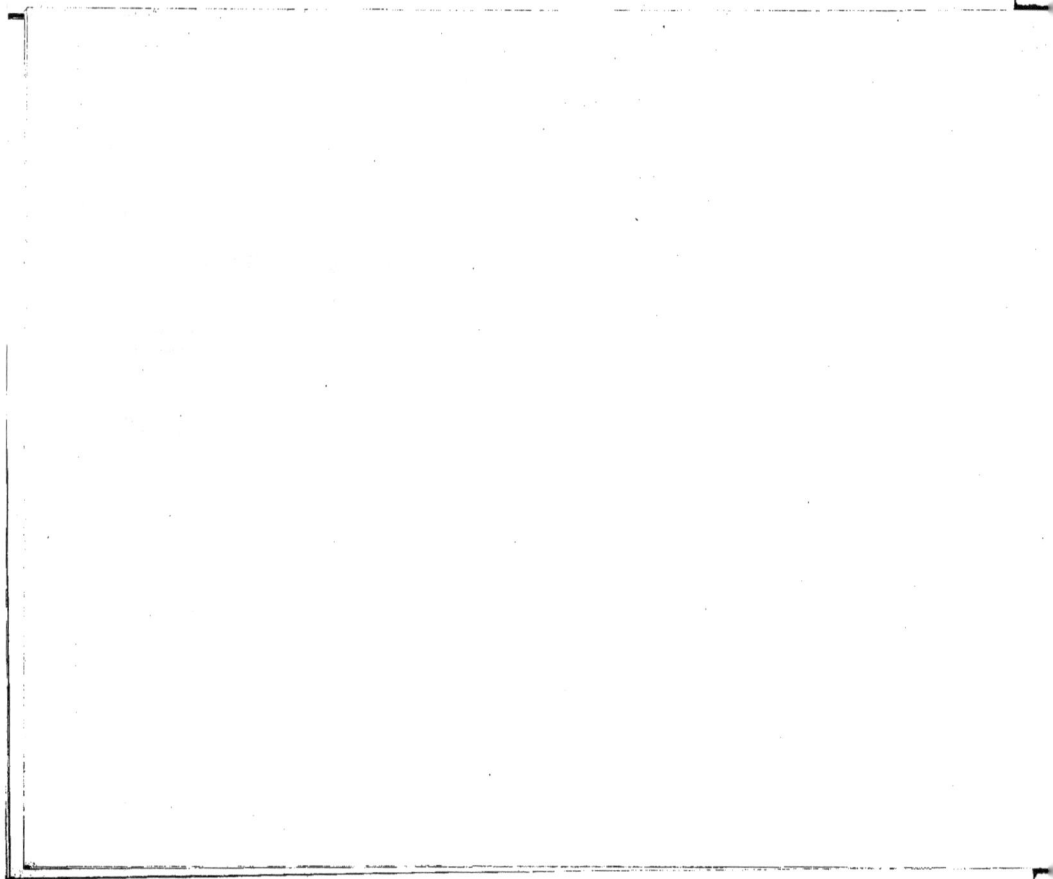

du 6 Octobre 1791
du 28 Juillet 1824
du 21 Mai 1836
du 24 Juin 1836.

83

VOIRIE MUNICIPALE.
Vicinale.

Entretien des Chemins Vicinaux.

Indemnité due par les exploitations industrielles.

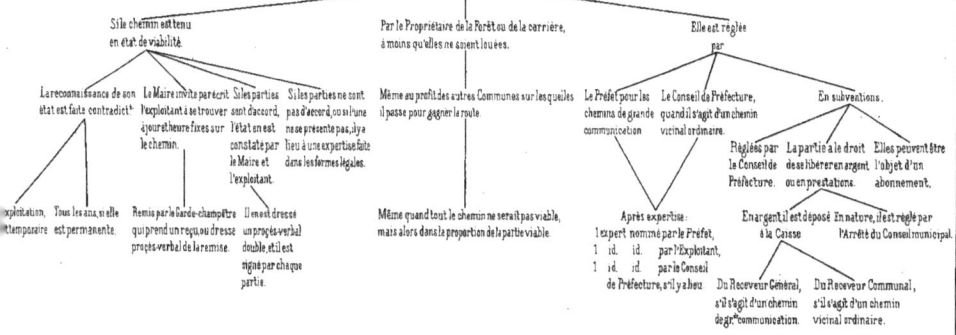

Si le chemin est tenu en état de viabilité

La reconnaissance de son état est faite contradict[t].

- exploitation temporaire.
- Tous les ans, si elle est permanente.

Le Maire invite par écrit l'exploitant à se trouver à jours et heure fixes sur le chemin.

Remis par le garde-champêtre qui prend un reçu, ou dresse procès-verbal de la remise.

Si les parties sont d'accord, l'état en est constaté par le Maire et l'exploitant.

Il en est dressé un procès-verbal double, et il est signé par chaque partie.

Si les parties ne sont pas d'accord, ou si l'une ne se présente pas, il y a lieu à une expertise faite dans les formes légales.

Par le Propriétaire de la Forêt ou de la carrière, à moins qu'elles ne soient louées.

Même au profit des autres Communes sur lesquelles il passe pour gagner la route.

Même quand tout le chemin ne serait pas viable, mais alors dans la proportion de la partie viable.

Elle est réglée par

Le Préfet pour les chemins de grande communication.

Le Conseil de Préfecture, quand il s'agit d'un chemin vicinal ordinaire.

Après expertise :
1 expert nommé par le Préfet,
1 id.   id.   par l'Exploitant,
1 id.   id.   par le Conseil de Préfecture, s'il y a lieu.

En subventions.

Réglées par le Conseil de Préfecture.

La partie a le droit de se libérer en argent ou en prestations.

Elles peuvent être l'objet d'un abonnement.

En argent, il est déposé à la Caisse

En nature, il est réglé par l'Arrêté du Conseil municipal.

Du Receveur Général, s'il s'agit d'un chemin de gr[e] communication.

Du Receveur Communal, s'il s'agit d'un chemin vicinal ordinaire.

du 6 Octobre. 1791.
du 28 Juillet 1824.
du 21 Mai. 1836.
du 24 Juin 1836.

VOIRIE MUNICIPALE.

Vicinale.

Police.

Anticipation
par

Dégradation
par

Écoulement des eaux.

Contraventions.

Culture
conduisant le labour jusque
sur le chemin.

Constructions.

Plantations.

Enlevement de gazon,
terre, pierres, sable

Dépôt d'immondices,
materiaux, fumers,
locas.

Destregiements
conformen't aux
principes du Code
Civil art 641 et suiv.

Le Conseil Municipal peut seul
apprécier, s'il est nécessaire de
creuser des fossés le long des
chemins vicinaux.

Celles pour anticipation donnent
lieu à deux actions.

Le verbal en est dressé
Maire ou le Garde champ.
sur les chemins de gr.
ité par l'Agent Voyer

Lorsque l'alignamant
des chemins est public,
les propriét. riverains
ont besoin d'obtenir
l'autorisation de
construire.

On s'oppose à ce que
les constructions
soient démolies, si
elles étaient contraires, entr'eux, (l. 1836 art 21,
Av du C d'Etat
9 Mai 1838.)

Les Préfets ont le droit
de régler leur distance des
chemins et leur separation
à l'alignement.

Par le Préfet pour les chemins
de grande vicinalité.

Par le Maire pour les chemins
ordinaires.

Lorsqu'il en existe, les ponts et
ponteaux permanents ne peuvent
être établis que du consentement
du Maire.

Civile,
en réparation du dommage
au profit de la Commune.

Publique,
devant les Tribunaux de simple
Police.

Elle est donnée
par

Pour les chemins ordinaires
le Maire a le droit de prendre
des arrêtés pour l'émondage
des arbres et l'élagage des
haies.

Les ponteaux à établir sur les
fosses doivent être autorisés
par lui.

Le Préfet pour les chemins
de grande vicinalité.

Le Maire pour les chemins
vicinaux ordinaires.

Les boues des fossés ne peuvent
être jetées sur les champs riverains
que du consentement des propriét.
(Règl.t du 10 Février 1835.)

Quand il s'agit de chemins
vicinaux, elle est portée devant
le Conseil de Préfecture.
(l. 9 Ventose 13, art. 8,
Ord. 23 Juillet. 1838,
Circ 11 Mai 1839.)

S'il s'agit de chemins non déclarés
vicinaux, elle est portée devant
les Tribunaux ordinaires. (Circ.)

Les Préfets ont le pouvoir d'empêcher les propriétaires de faire
des reparations confortatives aux bâtiments sujets à reculem.t
lorsqu'ils longent les chemins vicinaux, et la reconnaissance et
la fixation de la largeur desdits chemins ont préalablement opérées
suivant les formes indiquées (Avis du C d'Etat du 16 Juillet 1841.)

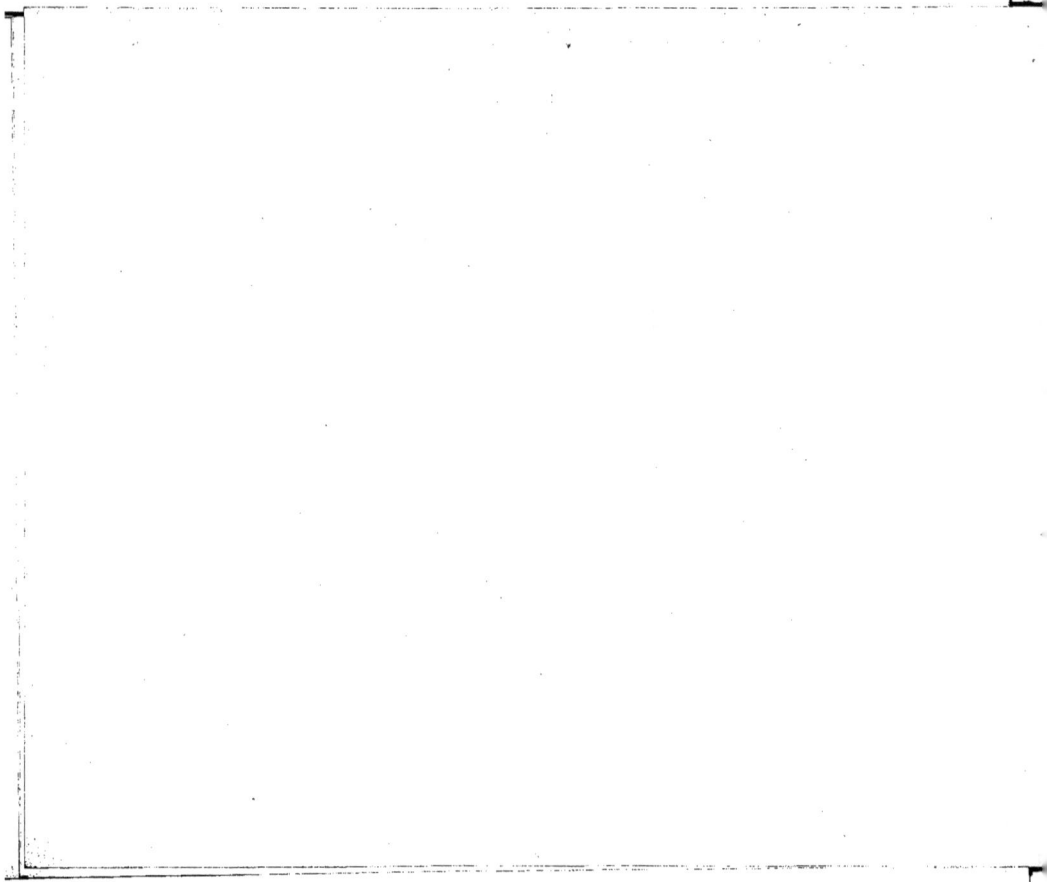

POLICE RURALE.

Garde-Champêtre.
Fonctionnaire chargé de veiller à la conservation des Récoltes, des Fruits de la terre, et des Propriétés rurales de toutes espèces, et de concourir au maintien de la tranquillité publique.

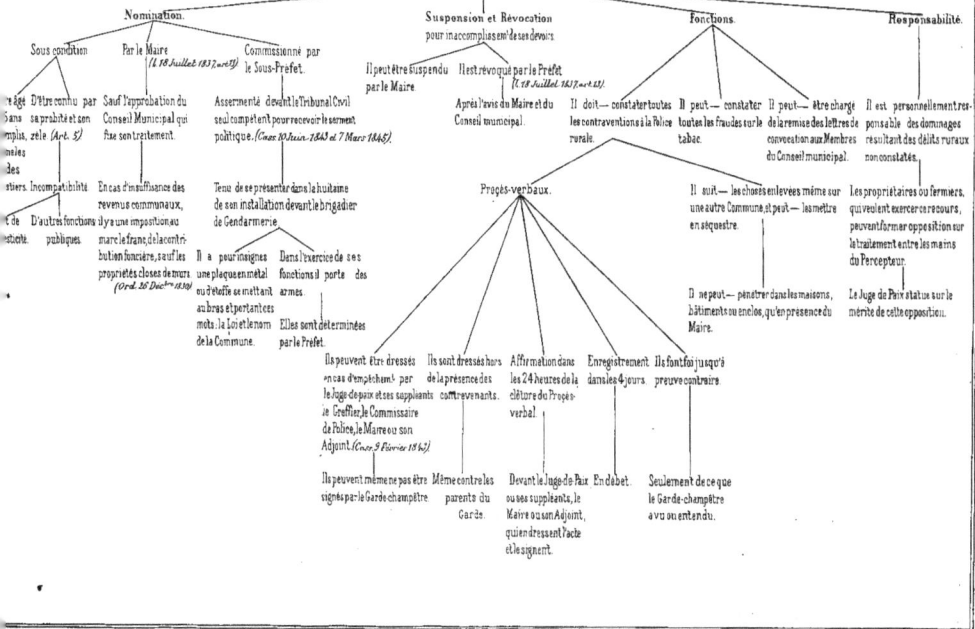

Nomination.

Sous condition

âgé D'être connu par Sans sa probité et son emplis, zèle *(Art. 3)* insles des tiers. Incompatibilités

de D'autres fonctions estuété. publiques.

Par le Maire
(L 18 Juillet 1837 art 9)

Sauf l'approbation du Conseil Municipal qui fixe son traitement.

En cas d'insuffisance des revenus communaux, il y a une imposition au marc le franc, de la contribution foncière, sauf les propriétés closes de murs *(Ord. 26 Dec.bre 1830)*

Commissionné par le Sous-Préfet.

Assermenté devant le Tribunal Civil seul compétent pour recevoir le serment politique. *(Cass. 10 Juin 1843 et 7 Mars 1845)*

Tenu de se présenter dans la huitaine de son installation devant le brigadier de Gendarmerie

Il a pour insignes une plaque en métal où d'étoffe se mettant au bras et portant ces mots : la Loi et le nom de la Commune.

Dans l'exercice de ses fonctions il porte des armes. Elles sont déterminées par le Préfet.

Suspension et Révocation
pour inaccomplissem.t de ses devoirs

Il peut être suspendu par le Maire

Il est révoqué par le Préfet *(L 18 Juillet 1837 art 23)*

Après l'avis du Maire et du Conseil municipal.

Fonctions.

Il doit — constater toutes les contraventions à la Police rurale.

Il peut — constater toutes les fraudes sur le tabac.

Procès-verbaux.

Ils peuvent être dressés en cas d'empêchem.t par le Juge de paix et ses suppléans le Greffier, le Commissaire de Police, le Maire ou son Adjoint. *(Cass. 9 Février 18 bis)*

Ils peuvent même ne pas être signés par le Garde-champêtre

Ils sont dressés hors de la présence des contrevenants.

Même contre les parents du Garde.

Affirmation dans les 24 heures de la clôture du Procès-verbal

Devant le Juge-de-Paix ou ses suppléans, le Maire ou son Adjoint, qui en dressent l'acte et le signent.

Enregistrement dans les 4 jours.

En débat.

Il peut — être chargé de la remise des lettres de convocation aux Membres du Conseil municipal.

Il suit — les choses enlevées même sur une autre Commune, et peut — les mettre en séquestre.

Il ne peut — pénétrer dans les maisons, bâtiments ou enclos, qu'en présence du Maire.

Ils font foi jusqu'à preuve contraire

Seulement de ce que le Garde-champêtre a vu ou entendu.

Responsabilité.

Il est personnellement responsable des dommages résultant des délits ruraux non constatés.

Les propriétaires ou fermiers, qui veulent exercer ce recours, peuvent former opposition sur le traitement entre les mains du Percepteur.

Le Juge de Paix statue sur le mérite de cette opposition.

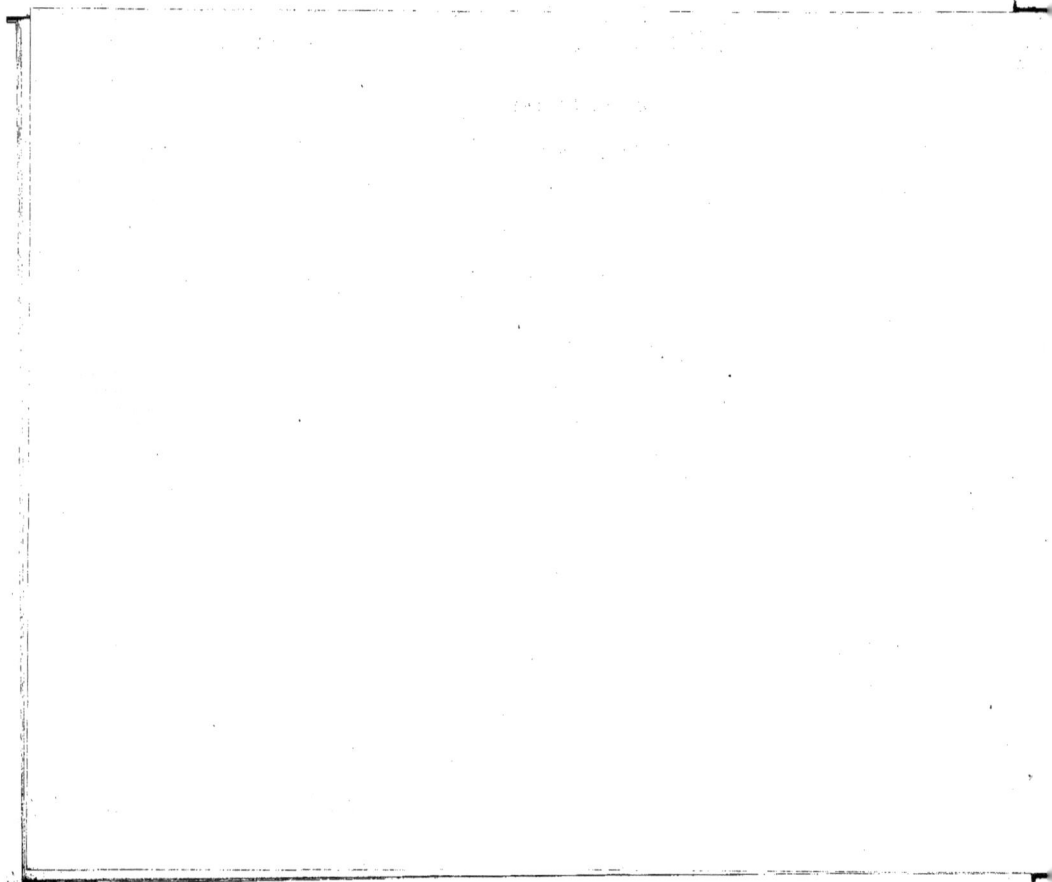

POLICE RURALE.

Chasse.

Permis de Chasse.   Temps   Poursuites. (Voir Tableau 87).

Permis de Chasse.

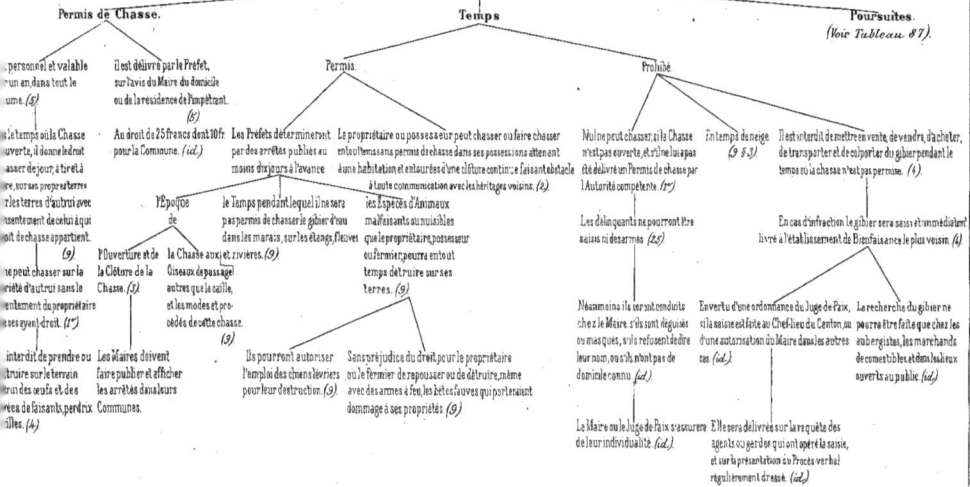

, personnel et valable un an, dans tout le ume. (3)

Il est délivré par le Préfet, sur l'avis du Maire du domicile ou de la résidence de l'impétrant. (6)

le temps où la Chasse uverte, il donne le droit asser de jour, à tir et à re, sur ses propres terres r les terres d'autrui avec nsentement de ceux à qui it de chasse appartient. (9)

Au droit de 25 francs dont 10 fr. pour la Commune. (id.)

ne peut chasser sur la riété d'autrui sans le entement du propriétaire u ses ayant-droit. (1er)

L'Époque de

L'Ouverture et de la Clôture de la Chasse. (3)

interdit de prendre ou truire sur le terrain trui des œufs et des vées de faisans, perdrix illes. (4)

Les Maires doivent faire publier et afficher les arrêtés dans leurs Communes.

Temps

Permis.

Les Préfets détermineront par des arrêtés publiés au moins dix jours à l'avance

la Chasse aux oiseaux de passage autres que la caille, et les modes et procédés de cette chasse. (3)

le Temps pendant lequel il ne sera pas permis de chasser le gibier d'eau dans les marais, sur les étangs, fleuves et rivières. (9)

Ils pourront autoriser l'emploi des chiens lévriers pour leur destruction. (3)

Le propriétaire ou possesseur peut chasser ou faire chasser en tout temps sans permis de chasse dans ses possessions attenant à une habitation et entourées d'une clôture continue faisant obstacle à toute communication avec les héritages voisins. (2)

les Espèces d'Animaux malfaisants ou nuisibles que le propriétaire, possesseur ou fermier pourra en tout temps détruire sur ses terres. (9)

Sans préjudice du droit pour le propriétaire ou le fermier de repousser ou de détruire, même avec des armes à feu, les bêtes fauves qui porteraient dommage à ses propriétés (9)

Prohibé.

Nul ne peut chasser, si la Chasse n'est pas ouverte, et il ne lui a pas été délivré un Permis de chasse par l'Autorité compétente. (1er)

En temps de neige. (3 §.3)

Les délinquants ne pourront être saisis ni désarmés (25)

Néanmoins ils seront conduits chez le Maire, s'ils sont déguisés ou masqués, s'ils refusent de dire leur nom, ou s'ils n'ont pas de domicile connu. (id.)

Le Maire ou le Juge de Paix s'assurera de leur individualité. (id.)

Il est interdit de mettre en vente, de vendre, d'acheter, de transporter et de colporter du gibier pendant le temps où la chasse n'est pas permise. (4)

En cas d'infraction le gibier sera saisi et immédiatement livré à l'établissement de Bienfaisance le plus voisin. (4)

En vertu d'une ordonnance du Juge de Paix, si la saisie est faite au Chef-lieu du Canton, ou d'une autorisation du Maire dans les autres cas. (id.)

Elle sera délivrée sur la requête des agents ou gardes qui ont opéré la saisie, et sur la présentation du Procès-verbal régulièrement dressé. (id.)

La recherche du gibier ne pourra être faite que chez les aubergistes, les marchands de comestibles et dans les lieux ouverts au public. (id.)

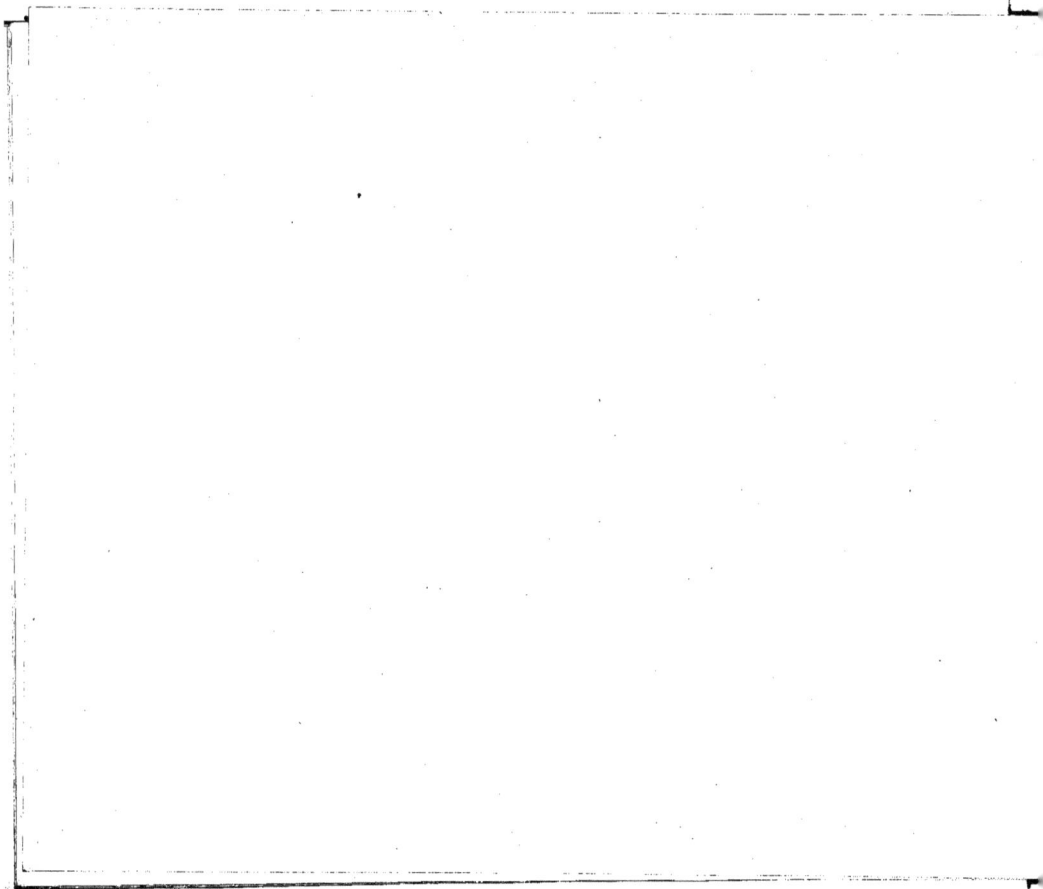

POLICE RURALE.

Chasse.

Poursuites.   **Condamnation.**   **Peines.**

Procès-verbaux des Maires et Adjoints, commissaires de Police, Gendarmes, Agents forestiers, gardes-champêtres, Gardes particuliers, Gardes... assermentés, feront foi jusqu'à preuve contraire. (21)

Toute action relative aux délits de chasse sera prescrite par le laps de 3 mois à compter du jour du délit. (29)

Tout Jugement de condamnation prononcera:

La solidarité pour ceux qui conjointement ont commis les délits de chasse. (27)

La confiscation des armes, filets, engins, et autres instruments, s'il en ordonnera la destruction. (16)

...me de nullité, les Procès-verbaux seront affirmés ...nt le Juge de Paix ou le Maire. (24)

La responsabilité des père, mère, tuteur, maîtres et commettants. (28)

Sauf pour les armes, le cas où le délit aurait été commis par un individu muni d'un permis de chasse dans le terms ou la Chasse est autorisée. (16)

Amende de 16 fr à 200 fr. pour:
1° Chasse sans permis.
2° id. sans le consentement du Propriétaire. (17)

L'Amende pourra être portée au double si le délit a été commis sur des terres non dépouillées de leurs fruits, ou sur un terrain entouré d'une clôture continue, faisant obstacle à toute communication avec les héritages voisins, mais non attenant à une habitation. (id.)

Amende de 50 fr à 200 fr. et possibilité d'emprisonnement de 6 jours à 2 mois (12) pour:
1° Chasse en temps prohibé.
2° id. pendant la nuit.
3° id. à l'aide d'engins et instruments prohibés.
4° Les détenteurs et les porteurs hors de leur domicile de filets, engins et autres instruments prohibés.
5° Vente, achat, transport, colportage de gibier en temps prohibé.
6° L'emploi de drogues ou appâts pour le gibier ou à le détruire.
7° Chasse avec appeaux, appelants ou chants rolles. (12)

Les peines pourront être portées au double pour chasse pendant la nuit sur le terrain d'autrui, et par l'un des moyens spécifié § 2, si les chasseurs étaient munis d'une arme apparente ou cachée. (12)

Amende de 50 fr à 300 fr. et possibilité d'emprisonnement de 6 jours à 3 mois (13) pour:
Chasse sur le terrain d'autrui sans son consentement, si le terrain est attenant à une maison habitée et entouré d'une clôture continue, faisant obstacle à toute communication avec les héritages voisins. (id.)

Si le délit a été commis pendant la nuit, le délinquant sera puni d'une amende de 100 fr à 1000 fr et pourra l'être d'un emprisonnement de 3 mois à 2 ans. (id.)

En cas de récidive la peine d'emprisonnement pourra être appliquée, si le délinquant n'a pas satisfait aux condamnations précédentes. (14)

Les peines pourront être portées au double, si le délinquant: Est déguisé, ou masqué. (14)

Est en état de récidive. (14)

Il y a récidive, lorsque, dans les 12 mois qui ont précédé l'infraction le délinquant a été condamné en vertu de la présente loi. (15)

Le maximum sera toujours prononcé, lorsque les délits auront été commis par les Gardes-champêtres ou forestiers. (12).

Afin des menaces, ou use de violences envers les personnes. (14)

La gratification pour les rédacteurs des Procès-verbaux est de:
pour les délits prévus par l'Art. 11 et par l'Art 13 § 1er : 15 fr
pour les délits prévus par l'Art.12 et par l'Art 13 § 2 : 25 fr
(Ordonnance du 5 Mai 1845)

Les amendes, prélevement fait de la gratification au profit du rédacteur du Procès-verbal, seront attribuées aux Communes sur le territoire desquelles les infractions auront été commises. (28)

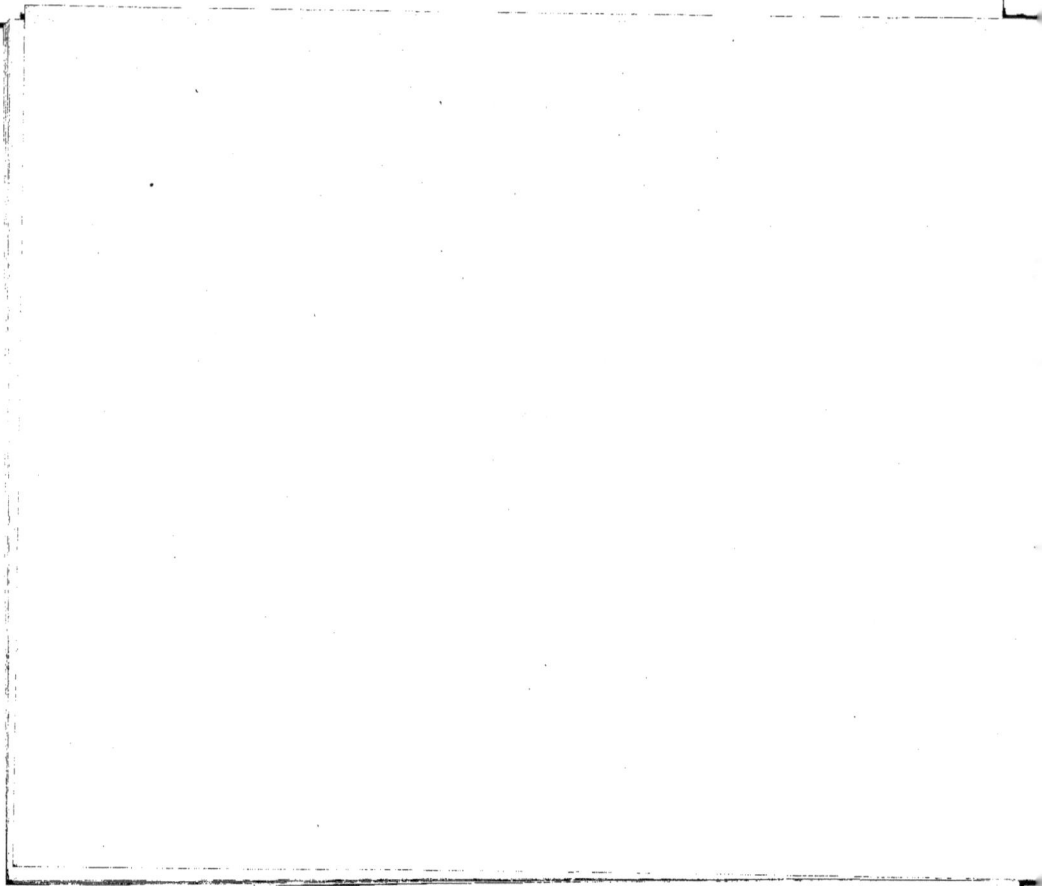

POLICE RURALE.

Ban des Vendanges.
(Loi du 6 Octobre 1791, Section V, Article 1.)

Écheuillage.
(Loi du 26 Ventose, An IV).

1° Glanage.
2° Râtelage.
3° Grapillage.

Pigeons et Colombiers.
(Décret du 4 Août 1789)

Par arrêté du Maire, sur l'avis du Conseil municipal, et de 4 Vignerons au moins qui visitent les vignes.

La Vendange ne peut le précéder, mais elle peut être retardée aux risques du propriétaire.

La Vendange ne peut se faire avant le coucher ni après le coucher du Soleil.

Il est réglementé par le Préfet ou par les Maires.

Il doit avoir lieu avant le 20 Février de chaque année.

1° L'action de ramasser après l'enlèvement de la moisson les épis épars sur le sol.

2° L'action de ramasser avec un râteau après l'enlèvement de la récolte les brins de foin laissés dans les prairies.

3° L'action de cueillir les grappes que les vendangeurs n'ont pas aperçues.

Les Pigeons doivent être renfermés aux époques fixées par le Maire.

S'il n'existe pas d'arrêté, le propriétaire du champ que les pigeons dévastent, a le droit de les tuer sur place, mais non de les enlever.

S'il y a réclamation, elle est jugée par le Préfet.

Il est obligatoire pour toutes les propriétés non closes.

Les contraventions sont constatées par le Garde champêtre.

Faute par les propriétaires ou fermiers de le faire, il a lieu aux frais et perils et soins du Maire (Art. 7)

Il est à la charge du propriétaire même non habitant de la Commune.

Les bourres et les toiles doivent être brûlées à plus de 10 mètres des maisons et des objets combustibles. (Art. 2)

C'est le Patrimoine du Pauvre.

Pendant le temps des semailles.

Ceux qui n'ont pas été renfermés sont considérés comme gibier, et chacun a le droit de les tuer sur son terrain.

C'est à lui d'établir qu'ils lui causaient du dommage.

Le Propriétaire contre venant peut être poursuivi en simple police (Cass 5 Décembre 1824)

Les dépenses sont rendues exécutoires par le Juge de Paix sur la quittance de l'ouvrier (Art. 7)

Les contraventions sont constatées par le Maire, le Garde champêtre ou la Gendarmerie.

Il est restreint aux vieillards pauvres, aux infirmes, aux femmes, et aux petits enfants.

Il n'a lieu qu'après l'enlèvement de la récolte l'auteur qui en interdit dans tout enclos.

Elles entraînent une amende de la valeur de 3 à 10 journées de travail.

Sont encore en vigueur les dispositions des anciens réglements qui restreignent la faculté aux indigents et invalides. L'auteur de l'attent. a le droit d'en poursuivre l'exécution (Cass 8 Oct. 1840)

Le propriétaire a le droit, avant l'enlèvement de la récolte, de faire ramasser les épis. (Cass 28 Janvier 1820)

En a lieu m'avant le lever, m'après le coucher du soleil (Code Penal 471)

La loi de 1791, en ne parlant pas du chaumage, ne reconnaît pas ce droit là.

Ce droit ne lui donne pas le droit d'y introduire son troupeau (Cass 19 Octobre 1835)

Quand un propriétaire consent à ce que les pauvres recueillent le chaume, c'est au Maire de fixer l'époque où l'on pourra exercer cet enlèvement.

Il ne le peut que 2 jours après la récolte (L. 6 Oct. 1791, art. 22)

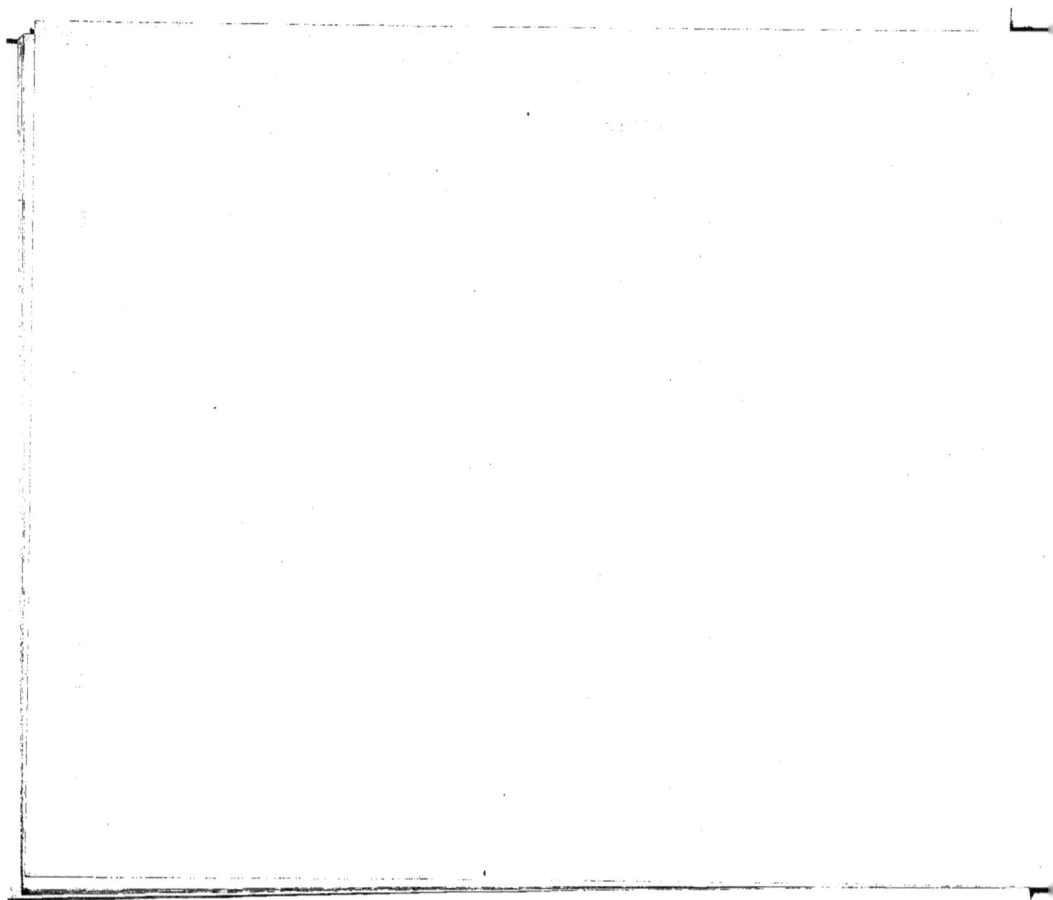

POLICE RURALE.

Paturage ou vive pâture.
Le droit de faire paître les bestiaux.

Parcours.
Servitude exercée par les habitants d'une Commune d'envoyer leurs bestiaux sur le territoire d'autres Com^{nes}

Vaine pâture :
Droit de tout habitant d'envoyer son troupeau sur les terres d'autrui, lorsqu'elles sont en jachères.

Le propriétaire d'un fonds soumis a le droit de s'affranchir de la vaine pâture en se faisant clore.

Il y a clôture avec un mur de 1^m 33 avec barrière ou porte, ou si le terrain est exactement fermé de palissades, treillages, haie vive ou sèche, ou par un fossé de 1^m 33 d'ouverture et de 66 cent^{es} de profondeur *(L. 6 Octobre, 1791, 6).*

Le caractère propre de la vaine pâture consiste en ce que ce droit ne peut être exercé que pendant l'intervalle de temps compris entre la fauchaison des prés et la pousse des herbes. La possession immémoriale de faire paître hors des limites de ce temps constitue une servitude véritable. *(Cass 7 Mai 1858).*

---

exerce sur les propriétés communales non affermées, et appartient à tous les habitants.

Le Conseil municipal peut régler le nombre de bêtes que chaque habitant peut envoyer, et même le lieu où elles conduira.

Il appartient à une Commune.

Il s'exerce sur le territoire d'une autre Commune.

Il entraîne réciprocité.

Loi du 6 Octobre, 1791, Section 4.

---

règlement n'est pas le même que celui du parcours.

En se conformant autant que possible aux usages.

Il peut même décider que le commun sera loué ou exploité différemment.

Ils doivent être restreints.

-tefois il peut les modifier. Il peut fixer la rétribution sur chaque tête de bétail.

Les contraventions sont constatées par le Garde-champêtre.

---

obligataire l'arrêté portant les habitants d'une Commune les seuls qui aient droit au cours sur les landes commu^{les}, et les propriétaires de métairies

Le Maire dresse le rôle de taxe pour chaque habitant, et le fait approuver par le Sous-Préfet.

Il ne peut être exercé sur les prairies artificielles *(Art. 9)*

On ne peut l'exercer sur les prairies naturelles qui y sont soumises, qu'après la 1re herbe. *(Art. 10)*

Les troupeaux doivent être sous la surveillance d'un pâtre à la charge de la Commune.

La quantité de bêtes est fixée d'après les usages locaux, sinon par le Conseil municipal *(13).*

Les règlements municipaux, sur l'exercice du droit de parcours et de la vaine pâture, doivent être approuvés par le Préfet. *(Circ. 12 Juillet, 1842.)*

---

bées dans la Commune, mais non -tant dans son sein, ne peuvent exercer ce droit que pour les troupeaux restes en permanence à l'exploi- -tion de ces métairies. *(Cass. 11 Février 1839)*

Les Communes peuvent s'affranchir du droit de parcours sur les terrains cultivés en prairies artificielles *(Cass 24 Mai 1842)*

L'Autorité a le pouvoir de déterminer les époques auxquelles sera interdite la vaine pâture sur les prairies naturelles non closes *(Cass 16 Déc ^{bre} 1841)*

Ce Pâtre est choisi par le Maire et agréé par le Conseil municip^{al} *(L. 18 Juillet 1837)*

Tout propriétaire ou fermier qui fait garder son troupeau séparém^{ent} ne paye pas le pâtre commun *(Art. 12)*

Il aurait encore le droit de répartir les différentes espèces de bestiaux dans les diverses parties du territoire *(Cass 14 Nov ^{bre} 1844)*

Il y aurait excès de pouvoir, si le Maire suspendait l'exercice de la vaine pâture dans les Communes où l'usage en a été maintenu *(Circ. 19 Sept ^{bre} 1840)*

L'abandon, dans la propriété d'autrui, de bestiaux qui y causent du dommage, constitue une simple contravention. *(Cass. 7 Sept ^{bre} 1842)*

Le fait d'avoir conduit et gardé à vue des bêtes à corne dans les pâturages d'autrui, constitue une simple contravention. *(Cass. 9 Mai 1840)*

Mais il n'aurait pas le droit d'établir des cautions séparés pour chaque troupeau particulier de moutons. *(Circ. 31 Août 1841)*

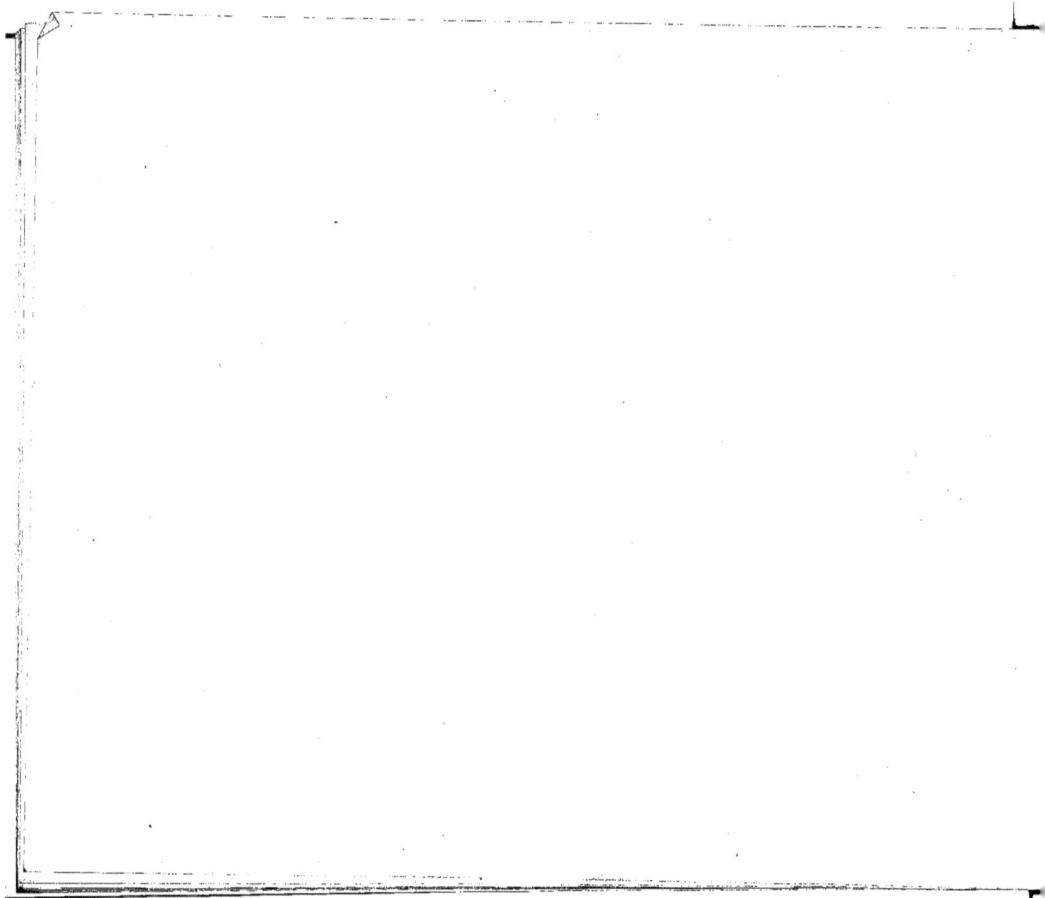

oi du 21 Mai 1827.
rdonnance du 1.ᵉʳ Août 1827, art.ᵗˢ 128 et suiv.ᵗˢ

POLICE MUNICIPALE ET FORESTIÈRE
des Bois Communaux.

Ils sont soumis au Régime Forestier. *(90)*

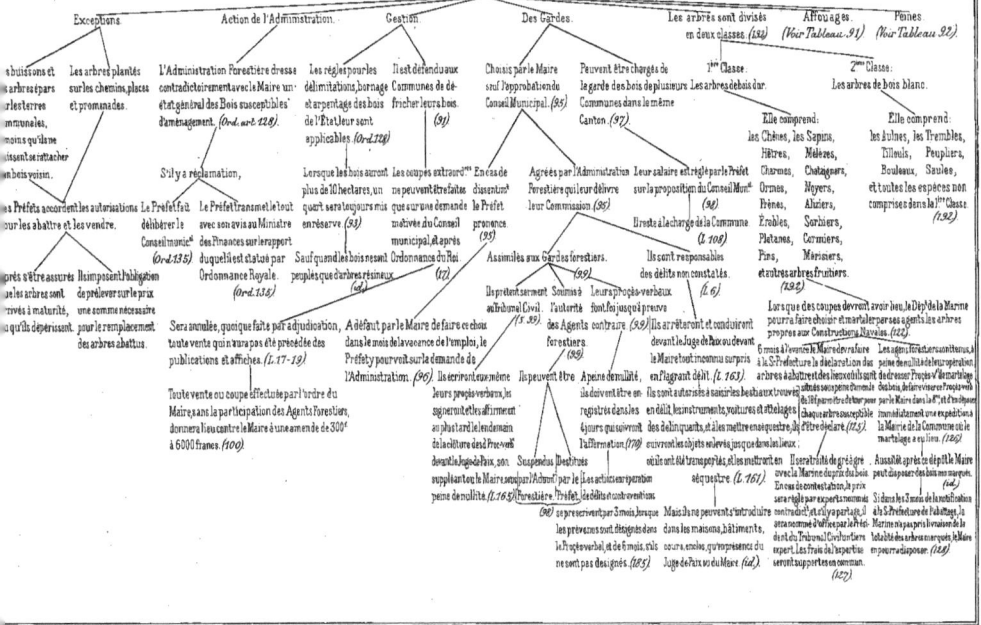

Exceptions. — **Action de l'Administration.** — **Gestion.** — **Des Gardes.** — **Les arbres sont divisés en deux classes. *(131)*** — **Affouages. *(Voir Tableau 91.)*** — **Peines. *(Voir Tableau 92.)***

s buissons et
s arbres épars
ur les terres
mmunales,
moins qu'il ne
uissent se rattacher
un bois voisin.

Les arbres plantés
sur les chemins, places
et promenades.

L'Administration Forestière dresse
contradictoirement avec le Maire un
état général des Bois susceptibles
d'aménagement. *(Ord. art. 124.)*

Les règles pour les
délimitations, bornage
et arpentage des bois
de l'État leur sont
applicables. *(Ord. 124.)*

Il est défendu aux
Communes de défricher leurs bois.
(91)

Choisis par le Maire
sauf l'approbation du
Conseil Municipal. *(95)*

Peuvent être chargés de
la garde des bois de plusieurs
Communes dans le même
Canton. *(97)*

1ʳᵉ Classe.
Les arbres de bois dur.

Elle comprend:
les Chênes, les Sapins,
Hêtres, Mélèzes,
Charmes, Châtaigners,
Ormes, Noyers,
Frênes, Aliziers,
Érables, Sorbiers,
Platanes, Cormiers,
Pins, Mûriers,
et autres arbres fruitiers.
(132)

2ᵐᵉ Classe.
Les arbres de bois blanc.

Elle comprend:
les Aulnes, les Trembles,
Tilleuls, Peupliers,
Bouleaux, Saules,
et toutes les espèces non
comprises dans la 1ʳᵉ Classe.
(132)

s Préfets accordent les autorisations
pour les abattre et les vendre.

S'il y a réclamation,

Le Préfet fait
délibérer le
Conseil municᵗ
(Ord. 135)

Le Préfet transmet le tout
avec son avis au Ministre
des Finances sur le rapport
duquel il est statué par
Ordonnance Royale.
(Ord. 135.)

Lorsque les bois auront
plus de 10 hectares, un
quart sera toujours mis
en réserve *(93)*

Les coupes extraordᵉˢ
ne peuvent être faites
que sur une demande
motivée du Conseil
municipal, et après
(95)

En cas de
dissentimᵗ
le Préfet
prononce
(95)

Agréés par l'Administration
Forestière qui leur délivre
leur Commission. *(98)*

Leur salaire est réglé par le Préfet
sur la proposition du Conseil Munᵗ
(98)

Il reste à la charge de la Commune.
(L. 108)

Lorsque des coupes devront avoir lieu, le Dépᵗ de la Marine
pourra faire choisir et martelerpar ses agents les arbres
propres aux Constructions Navales. *(122)*

près s'être assurés
ue les arbres sont
rrivés à maturité,
a qu'ils dépérissent.

Ils imposent l'obligation
de prélever sur le prix
une somme nécessaire
pour le remplacement
des arbres abattus.

Sera annulée, quoique faite par adjudication,
toute vente qui n'aura pas été précédée des
publications et affiches. *(L. 17-19)*

Toute vente ou coupe effectuée par l'ordre du
Maire, sans la participation des Agents Forestiers,
donnera lieu contre le Maire à une amende de 300ᶠ
à 6000 francs. *(100)*

Sauf quand les bois ne sont
peuplés que d'arbres résineux
(94)

A défaut par le Maire de faire ce choix
dans le mois de la vacance de l'emploi, le
Préfet y pourvoit sur la demande de
l'Administration. *(96)*

Assimilés aux Gardes forestiers.

Ils prêtent serment
au Tribunal Civil.
(S. 39).

Soumis
l'autorité
des Agents
forestiers
(98)

Leurs procès-verbaux
font foi jusqu'à preuve
contraire *(S.9)*

Ils arrêteront et conduiront
devant le Juge de Paix ou devant
le Maire tout inconnu surpris
en flagrant délit. *(L. 161.)*

Ils écriront eux-mêmes
leurs procès-verbaux, les
signeront et les affirmeront
au plus tard le lendemain
de la clôture des P.V.ᵃᵘˣ
devant le Juge de Paix, son
suppléant ou le Maire, sous
peine de nullité. *(L.165.)*

Ils peuvent être
suspendus des
fonctions
(98)

À peine de nullité,
ils doivent être en-
registrés dans les
4 jours qui suivront
l'affirmation *(170)*

Forestier, le délit sans convention
(98) se proventeront par 3 mois, lorsque
les prévenus sont désignés dans
le Procès-verbal, et de 6 mois, s'ils
ne sont pas désignés. *(185)*

Ils sont autorisés à saisir les bestiaux trouvés
en délit, les instruments, voitures et attelages
des délinquants, et à les mettre en séquestre, ou
suivront les objets enlevés jusque dans les lieux:
où ils ont été transportés, elles mettront en
séquestre. *(L. 161.)*

Il sera traité de gré à gré
avec la Marine du prix du bois
En cas de contestation, le prix
sera réglé par experts nommés
contradictᵗ, et s'il y a partage, il
sera nommé d'office par le P.dᵗ
du Tribl de 1ʳᵉ Instance. Les frais de l'expertise
seront supportés en commun.
(122)

Mais ils ne peuvent s'introduire
dans les maisons, bâtiments,
cours, enclos, qu'en présence du
Juge de Paix ou du Maire. *(id.)*

6 mois à l'avenir le Maire de vente des
arbres à abattre et des lieux où ils sont
situés sera pour l'exploitation
ils feront aussitôt la déclaration des
arbres du martelage et de leur enlèvement.

Les agents forestiers en constateront,
à la S.ᵗᵉ Préfecture la déclaration des
peines de nullité de leur opération.

Si dans les 3 mois de la notification
à la S.ᵗᵉ Préfecture de l'abattage, la
Marine n'a pas pris livraison de la
totalité des arbres marqués, le Maire
en pourra disposer. *(124)*

Aussitôt après en dépôt le Maire
peut disposer des bois non marqués.
(id.)

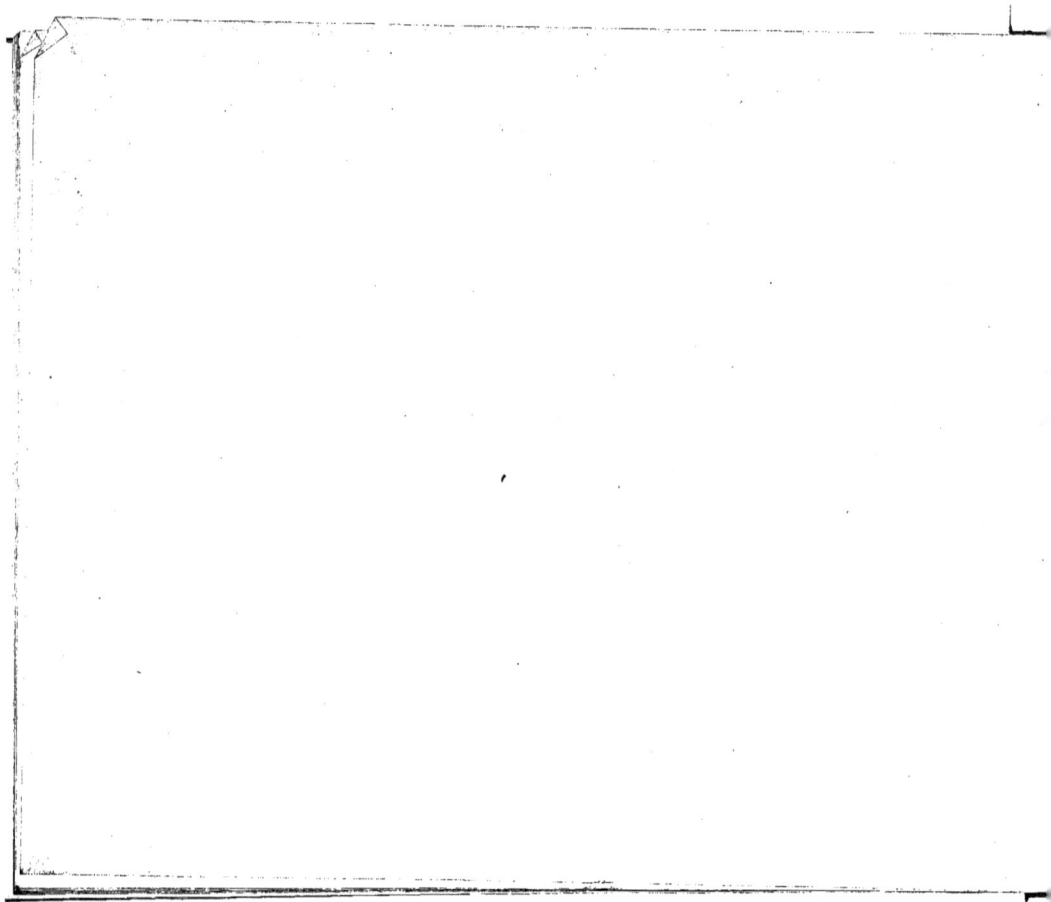

POLICE MUNICIPALE ET FORESTIÈRE.

Affouages. *(C'est la distribution des Bois pour chauffage ou pour construction.)*

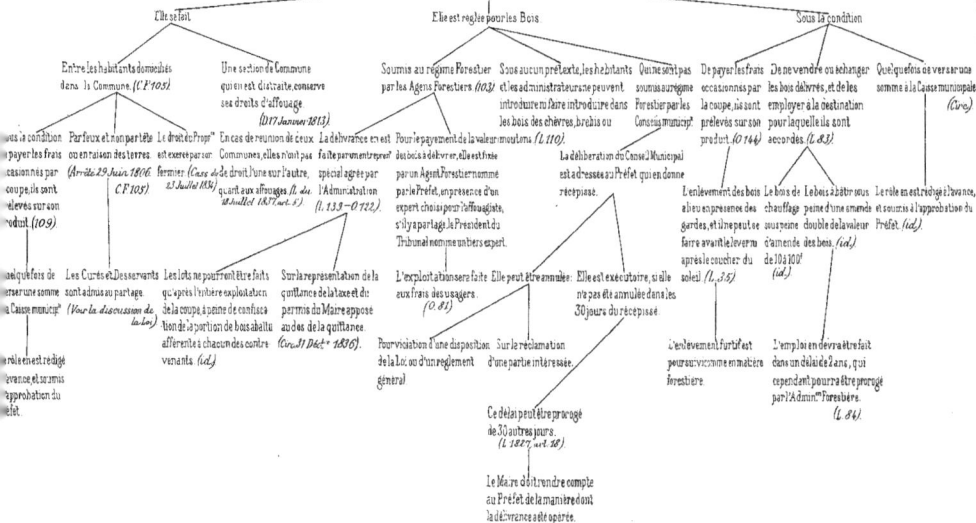

Elle se fait

Entre les habitants domiciliés dans la Commune. (C.F 105)

sous la condition de payer les frais occasionnés par la coupe, ils sont élevés sur son produit. (109)

Parfois et non par tête ou en raison des terres. (Arrêté 29 Juin 1806 CF 105)

quelquefois de verser une somme à la Caisse municip.ᵉ

le rôle en est rédigé par avance, et soumis à l'approbation du Préfet.

Les Curés et Desservants sont admis au partage. (Voir la discussion de la loi.)

Le droit de Propr.ᵗᵉ fermier. (Cass. de droit d'une sur l'autre, 25 Juillet 1836.)

Les lots ne pourront être faits qu'après l'entière exploitation de la coupe, à peine de confiscation de la portion de bois abattu afférente à chacun des contrevenants. (id.)

Une section de Commune qui en est distraite, conserve ses droits d'affouage (D. 17 Janvier 1813).

En cas de réunion de ceux Communes, elles n'ont pas spécial agréé par l'Administration quant aux affouages (l. du 18 Juillet 1837, art. 5)

Sur la représentation de la quittance de la taxe et du permis du Maire appose au dos de la quittance. (Circ. 31 Déc.ᵇʳᵉ 1836).

Elle est réglée pour les Bois

Soumis au régime Forestier par les Agens Forestiers (103).

Pour le payement de la valeur-moutons (L 110).

La délivrance en est faite par un Agent Forestier nommé par le Préfet, en présence d'un expert choisi par l'affouagiste, s'il y a partage le Président du Tribunal nomme un tiers expert.

La délivrance en est faite par un Agent Forestier en présence d'un expert choisi par l'affouagiste, s'il y a partage le Président du Tribunal nomme un tiers expert.

L'exploitation sera faite aux frais des usagers. (O. 81)

Pour violation d'une disposition de la Loi ou d'un règlement général

Sans aucun prétexte, les habitants et les administrateurs ne peuvent introduire ni faire introduire dans les bois des chèvres, brebis ou

La délibération du Conseil Municipal est adressée au Préfet qui en donne récépissé.

Elle peut être annulée. (O. 81)

Elle est exécutoire, si elle n'a pas été annulée dans les 30 jours du récépissé.

Sur la réclamation d'une partie intéressée.

Ce délai peut être prorogé de 30 autres jours. (L 1827 art. 18)

Le Maire doit rendre compte au Préfet de la manière dont la délivrance a été opérée.

Qui ne sont pas soumis au régime Forestier par les Communes municip.ᵖ

De payer les frais occasionnés par la coupe, ils sont prélevés sur son produit. (O 144)

L'enlèvement des bois a lieu en présence des gardes, et il ne peut se faire avant le lever du soleil et après le coucher du soleil (L. 35)

L'enlèvement furtif est puni suivant comme en matière forestière

Sous la condition

De ne vendre ou échanger les bois délivrés, et de les employer à la destination pour laquelle ils sont accordés. (L 83).

Le bois de chauffage peine d'une amende double de la valeur d'amende des bois. (id.)

L'emploi en devra être fait dans un délai de 2 ans, qui cependant pourra être prorogé par l'Administ.ᵗⁿ Forestière. (L 84)

Quelquefois de verser une somme à la Caisse municipale (Circ.)

Le bois à abattre sous peine double de la valeur. (id.)

Le rôle en est rédigé à l'avance, et soumis à l'approbation du Préfet. (id.)

POLICE MUNICIPALE ET FORESTIÈRE.

Délits commis par

Les Hommes.

Les Gardes arrêteront et conduiront devant le Juge de Paix ou devant le Maire tout inconnu surpris en flagrant délit pour *(163)*

Enlever les productions du sol, telles que : pierre, sable, minerai, terre ou gazon, à la distance de 200 mèt.
tourbe, bruyères, genêts, herbages, feuilles vertes ou mortes, engrais, glands, glumes et autres fruits ou semences *(144)*

Porter ou allumer du feu dans l'intérieur des bois

Amende de 20ᶠ à 100ᶠ *(148)*

Enlèvement de bois.
Les branches n'ayant pas 2 décimètres sont comptées à raison de la foute ou fagot. De plus emprisᵗ de 15 jours *(194)*

Arrachis de plants.
Amende de 10ᶠ à 300ᶠ *(195)*

Enlèvement d'arbres.
La circonférence des arbres est mesurée à 1 mètre du sol. *(192)*

Quiconque sera trouvé dans les bois, hors des routes, et chemins ordinaires, avec serpes, cognées, haches, scies et autres instruments de même nature, sera condamné à l'amende de 10ᶠ *(145)*

Amende de
30ᶠ pour un premier bétier par ... *(id.)*

5ᶠ à 15ᶠ par chaque bête de somme. *(id.)*

2ᶠ 6 par chaque charge d'homme *(id.)*

2ᶠ à raison de la foute de bête *(id.)*

5ᶠ par charge de bête *(id.)*

10ᶠ par chaque charretier. *(id.)*

L'amende varie suivant les classes de bois et son âge, et le mode de plantation. Les instruments seront confisqués. *(id.)*

Par chaque voiture à 10ᶜ dans les bois de 20 ans et plus, et à 20ᶠ à l'amende graduée dans les bois au dessous de cet âge. *(id.)*

1ʳᵉ Classe.
Pour les bois ayant 2 décimètres de tour et au dessus, amende de 1ᶠ par chacun de ces 2 décimètres et 10ᶜ par chaque décimètre en sus. *(192)*

2ᵐᵉ Classe.
Pour les bois ayant 2 décimètres de tour et au dessous, amende de 50ᶜ pour chacun des 2 premiers décimᵗ et 5ᶠ par chaque décimètre en sus. *(192)*

Si les arbres ont été plantés ou semés dans les forêts, et n'ont pas encore 5 ans révolus, la peine est l'amende de 3ᶠ par arbre et un emprisonnement de 6 à 15 jours. *(194)*

Ceux à qui l'on accorde le droit de prendre le bois mort sec et gisant, ne peuvent se servir de crochets ou ferrements d'aucune espèce, sous peine de 3ᶠ d'amende. *(L. 80)*

Toutes les peines sont doublées, lorsque les délits ont été commis la nuit, ou qu'on aurait fait usage de la scie pour couper les arbres sur pied. *(201)*

Pour les arbres seulement ébouppés, écorcés, mutilés ou ébranchés, la peine est la même que s'ils avaient été coupés par le pied. *(196)*

Si les bestiaux saisis ne sont pas réclamés dans les 5 jours du séquestre, ou s'il n'est pas fourni bonne et valable caution, le Juge de Paix en ordonnera la vente au marché le plus voisin. *(109)*

Les Animaux.

Ceux dont les voitures, bestiaux, et animaux de garde sont trouvés en délit.

Les propriétaires d'animaux seront trouvés en délit, chargés ou demeurés, seront trouvés dans les bois de 10 ans et plus, seront condamnés.
Chemins ordinaires. *(142)*
Seront condamnés.

Ceux dont les animaux sont trouvés en délit, cas de récidive. *(200)*

Les peines sont doublées en de jour en délit à moins sont responsables, il y a récidive, lorsque dans les 12 mois précédents, il a été rendu contre le délinquant un ou des jugements pour délit, ou contravention en matière forestière. *(200)*

1ᵉ pour un cochon.
2ᵉ pour une bête à laine.
3ᵉ à cheval ou bête de somme.
4ᵉ pour une chèvre.
5ᵉ pour bœuf, vache ou veau.
L'amende sera double, si les bois contenu ans le 10 ans, de récidive. *(72)*

Le pâtre qui admettra dans son troupeau des bestiaux étrangers, encourra une amende de 5 à 10ᶠ s'il n'a pas enrévolue. *(189)*

Les bestiaux des usagers ne seront marqués sous peine d'une amende de 3ᶠ pour chaque bête non marquée. *(71)*

Les usagers mettront leurs bestiaux à part sous peine de tous les animaux achetés ou pâturage, sous peine de 3ᶠ par chaque bête. *(75)*

Les dommages-intérêts ne pourront être inférieurs à l'amende prononcée par le Jugemᵗ *(202)*

Les maris, pères, mères, tuteurs, et en général tous maîtres et commettants sont responsables des délits et contraventions commis par leurs femmes, enfants, mineurs et pupilles, demeurant avec eux et non mariés, ouvriers, voituriers et autres subordonnés. *(205)*

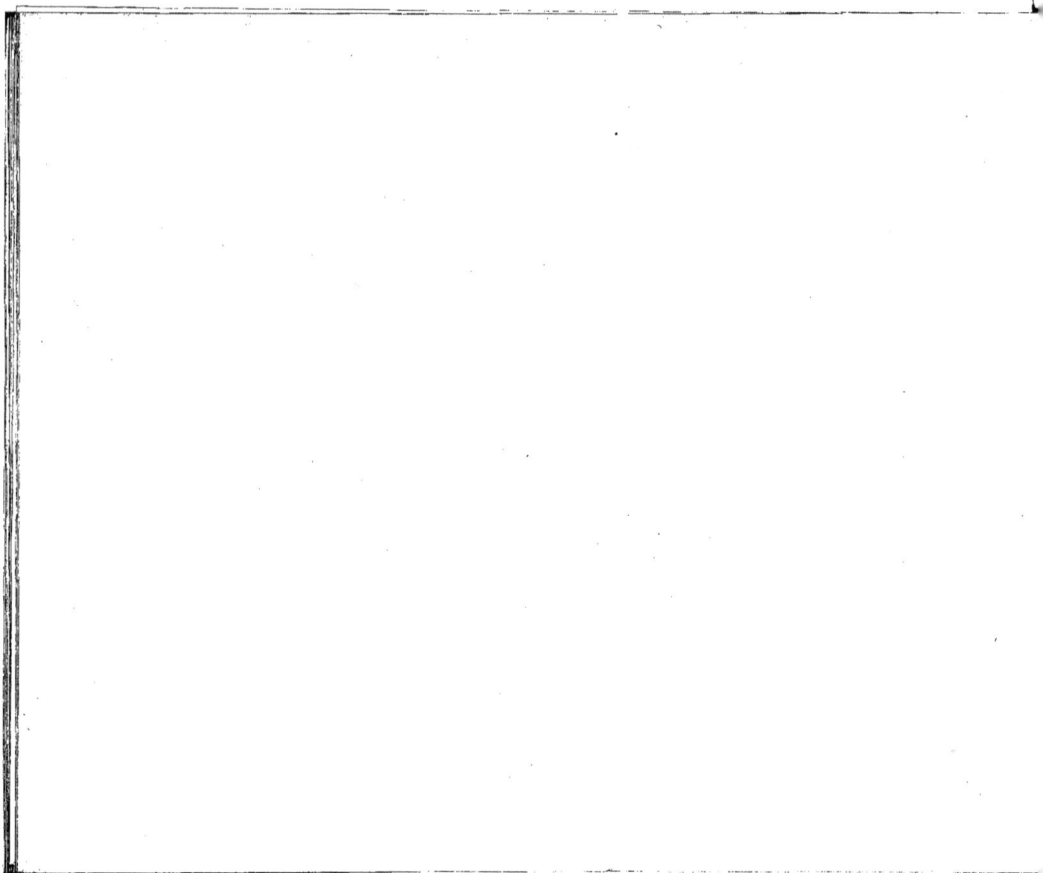

COMMUNES
considérées comme des personnes qui ont

Territoire. — **Administration.**

Territoire :
- m. Rang.
- Circonscription
- Réunion. Division.

Administration :
- Intérêts publics.
- Intérêts civils.

Rang — nmunes Armoiries. gales

Circonscription — Chef-lieu, Section. Pendront où est le clocher.

Comment elle se fait. (L. 1837)

Réunion. Division. — Conséquences.

Intérêts publics — Bonne Police. (Tableau 94) — Responsabilité. (Tableau 100)

Intérêts civils — Biens. — Dettes. (Tableau 97) — Procès. — Budget. (Tableaux 101 et suiv⁰).

Précautions à prendre.

Le Conseil d'Arrondissement et le Conseil Général donnent leur avis. (2)

Par une

Les habitants conservent la jouissance des biens dont les fruits étaient perçus en nature. (5)

La section emporte la propriété des biens qui lui appartiennent exclusivement. (6)

Les édifices et immeubles publics sont la propriété de la Commune à laquelle la réunion se fait. (5)

L'ancien Conseil municipal est dissous. (6)

Meubles. (Tableau 96)

Immeubles.

En

Nécessité d'autorisation du Conseil de Préfecture.

---

fles Précautions — net à prendre. es.

vis enquête ordonnée la Préfet dans toutes Communes intéressées. (2)

Si pour une action de commune il est nommé une Commission syndicale qui donne son avis. (3)

Loi, S'il y a modification à la circonscription du département.

Ordonnance, Quand on ne modifie pas la circonscription du canton. (4)

Il est procédé immédiatement à des élections nouvelles. (6)

Créances. (Tableau 95)

Mobilier.

Demandant

Défendant. Après avis

Exception :

---

vis des Conseils municip. tés des plus imposés ombre égal à celui de es membres. (2)

ou du canton. (4)

Avec le consentement du Conseil municipal délibérant avec les plus imposés. (4)

A défaut du consentement des Communes qui n'ont pas 300 habitants sur l'avis affirmatif du Conseil général. (4)

Du Conseil municipal.

Du Comité consultatif

Membres.

Elle nomme son Président et son Secrétaire. (3)

---

ombre tfixé par tlet. (4)

Choisis par

lecteurs Les plus imposés, si les électeurs iciliés dans ne sont pas en nombre double de ction (3) celui des membres de la Commission. (2)

Les mêmes membres peuvent à titre de plus imposés être appelés à la réunion du Conseil municipal pour donner leur avis sur le projet de distraction.

(Rép. du Ministre, Nov⁰ᵉ 1838)

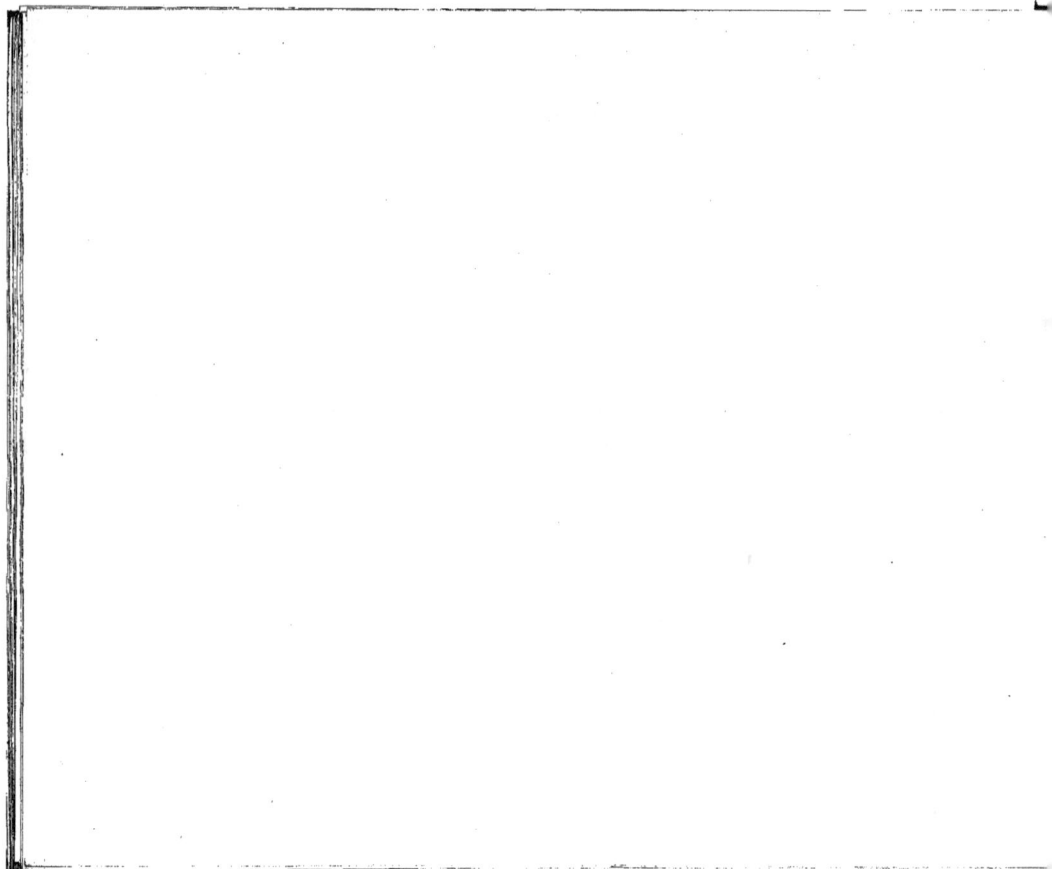

RESPONSABILITÉ DES COMMUNES.

Tous citoyens, habitant la même Commune, sont garants
civilement des attentats commis sur le territoire de la
Commune, soit envers les personnes, soit contre les propriétés.
(Titre 1er)

Chaque Commune est responsable des délits commis à force ouverte par des *attroupements* ou *rassemblemens* armés ou non. *(Titre 4, art. 1er)*

- réunion de 4 personnes peut constituer un attroupement *(Cass. 27 Avril 1841)* et de payer les dommages intérêts auxquels le délit donnera lieu. *(id.)*

  Envers l'individu, même étranger à la Commune, qui aura été pillé, maltraité ou homicidé, dans ce cas les dommages intérêts seront dus à sa veuve ou à ses enfants. *(Tit. 4 art. 6)*

- La Commune est tenue de réparer le dommage et de payer les dommages-intérêts auxquels le délit donnera lieu. *(id.)*

  La répartition des indemnités et restitutions se fait entre les Communes dans le degré de culpabilité de chacune et à faute égale, d'après sa population et sa richesse évaluées sur le chiffre des impositions qu'elle paie. *(Réglem. 16 Juin 1843)*

- Si les attroupements ou rassemblements ont été formés d'habitants de plusieurs Communes, toutes sont responsables. *(Art. 3)*

Exceptions.

Si les rassemblements sont formés d'individus étrangers à la Commune, et si elle a pris toutes les mesures et des routes coupées ou interceptées par et des routes coupées ou interceptées et en son pouvoir à l'effet de les prévenir et d'en faire connaître les auteurs *(Titre 4, art. 3)*

Elle est tenue de payer à l'État une amende égale au montant de la réparation principale. *(Titre 4 art. 3)*

- A cet effet le Maire est tenu de faire constater dans les 24 heures, et dans les 3 jours d'en adresser procès-verbal au Ministère public. *(Titre 5, art. 2)*

  La condamnation est poursuivie à la requête du Ministère public, et le Tribunal statue dans les 10 jours. *(Titre 5, art. 3)*

  Si le Procureur du Roi n'agissait pas, la partie lésée pourrait alors agir directement sans faire autoriser la Commune.

Même quand des ponts auraient été rompus des abatis d'arbres ou autrement, si elle justifie qu'elle s'y est opposée, mais à la charge d'en faire connaître les auteurs, tous étrangers à la Commune. *(Titre 4, art. 8)*

- A défaut du Procès-verbal du Maire, le délit peut être constaté de toute autre manière. *(Avis du Conseil d'État du 8 Floréal an 13)*

Réparation.

Elle consiste en la restitution en nature des objets volés ou pillés, ou dans le paiement du prix double de la valeur au moment du pillage. *(Titre 5 art. 1er)*

- La répartition et la perception pour le remboursement des sommes avancées seront faites sur tous les habitants de la Commune qui y sont domiciliés, et à raison des facultés de chacun. *(Art. 5)*

  Dans le cas de réclamations d'un ou de plusieurs contribuables, elle sera jugée par le Préfet en Conseil de Préfecture. *(Titre 5 art. 10)*

Paiement.

Le jugement est transmis de suite au Préfet qui l'adresse au Maire. *(Titre 5 art. 2)*

Le Maire fixe la liste des 20 plus forts contribuables, résidant dans la Commune, qui contribueront pour le paiement immédiat des condamnations, à moins que la Commune n'ait des ressources personnelles et disponibles. *(Tit. 5 art. 4)*

- Les sommes dues seront versées à la Recette générale qui les remettra aux parties qui y ont droit dans les 10 jours. *(id.)*

  Les habitants qui prétendraient n'avoir pris aucune part au délit, et contre lesquels il ne s'élèverait aucune preuve de complicité ou participation pourront exercer leur recours contre les auteurs et complices des délits. *(Titre 3 art. 4)*

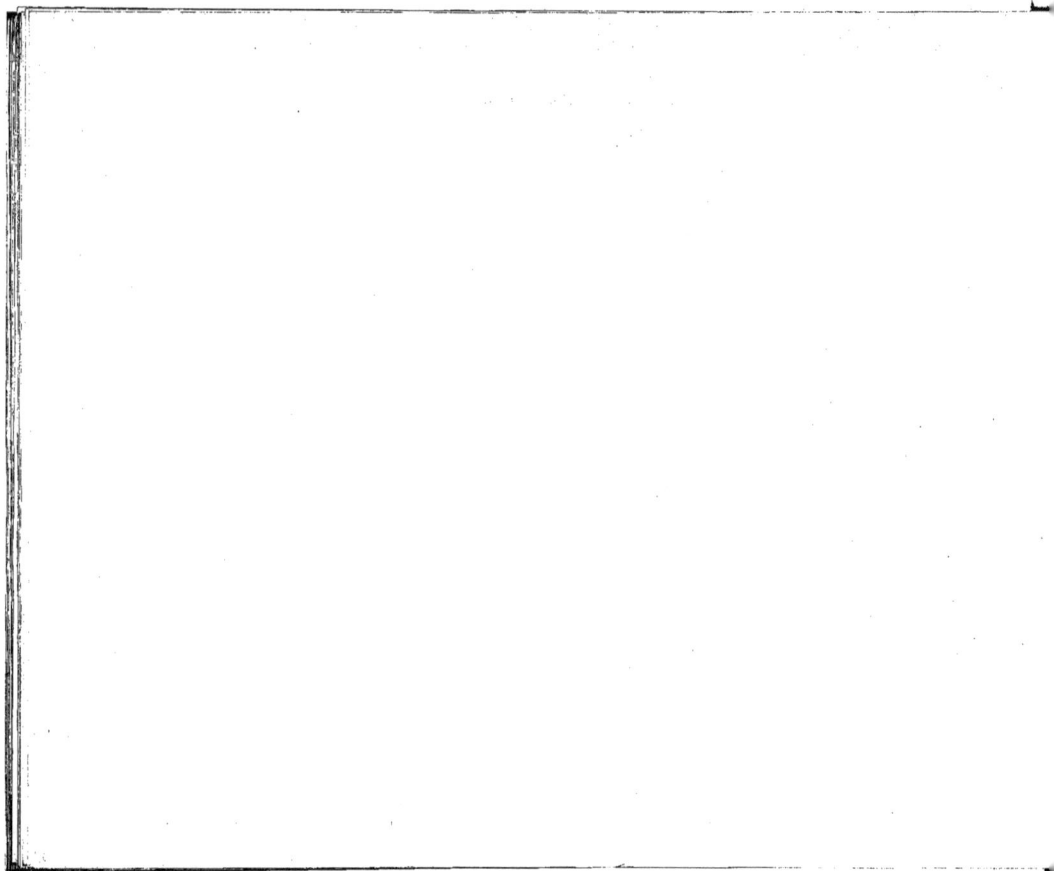

BIENS COMMUNAUX : *Ceux à la propriété ou au produit desquels les habitants d'une ou de plusieurs Communes ont des droits acquis. (C.C.542.)*

Ils consistent en

Droits incorporels. *(Loi du 18 Juillet 1837.)*

Rentes et Créances sur l'État. *(L. 1837 art. 31.)* les Particuliers.

Meubles : Tout ce qui se meut par lui-même comme les Animaux, ou par l'effet d'une force étrangère comme les choses inanimées. *(C.C.528.)*

Immeubles :
1° Temples, Bâtiments, Mairie, Cimetières, Maison d'école, Fontaines, Croix, Calvaires.
2° Landes, Pâtures, Étangs, Terres vaines et vagues.
3° Maisons, Jardins, Vignes, Terres, Prés, Oseraies, Plants, Pépinières, Bois.

L'architecte qui accepte la direction de travaux commun et reçoit des honoraires sur les fonds desdits travaux, est responsable des vices de construction qui peuvent être attribués au défaut de surveillance de sa part.
(Ord. du C. d'État du 20 Juin 1837.)

Droits d'octroi.

Actions. L'exercice d'un droit.

de jaugeage.
de mesurage.
de pesage.
de pêche.
de chasse.
...tions de places
...nalles, foires et
...chés
...cessions de terrain
...les cimetières.
...uit des expéditions
...tes.
...uit des amendes
...enu des biens
...munaux.
...sations annuelles
...les ayant-droit aux
...x.
...uit des centimes
...naires.
...uit de l'impôt des
...entes.
...roits de péage.
...d des concessions.
...t d'usage et de servitude

S'agit-il de les

Acquérir,
Il faut un avis du Conseil municipal et une approbation du Préfet *(L.1837 art. 49)*
S'ils avaient de l'importance, il faudrait une adjudication publique par soumission cachetée.

Recueillir,
Il faut un avis du Conseil municipal, puis une autorisation du *(L.1837 art. 49)*

Roi, S'il y a réclamation de la part des héritiers, ou si le legs excède une valeur de 3,000 francs.

Préfet, S'il n'y a pas de réclamations, ou si le legs n'excède pas 3000 francs *(Loi du 18 Juillet 1837 art. 64)*

L'autorisation n'est pas nécessaire pour les dons manuels, à moins qu'ils ne soient faits à titre onéreux. *(Toullier)* aient pour objet des droits incorporels, tels que créances, titres de succession, etc. *(Toullier)*

Conserver,
Pour les appliquer à un usage commun.
Leur entretien est à la charge de la Commune.
Il en est fait un inventaire détaillé et tous les ans il est procédé au récolement.

Échanger,
Il faut un avis du Conseil municipal. *(L.1837 art. 24)*
L'autorisation administrative est indispensable après l'estimation de chacun des objets échangés, et le consentement de l'échangiste.
Les réparations qui entraînent quelques frais, doivent être autorisées par le Conseil municipal
L'accomplissement de ces formalités est tellement indispensable que des habitants peuvent attaquer l'Ordonn.ce Royale, lorsqu'ils n'ont été entendus dans aucune enquête et qu'ils prétendent avoir des droits sur les biens.
(C. d'État 14 Juillet 1831.)

Vendre,
Il faut l'avis du Conseil municipal avec l'indication du motif de la vente et procès-verbal d'estimation. *(L.1837 art. 24)*
Elle a lieu aux enchères, si les meubles ont de l'importance.
Si la vente a lieu pour acquitter des dettes, l'état doit en être fourni.

L'autorisation administrative est indispensable.

BIENS COMMUNAUX.

Immeubles.

Leur acquisition.

De trois manières
par suite de *(Art. 10 § 7)*

Le. Donation. Échange

ibération   L'estimation de
onseil   l'immeuble à acquérir
nicipal   ou des deux à échanger
 19)

roces-verbal en est fait contradic-
ement par 2 experts nommes, l'un
le Maire, l'autre par la partie.

Le budget de la Commune.

Bases.

r uliltés des   Les facilités   Les servitudes
meubles.   d'exploitation. actives et passives.

e classement   Leur situation   Leur valeur vénale
ontributions actuelle et telle
ncière.   dont ils sont
                 susceptibles.

Formalités.

Pièces à produire. Par acte notarié, si l'immeuble est à un individu.

Le plan des lieux.   La consentement   Une enquête
Le devis des travaux à du propriétaire   de commodo
faire pour la destination ou ech angiste. et incommodo.
qu'on veut donner à
l'immeuble.

La justification   Faite par un Commis- L'avis du
                                saire que le Préfet   Préfet
                                envoie.

de ses titres   de l'affranchissement   Ordonnance du Roi,
de propriété. de toute hypothèque   s'il s'agit d'un immeuble
               dans un délai donné.   d'une valeur de plus de
La solidité des   3000 f quand les revenus
constructions.   de la Commune sont in-
Les grosses ré-   férieurs à 100,000 francs,
parations à   et pour les autres Comm.
faire.   quand l'immeuble est
                                       de 20.000 francs.

L'enregistrement de l'acte doit avoir lieu   A cet effet ils sont envoyés en minute et en copie
dans les 20 jours de l'approbation du Préfet. sur papier libre, au Préfet qui renverra, après son
(Circ. 31 Décembre 1838.)   approbation, la minute au Maire et la copie au
                                              Receveur général *(Circ. 28 Décembre 1841).*

Realisation

Dans les termes de l'Ordonnance
ou de l'Arrêté.

La délibération   L'autorisation   Le Maire doit faire transcrire
du Conseil munic.¹ définitive donnee aux hypothèques et ne payer
et incommodo.   par   qu'après les formalités de purg.
L'opinion du Eᵉ Préfet.   *(C.C. 2181)*

Sauf pour les acquisitions pour cause
d'utilité publique, quand le prix
n'excède pas 100 francs. *(Ord. 31 Avril 1830)*

Arrêté du Préfet,   Sous la condition d'être
pour les Communes   autorisé par délibération
dont les revenus sont du Conseil municipal
au dessous des chiffres approuvée par le Préfet
indiqués, et quels ac- *(Ord. 18 Avril 1842, art 1ᵉ)*
questions ne dépassent
pas 3000 fr dans un cas,
et 20000 fr dans l'autre.

Leur aliénation.

Sous la condition d'une juste cause.

Il y a juste cause, quand elle profite à
tous les habitants actuellement et
pour l'avenir.

Formalités.

Pièces à produire.

Délibération Procès-verbal Enquête de   Soumission
du Conseil   d'estimation   commodo et   des acquéreurs,
municipal   comme pour   incommodo.   si la vente ne
expliquant   acquérir.   se fait pas aux
la nécessité   enchères.
de la vente. Si l'immeuble est consacré au Culte,
              il faut une délibération du Conseil
              de Fabrique.

Il règle aussi l'emploi
du produit.   Le Préfet doit prendre
              l'avis de l'Evêque.

L'autorisation.

Comme pour acquérir.

Les délibérations du Conseil municipal
seront exécutoires après un arrêté du
Conseil de Préfecture, autorisent le Maire
à donner mainlevée des hypothèques
inscrites au profit des Communes.
                        (O. 15 Juillet 1840)

L'avis du
Sᵗ-Préfet,
et celui du
Préfet

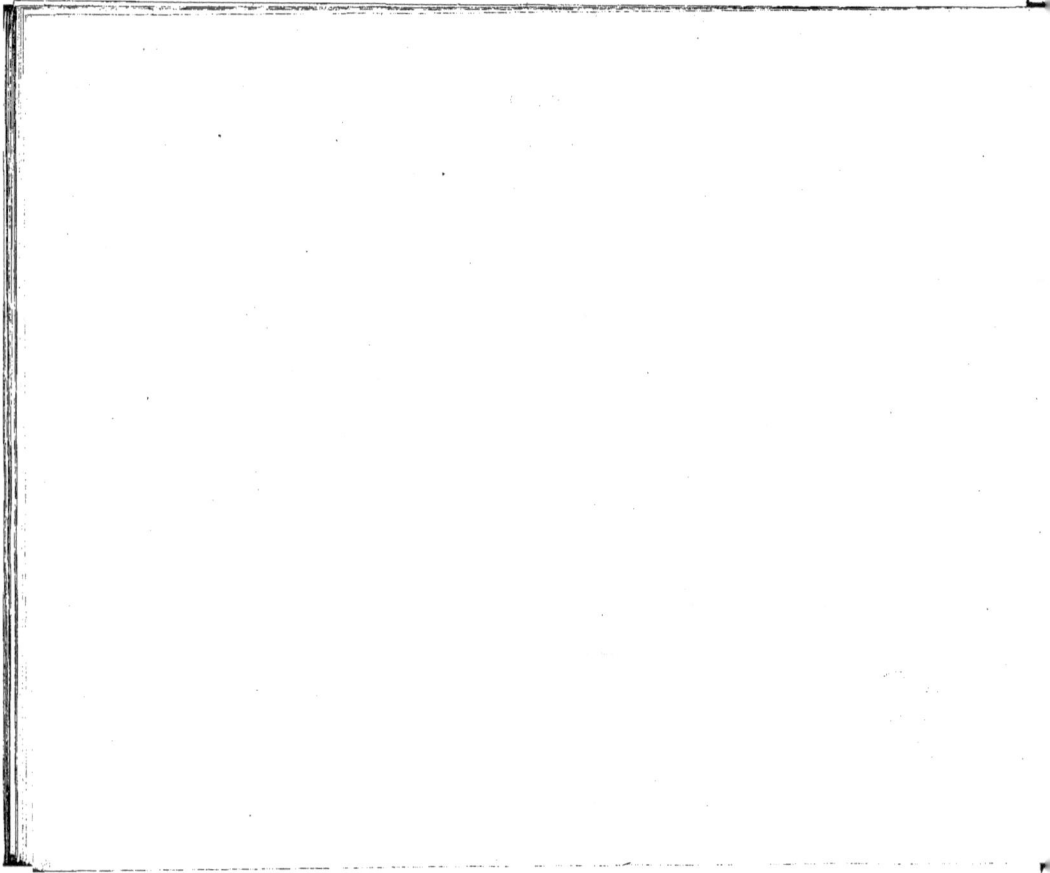

BIENS COMMUNAUX.

Les Ventes se font par

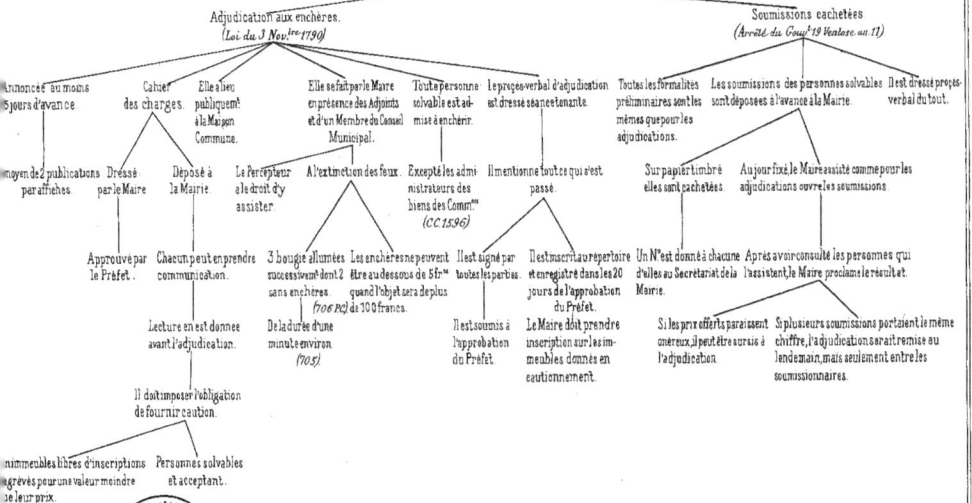

Adjudication aux enchères.
(Loi du 3 Nov.^(bre) 1790)

Soumissions cachetées
(Arrêté du Gouv^t 19 Ventose. an 11)

Annoncée au moins 15 jours d'avance

Cahier des charges.

Elle a lieu publiquem^t à la Maison Commune.

Elle se fait par le Maire en présence des Adjoints et d'un Membre du Conseil Municipal.

Toute personne solvable est admise à enchérir.

Le procès-verbal d'adjudication est dressé séance tenante.

Toutes les formalités préliminaires sont les mêmes que pour les adjudications.

Les soumissions des personnes solvables sont déposées à l'avance à la Mairie.

Il est dressé procès-verbal du tout.

moyen de 2 publications par affiches.

Dressé par le Maire

Déposé à la Mairie

Le Percepteur a le droit d'y assister

A l'extinction des feux.

Excepté les administrateurs des biens des Comm^nes *(CC 1596)*

Il mentionne tout ce qui s'est passé.

Sur papier timbré elles sont cachetées

Au jour fixé, le Maire assisté comme pour les adjudications ouvre les soumissions.

Approuvé par le Préfet.

Chacun peut en prendre communication.

3 bougies allumées successivem^t dont 2 sans enchères *(706 PC)*

Les enchères ne peuvent être au dessous de 5 fr^cs quand l'objet sera de plus de 100 francs.

Il est signé par toutes les parties.

Il est inscrit au répertoire et enregistré dans les 20 jours de l'approbation du Préfet.

Un N° est donné à chacune d'elles au Secrétariat de la Mairie.

Après avoir consulté les personnes qui l'assistent, le Maire proclame le résultat.

Lecture en est donnée avant l'adjudication.

De la durée d'une minute environ *(705)*

Il est soumis à l'approbation du Préfet.

Le Maire doit prendre inscription sur les immeubles donnés en cautionnement.

Si les prix offerts paraissent onéreux, il peut être sursis à l'adjudication

Si plusieurs soumissions portaient le même chiffre, l'adjudication serait remise au lendemain, mais seulement entre les soumissionnaires.

Il doit imposer l'obligation de fournir caution.

immeubles libres d'inscriptions grèvés pour une valeur moindre que leur prix.

Personnes solvables et acceptant.

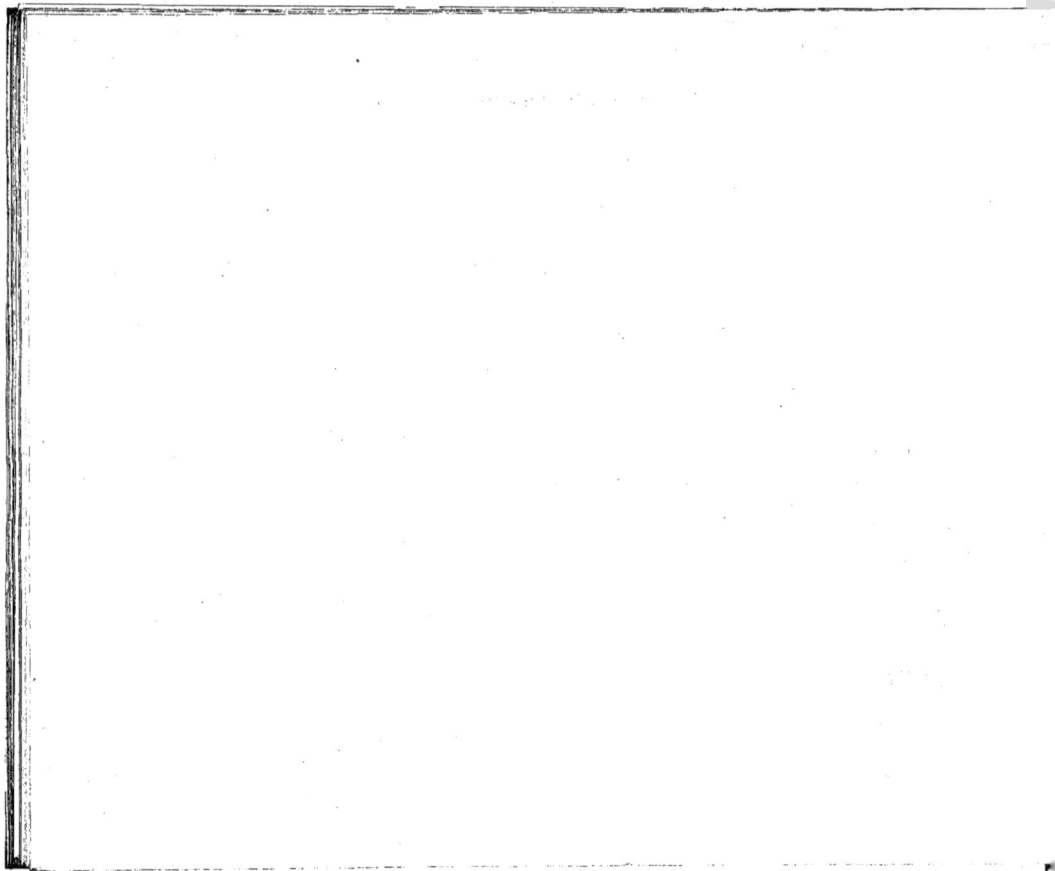

BIENS COMMUNAUX.

De leur Gestion.

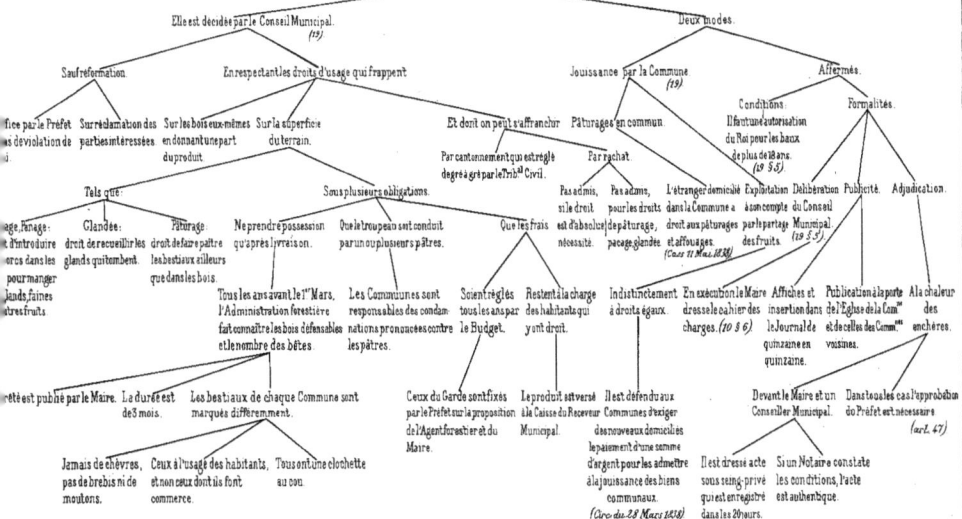

Elle est décidée par le Conseil Municipal. *(15)*

Deux modes.

Sauf réformation.

En respectant les droits d'usage qui frappent

Jouissance par la Commune *(19)*

Affermés.

Office par le Préfet   Sur réclamation des   Sur les bois eux-mêmes   Sur la superficie
as déviolation de   parties intéressées   en donnant une part   du terrain.
i   du produit.

Et doit on peut s'affranchir   Pâturages en commun

Conditions.
Il faut une autorisation
du Roi pour les baux
de plus de 18 ans.
(19 § 5)

Formalités.

Par cantonnement qui est réglé   Par rachat.
degré à gré par le Trib.ᵃˡ Civil.

Tels que :

Sous plusieurs obligations.

Pas admis,   Pas admis,   L'étranger domicilié   Exploitation   Délibération   Publicité.   Adjudication.
ni le droit   pour les droits   dans la Commune a   à son compte   du Conseil
est d'absolue   de pâturage,   droit aux pâturages   par le partage   Municipal.
nécessité.   pacage, glandée.   et affouages.   des fruits.   *(19 § 5)*
(Cass 11 Mai 1838)

age, Ppanage :   Glandée :   Pâturage   Ne prendre possession   Que le troupeau soit conduit   Que les frais   Indistinctement
it d'introduire   droit de recueillir les   droit de faire paître   qu'après livraison.   par un ou plusieurs pâtres.   à droits égaux.
orcs dans les   glands qui tombent.   les bestiaux ailleurs
pour manger   que dans les bois.
lands, faines
itres fruits

Tous les ans avant le 1er Mars,   Les Communes sont   Soient réglés   Restent à la charge
l'Administration forestière   responsables des condam-   tous les ans par   des habitants qui
fait connaître les bois défensables   nations prononcées contre   le Budget.   y ont droit.
et le nombre des bêtes.   les pâtres.

En exécution le Maire   Affiches et   Publication à la porte   A la chaleur
dresse le cahier des   insertion dans   de l'Eglise de la Com.ᵉ   des
charges. *(10 § 6)*   le Journal de   et de celles des Comm.ᵉˢ   enchères.
  quinzaine en   voisines.
  quinzaine.

rrêté est publié par le Maire.   La durée est   Les bestiaux de chaque Commune sont
de 3 mois.   marqués différemment.

Ceux du Garde sont fixés   Le produit est versé   Il est défendu aux
par le Préfet sur la proposition   à la Caisse du Receveur   Communes d'exiger
de l'Agent forestier et du   Municipal.   des nouveaux domiciliés
Maire.   le paiement d'une somme
  d'argent pour les admettre
  à la jouissance des biens
  communaux.
  (Circ. du 28 Mars 1838)

Devant le Maire et un   Dans tous les cas l'approbation
Conseiller Municipal.   du Préfet est nécessaire
  (art. 47)

Jamais de chèvres,   Ceux à l'usage des habitants,   Tous ont une clochette
pas de brebis ni de   et non ceux dont ils font   au cou.
moutons.   commerce.

Il est dressé acte   Si un Notaire constate
sous seing privé   les conditions, l'acte
qui est enregistré   est authentique.
dans les 20 jours.

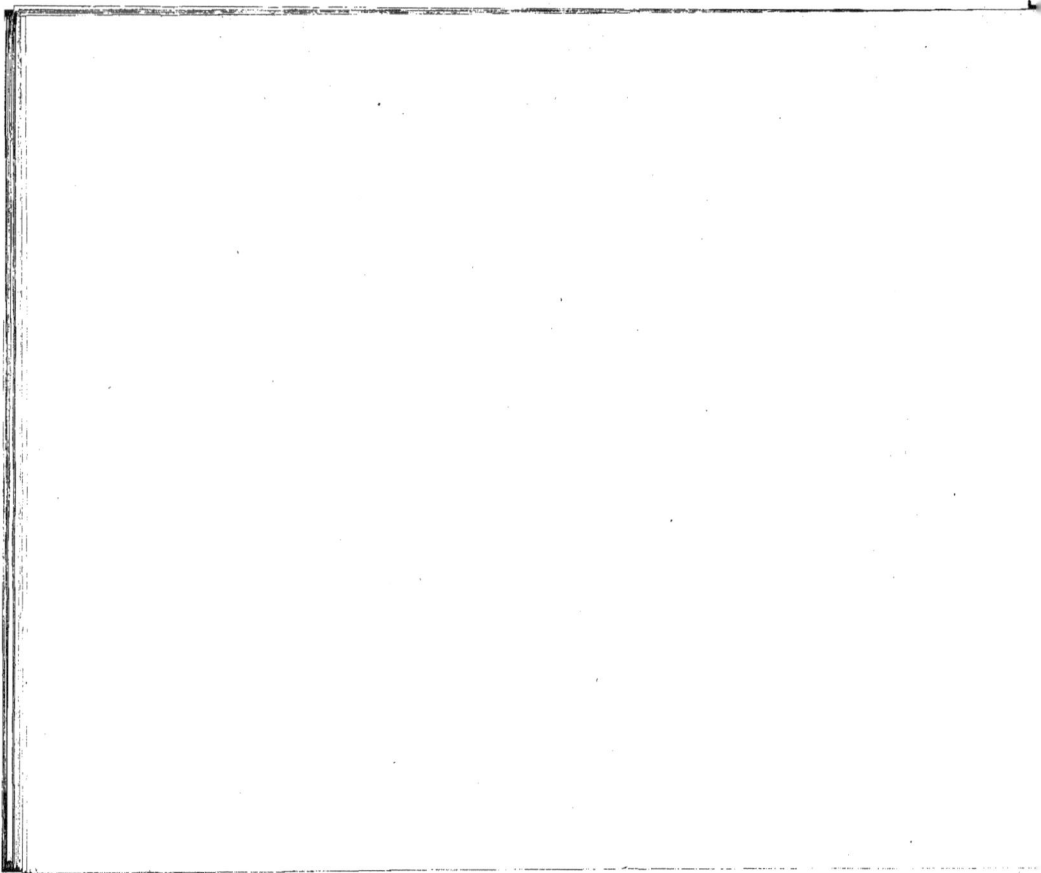

PROCÈS DES COMMUNES.

En demandant :

En défendant :

Toute transaction consentie par un Conseil municipal ne peut être exécutée qu'après l'homologation par Ordonnance du Roi, s'il s'agit d'immeubles ou d'objets mobiliers d'une valeur de plus de 3000 fr., et du Préfet dans les autres cas. *(59)*

Nulle Commune ou Section de commune ne peut introduire une action en justice sans être autorisée par le Conseil de Préfecture. *(49)*

La Commune ne peut se pourvoir par appel qu'en vertu d'une nouvelle autorisation. *(49)*

Tout Contribuable inscrit au rôle de la Commune a le droit d'exercer à ses frais et risques les actions de la Commune. *(49)*

Cet article n'a pas abrogé le règlement du 28 Primaire, An 12, qui prescrit la formalité de à observer.
(Circ. 26 Mars 1841)

En aucun cas, la Commune ne pourra défendre à l'action qu'autant qu'il n'y aura été expressément autorisée. *(54)*

Quiconque voudra intenter une action contre une Commune ou une Section de Commune sera tenu d'adresser préalablement un Préfet un mémoire exposant les motifs de sa réclamation. *(51)*

Lorsqu'une Section de Commune est dans le cas de plainte, l'intérêt est poursuivi la Section ou Commission syndicale de 3 ou 5 Membres que le Préfet choisit parmi les Citoyens les plus imposés. *(56)*

Après avoir pris l'avis du Conseil municipal

En cas de refus qui doit être motivé, elle peut se pourvoir devant le Roi en Conseil d'État. *(50)*

Exceptions :

Après que cette enquête a en délibéré au conseil refusé ou enjoignable d'en exercer *(49)*

Après l'autorisation du Conseil de Préfecture

Il lui est donné récépissé de ce mémoire

Le Préfet transmet ce mémoire au Maire, et autorise la convocation immédiate du Conseil municipal pour en délibérer. *(51)*

L'action ne peut être intentée qu'après la décision du Conseil de Préfecture ou à défaut de décision qui préside 2 mois. *(54)*

Les Membres du Corps municipal intéressés au procès ne devront pas participer aux délibérations du Conseil municipal relatives au litige. *(56)*

Attendu que cette consultatif du Comité *(17 avril 1812)*

Le Pourvoi est irrecevable et n'a pas eu la forme administrative. *(30)*

À peine de déchéance à doit avertir les tiers les 3 mois de la saisir de l'arrêté du Conseil de Préfecture. *(30)*

Le Maire peut sans autorisation préalable intenter toute action possessoire et faire toutes actes conservatoires ou interruptifs des déchéances. *(55)*

En cas de refus, il peut se pourvoir en Conseil d'État. *(50)*

Dans ce cas, la Commune se tenue en cause, et l'affaire est jugée contre elle *(49)*

Il interrompt la prescription en toutes déchéances *(51)*

Il est transmis au Conseil de Préfecture qui déclare si la Commune doit être autorisée en justice

En cas de pourvoi, l'instance est suspendue jusqu'à ce que l'arrêté statue et à défaut de délai donné dans le délai de 2 mois. *(54)*

Ils seront remplacés par un nombre égal d'électeurs municipaux choisis par le Préfet parmi les habitants ou propriétaires étrangers à la section. *(56)*

Commune qui signe son propre *et* réclamer contre la partie adverse et moyens de la consultation avocats prescrits par l'Administration *et d'avoir cet autorisation plaider (Cour Roy.* de *Grenoble du 28 Novembre 1840)*

Si cet effet le Préfet, et sur le Maire, ne rend l'arrêté du Conseil de Préfecture, et préside sur leur exécution. *(Art. 1032. P.C.)*

Sans autorisation il peut suivre l'exécution des jugements obtenus.

De là trois hypothèses :

Le Conseil municipal et le Conseil de Préfecture pensent qu'il n'y a lieu à plaider

Le Conseil municipal est d'avis de plaider, et le Conseil de Préfecture ne refuse l'autorisation, et le pourvoi sont rejetés.

Le Conseil municipal pense que la commune a intérêt à plaider, le Conseil de Préfecture d'avis contraire, d'autoriser à Commune à plaider.

Le Maire ne peut se pourvoir qu'après avis de délibération du Conseil municipal. *(53)*

Alors il n'est pas d'organiser à la demande.

S'il a y refuse et que le Maire exigé pas ce aussitôt, le Préfet supplée le Maire. *(15)*

L'action extérieure par celles des Membres que désigne la Commission syndicale. *(id.)*

Il est statué sur le pourvoi dans ce délai de 2 mois

Toutefois s'a décidé que le Préfet n'était pas recevable. *(Cass. 28 Juin 1843)*

Il y aurait lieu à résoudre celui-ci

Les sectionnaires habitants qui auront obtenu une condamnation contre la Commune ou contre une section n'ont pas passibles des charges ou contributions pour le paiement des frais et dommages intérêts. *(58)*

DETTES DES COMMUNES.

Anciennes. { Celles antérieures à la Loi du 24 Août 1793.

Nouvelles. { Celles postérieures à la Loi du 24 Août 1793.

Devenues Dettes nationales.

Volontaires: Celles que l'on contracte de son plein gré.

Quand un arrêté du Préfet a fixé la somme due par une Commune à l'un de ses habitants, il ne peut réclamer l'intérêt de cette somme qu'à partir de l'arrêté du Préfet. *(Arr. du Conseil de Préfet. de l'Isère 8 Avril 1834)*

L'habitant ou la section de Commune qui a obtenu une condamnation contre une Commune, n'est point passible des charges ou contributions imposées pour l'acquittement des frais et des dommages-intérêts résultant du procès. *(58)*

Forcées, par suite de condamnation.

Action contre l'État, à moins que la Commune n'ait gardé les biens qui ont occasionné la dette.

L'Administration a seule caractère pour prononcer sur la légitimité de la dette.

Les Communes n'en peuvent contracter que sous 2 conditions

Le créancier, avant toute poursuite doit soumettre son titre au Conseil de Préfecture. *(Arrêté du 17 Vend. an 10)*

Justifier de la légitimité de la dette

Justifier des moyens d'y faire face.

Si le titre paraît susceptible d'une critique raisonnable, il renvoie le Créancier devant les Tribunaux, et autorise la Commune à se défendre

Si le titre est inattaquable et s'il emporte exécution parée, il en ordonne le payement.

3 moyens.

L'Emprunt: Il suppose des ressources dans l'avenir.

L'Imposition extraordinaire.

L'aliénation: N'y recourir que faute d'autres moyens

Après avoir demandé l'avis du Conseil Municipal.

La somme réclamée est portée au budget de la Commune.

Sauf le cas où l'immeuble est onéreux.

Pour les emprunts à la Caisse des Consignations, voir une Instruction du 12 Août 1840.

Les plus imposés doivent être appelés à le voter, si pour le remboursement il faut une imposition extraordinaire *(Circ. 27 Mars 1837)*

Pour 12 ans au plus. L'intérêt à 4 ou 4½ p% .

Sur l'avis du Conseil municipal augmenté d'un nombre égal des plus imposés au rôle de la Commune *(L. 15 Mai 1818, art.39)*

En remplaçant les absents par ceux qui viennent après eux. *(40)*

La délibération qui autorise l'emprunt est transmise au Préfet et par lui adressée au Ministre.

Autant que possible appelés 10 jours à l'avance. *(42)*

Statué définitivement par Ordonnance du Roi.

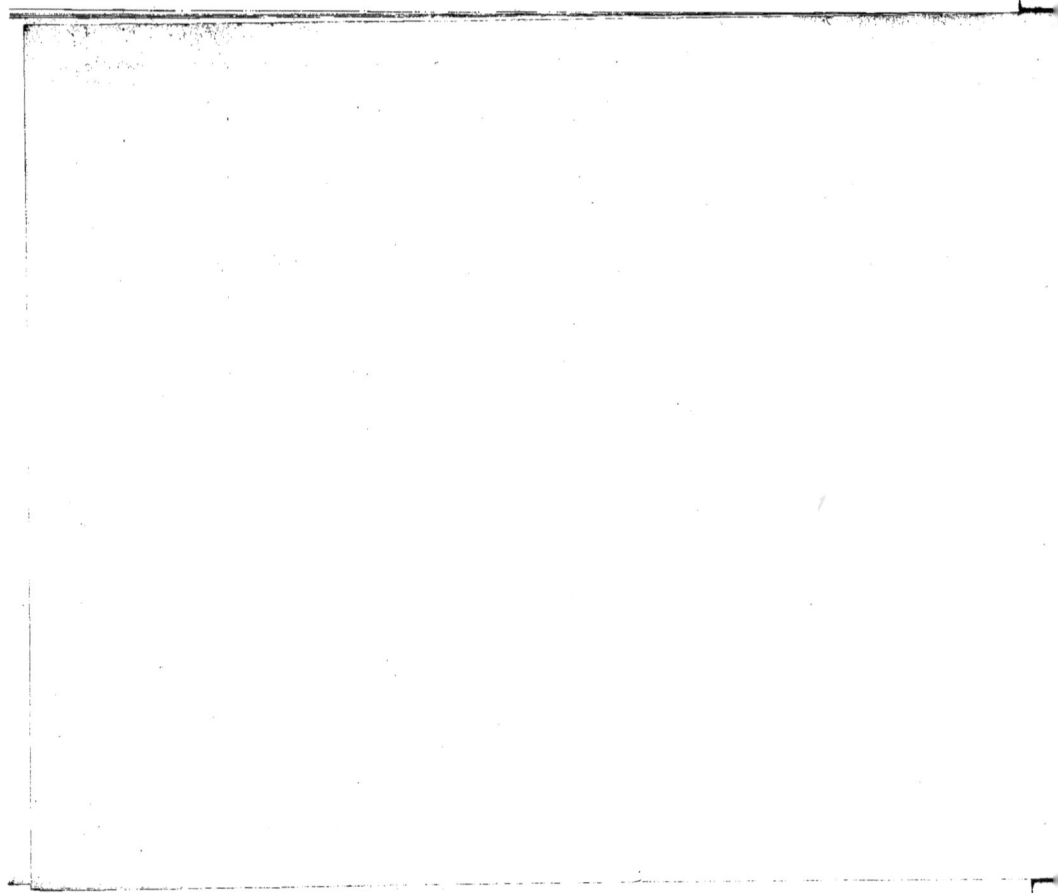

Loi du 18 Juillet 1837.
Ordonnance du 31 Mai 1838.

BUDGET. { Le Tableau exact de toutes les Recettes et Dépenses.

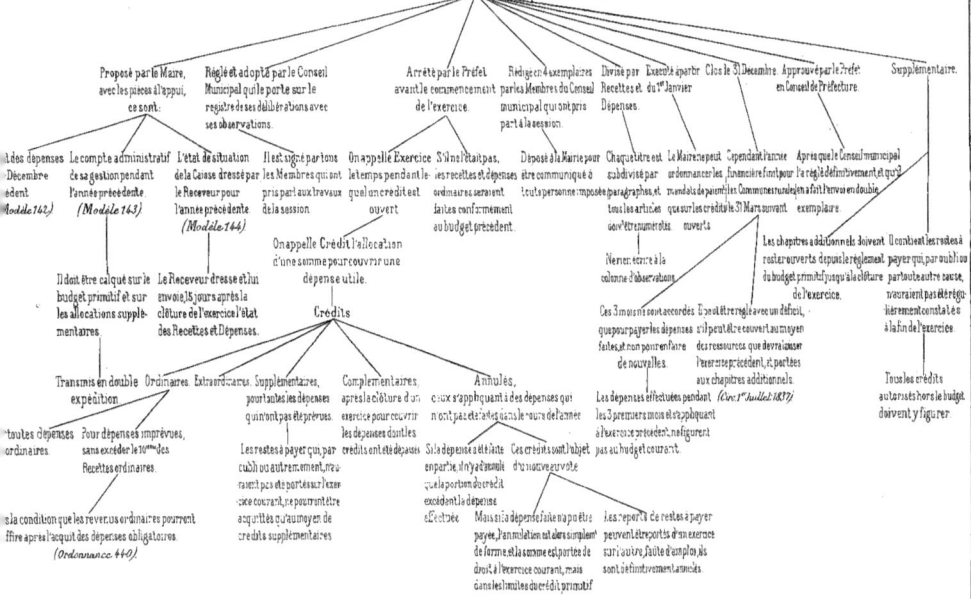

Proposé par le Maire, avec les pièces à l'appui, ce sont:

Réglé et adopté par le Conseil Municipal qui le porte sur le registre de ses délibérations avec ses observations.

Arrêté par le Préfet avant le commencement de l'exercice.

Rédigé en 4 exemplaires par les Membres du Conseil municipal qui ont pris part à la session.

Divisé par Recettes et Dépenses.

Exécuté à partir du 1er Janvier

Clos le 31 Décembre.

Approuvé par le Préfet en Conseil de Préfecture.

Supplémentaire.

Le des dépenses ... Décembre ... édent (Modèle 142.)

Le compte administratif de sa gestion pendant l'année précédente (Modèle 143.)

L'état de situation de la Caisse dressé par le Receveur pour l'année précédente (Modèle 144.)

Il est signé par tous les Membres qui ont pris part aux travaux de la session.

On appelle Exercice le temps pendant lequel un crédit est ouvert.

S'il ne l'était pas, les recettes et dépenses seraient faites conformément au budget précédent.

Déposé à la Mairie pour être communiqué à toute personne.

Chaque titre est subdivisé par chapitres, articles, et paragraphes, imposés par les lois.

Le Maire ne peut ordonnancer les mandats de paiement pour les dépenses que sur les crédits ouverts.

Cependant l'ancien financier font pour les Communes tenues en a fait l'envoi en double.

Après que le Conseil municipal a réglé définitivement, et qu'il exemplaire

On appelle Crédit l'allocation d'une somme pour couvrir une dépense utile.

Il doit être calqué sur le budget primitif et sur les allocations supplémentaires.

Le Receveur dresse et l'un envoie 15 jours après la clôture de l'exercice l'état des Recettes et Dépenses.

N'en ... écrit à la colonne d'observations

Les chapitres additionnels doivent rester ouverts depuis le règlement du budget primitif jusqu'à la clôture de l'exercice.

Il contient les restes à payer qui, par oubli ou autre cause, n'auraient pas été régulièrement constatés à la fin de l'exercice.

Crédits

Ordinaires.

Extraordinaires.

Supplémentaires, pour autant les dépenses qui n'ont pas été prévues.

Complémentaires, après la clôture d'un exercice pour couvrir les dépenses dont les crédits ont été dépassés.

Annulés, ceux s'appliquant à des dépenses qui n'ont pas été faites dans le cours de l'année.

Ces 3 moyens sont accordés quoique pour payer les dépenses faites, et non pour en faire de nouvelles.

Il peut être réglé avec un déficit, s'il peut être couvert au moyen des ressources que devra laisser l'exercice précédent, et parties aux chapitres additionnels.

Les dépenses effectuées pendant les 3 premiers mois et s'appliquant à l'exercice précédent, ne figurent pas au budget courant.

(Circ. 1er Juillet 1837.)

Transmis en double expédition

...toutes dépenses ordinaires

...à la condition que les revenus ordinaires pourront suffire après l'acquit des dépenses obligatoires.

(Ordonnance 440.)

Pour dépenses imprévues, sans excéder le 10ème des Recettes ordinaires.

Les restes à payer qui, par oubli ou autrement, n'auraient pas été portés sur l'exercice courant, ne pourront être acquittés qu'au moyen de crédits supplémentaires

Si la dépense a été faite en partie, il n'y a d'annulé que la portion du crédit excédant la dépense effectuée.

Mais si la dépense faite n'a pu être payée, l'annulation n'est alors qu'un simple de forme, et la somme est portée de droit à l'exercice courant, mais dans les limites du crédit primitif

Ces crédits ont pour objet d'un nouveau vote.

Les reports de restes à payer peuvent être reportés d'un exercice sur l'autre, faute d'emploi, ils sont définitivement annulés.

Toutes les dépenses autorisées hors le budget doivent y figurer.

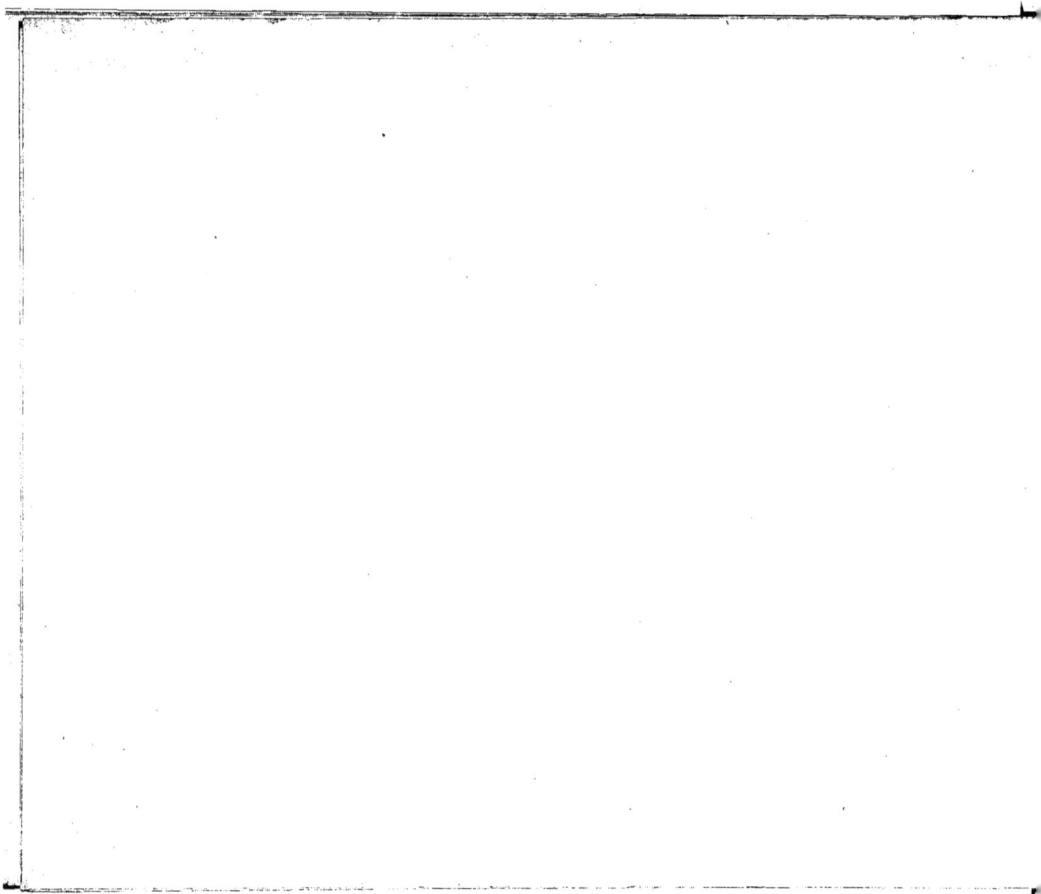

BUDGET.

Recettes

Ordinaires. *(Art.31)*   **Extraordinaires.** *(Art.32)*   **Supplémentaires.**

Impositions — Attributions sur les amendes *(Ord. 30 Déc.ᵇʳᵉ 1823)* — Produits — Concessions — Impositions de déterminées dans les cimetières. pour couvrir certaines dépenses ordinaires. — Impositions extraordinaires dûment autorisées — Secours alloués par l'État ou le département. — Subventions extraordinaires primaire accordées par l'État ou la Commune. — Diverses, savoir:

5 centimes additionnels sur le foncier. — A moins que le Conseil municipal n'ait décidé que cette contribution serait.recouvrée pour la Let état.municipe *(L.-15 Mai 1818, art 26-31)* — 8 centimes additionnels sur les Recett.ᵗᵉˢ des patentes. — Les quittances départemental serant sort.mate fourni par la Commune. — Prix de biens vendus et Remboursement de capitaux ou de rentes rachetées — Recettes accidentelles *(Art.32)* — Dons et legs

portent les quatre contributions — Dans le budget on porte comme recettes les frais de perception des centimes addi-tionnels, parce qu'ils sont à recouvrer pour le compte de la Com.ᵐᵉ qui en est responsable. Ils sont de 3 p. % *(Art.5 Loi du 20 Juillet 1837)* — Propriétés — Droits incorporels.

Mobilières. — Immobilières. Octrois, Expéditions des Placage, actes civils et etc administratifs. — Telles que:

Dépenses ordinaires. — Salaire du Garde champêtre sur le foncier commun. — Chemins vicinaux. — L'instruction primaire. — Prestations en nature par évaluation en argent. — Les fonds non employés au 31 Décembre. — Ceux mis à la charge du Receveur. *(Inst. 20 Nov.ᵇʳᵉ 1822)*

On les appelle Centimes additionnels extraordinaires. — 5 centimes obligatoires et.portant sur quatre contributions. *(Loi du 21 Mai 1836)* — 3 centimes obligatoires et portant sur les quatre contributions. *(Loi du 28 Juin 1833)*

Pour le vote de ces centimes, il faut le concours des plus imposés. — On les appelle centimes spéciaux. Ils ne comptent pas dans les centimes facultatifs.

Les sommes reportées de l'exercice clos a cel.i courant ne doivent pas être confondues avec les recettes et dépenses propres à ce dernier exercice

L'excédant sur une recette prévoie ne forme pas une recette supplémentaire. — L'excédant de l'exercice précédent ou boni — Il y a lieu de faire une section spéciale pour certaines ressources provenant d'emprunts ou de secours du Gouvernement, pour qu'elles soient pas détournées de leur destination.

Reports de l'excédant de l'exercice clos. — Restes à recouvrer de l'exercice clos. — Crédits add.tionnels ouverts par décision spéciale depuis le règlement du budget primitif.

Ils sont portés à l'exercice courant dans un chapitre additionnel. — Centimes facultatifs qui ne peuvent excéder 20 centimes sur chaque nature de contribut. *(Instruction du 18 Mai 1818)*

Ils servent avant tout à payer les dépenses de l'exercice clos également reportées au même budget, sans qu'il soit besoin d'allocations nouvelles. — Des besoins extraordinaires pourraient seuls motiver une exception.

L'emploi des crédits reportés à l'exercice courant doit avoir lieu dans les limites de ce dernier exercice — Si une dépense excédait le crédit, il ne serait porté à l'article des restes à payer que la partie de dépense couverte par le crédit, le surplus fera l'objet d'une demande en crédit supplémentaire

A défaut d'emploi ils sont annulés

BUDGET.

Dépenses

Aucune dépense ne peut être faite, s'il n'a été ouvert un crédit pour la couvrir.

Ordinaires. — **Extraordinaires.** — **Imprévues.** — **Supplémentaires.**

Ordinaires

Obligatoires. (Art. 30) — **Facultatives. (Art. 30)**

Le Conseil municipal n'est pas libre de ne les porter.

Quand le Préfet les a portées d'office, il y est pourvu par le Conseil municipal.

Elles ne peuvent être augmentées d'office par le Préfet, mais il peut les réduire ou les rejeter.

Elles sont d'office par le Préfet. Conseil de préfecture, mais après avis du Conseil municipal. (Art. 38-39)

En cas de refus la dépense est couverte par une contribution extraordinaire par Ordonnance du Roi (Art. 39)

(Art. 36) Si par extraordinaire le Conseil municipal reconnaissait la nécessité d'une pareille dépense, il en ferait l'objet d'un vote spécial, et nommerait une personne pour suivre l'affaire.

Le nombre de ces dépenses doit figurer dans celle de l'assiette de la perception des prestations en nature, elle est prélevée sur les fonds ordinaires, s'il n'y a pas eu de rachat de ces prestations.

Les frais d'administration sont calculés à raison de 50 centimes par habitant.

Pour indemniser l'État des frais d'administration des bois des Communes, il sera payé 5 centimes 9/10 % sur tous les produits de ces bois.

En cas d'insuffisance, il est pourvu au moyen de centimes additionnels. (Circ. 16 Mai 1837)

Les centimes additionnels pour les dépenses obligatoires ne peuvent excéder 10, à moins qu'il ne s'agisse de condamnations judiciaires, alors ils peuvent s'élever jusqu'à 20. (Art. 3, Loi du 11 Juin 1842)

Quant aux produits délivrés entre les habitants, il sera payé par l'État la somme de 20 c de leur valeur fixée par le Préfet sur les propositions des agents forestiers et les observations du Conseil municipal. (Loi du 25 Juin 1841)

Extraordinaires

Les frais de transport et de déplacement des Maires ne sont pas admis.

Avec le concours des plus imposés.

Elles ne peuvent servir à solder celles d'un autre exercice sans un vote du Conseil municipal.

Imprévues

Pour les couvrir, la Commune peut voter des centimes facultatifs.

Ces centimes, sauf de rares exceptions, ne peuvent s'élever au dessus de 20 en surcharge de chaque nature de contribution.

Supplémentaires

Pour dépenses urgentes.

La Maire peut les employer pour les dépenses urgentes sans approbation préalable, mais à la charge d'en informer le Sous-Préfet, et d'en rendre compte au Conseil municipal. (Art. 37)

Elles ne peuvent être appliquées à des dépenses proposées au budget et qui en auraient été rejetées.

Excédant des dépenses votées sur les recettes effectuées.

Crédits annulés.

Non-valeurs.

Sommes devenues irrecouvrables.

Alors le Comptable est autorisé à déduire des sommes à recouvrer le montant de la non-valeur qui, de cette manière disparaîtra des comptes. (Circ. 31 Août 1842)

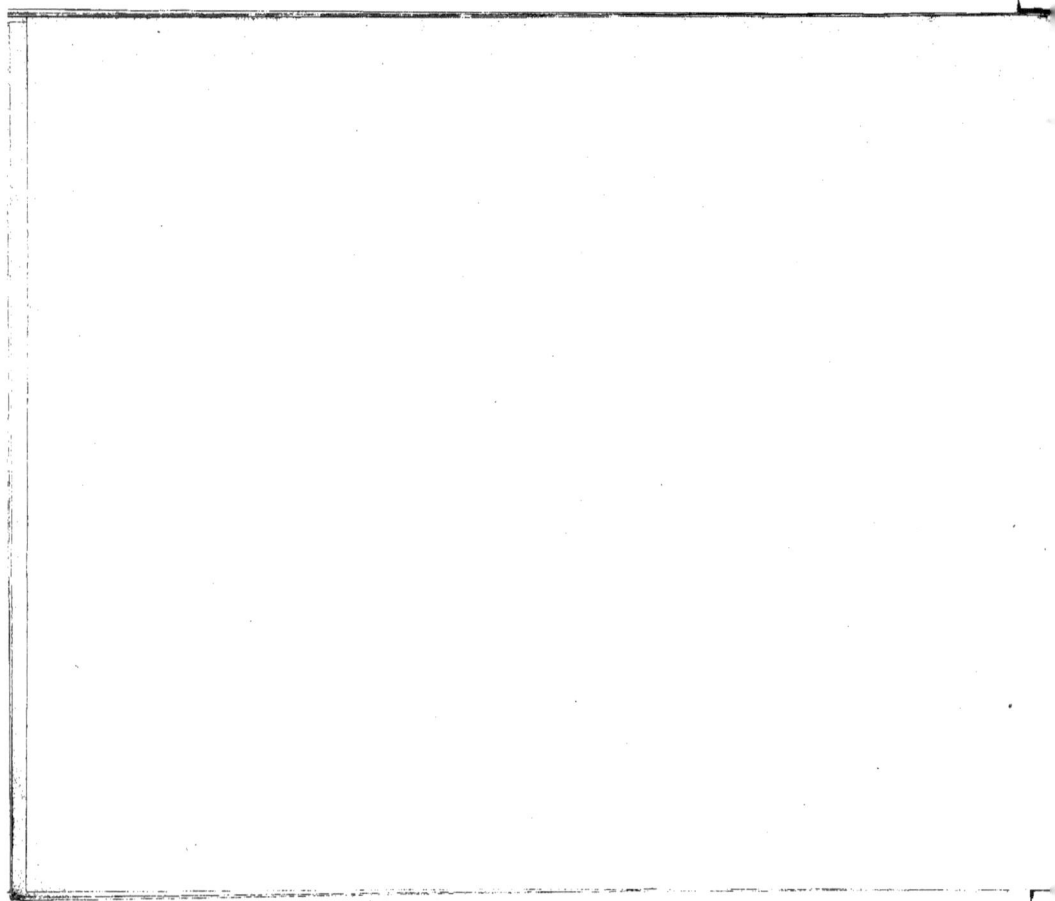

BUDGET.

Comptabilité.

être conforme
aux règles.

Elle comprend:

stion occulte
rrume. (64 loi)

L'ordonnancement des dépenses par le Maire seul.

Le paiement par le Receveur.

de refus,
par arrêté
et en Conseil
ecture (61)

Même avant l'approbation
du budget, il peut ordonnancer par
12me de mois en mois et à la fin de
chacun d'eux les dépenses ordin[res]
dans la proportion des crédits
ouverts au budget dans l'exercice
précédent.

Sur un crédit
régulièrement
ouvert.

Il doit énoncer l'exercice et le chapitre
aux quels il s'applique.

Accompagné de pièces constatant qu'il
s'applique à une dette régulièrement justifiée.

Le Maire les constate sur un registre,
afin d'éviter des doubles emplois et
de pouvoir contrôler les comptes
du Receveur.

Il ne paye que les dépenses
régulièrement ordonnancées
par écrit.

Compte de gestion.

Pièces produites.

S'elles ne concordent
pas avec le mandat,
ou s'il y a des jantes
motifs de croire que
l'ordonnateur a été
trompé, il refuse
de payer.

Mais en général il ne
surrête qu'à la régularité
apparente des pièces.

Traitement.

Remise proportionnelle
sur tous les revenus,
même sur les prestations
en nature.

Réglé par le Préfet sur la
proposition du Maire et
l'avis du Conseil muni[pal]

Il est expressément défendu
de l'excéder ou d'en changer
la destination. (Ord.31 Mai,
1836)

Elles sont visées par l'ordonnateur
hui remet chaque mois
un bordereau des
créances acquittées.

A cet effet le Percepteur
A la fin de l'année il
rend au Conseil mu-
nicipale compte
administratif de
l'exercice clos.

Il est forcé en recettes des
sommes acquittées à irré-
gulièrement.

A chaque trimestre il rend au Maire
un état de situation de caisse

C'est le Receveur gén[ral]
qui paye les dépenses
comprises dans le fonds
commun des octrois, les
municipales.

Dès lors il
payer au delà du
crédit
ouvert.

Il ne doit
jamais
payer
dela du
crédit
ouvert.

Il s'applique à tous
les paiements
faits pour quelque
exercice que ce soit.

dépense n'est
ancée après le
ois de clôture
ervice.

Les mandats non payés dans les 15 jours qui suivent
la clôture de l'exercice, sont annulés, sauf réordonnan-
cement sur les reliquats de l'exercice clos reportés au
budget courant.

Certaines pièces ne sont produites
qu'une première fois, sauf à s'y référer
pour les paiements ultérieurs, savoir:

Les copies des décisions Royales
ou ordonnances administratives.

Actes d'acquisitions,
procès-verbaux d'adjudi-
cations, baux à fermage[c] hypothèques.

Certificats
des

Plus, dans les 20 premiers jours de chaque mois,
une récapitulation sommaire des recettes et
dépenses. (Circ. 16 Mars 1836)

Celles qui sont nécessaires
pour

Travaux.

1° La décision qui les a approuvés
2° Les devis
3° Le procès-verb[al] d'adjudication
4° L'état de réception ou un état d'avan-
cement, s'il doit y avoir des paiem[ts]
à compte.

Fournitures.

La facture quittancée
du Fournisseur

Traitement d'employés.

L'état-marge constatant
la quittance du traitem[t]

En double exemplaire
dont un sur timbre quand
la dépense s'élève à plus
de 10 fr[cs]

BUDGET.

Réglement du Budget par le Conseil municipal.

Recettes.

S'il n'y a ni restes à recevoir ni restes à payer, le Procès-verbal le constate, et cette mention tient lieu de toute justification. *(724)*

Dépenses.

Recettes:

Détachements des Recettes es avec celles prévues ur n'y a balance *(716)*

S'il reste des sommes à recouvrer, il en apprécie la cause *(716)*

Les restes à recouvrer et ceux à payer, lors de la clôture des exercices, donnent lieu à des chapitres additionnels au budget. *(Modèle N.º 146.) 726*

Le Conseil municipal fixe les excédants des crédits ils proviennent. *(716)*

Dépenses:

Restes à payer.

Crédits additionnels.

Excédant de dépenses.

...eurs elles sont déduites ...ant des recettes *(716)*

Renvoi à l'exercice suivant, soit que les sommes soient recouvrables, ou qu'elles doivent être remises à la charge du Receveur *(716)*

Des dépenses effectives restées inférieures aux crédits présumés

Des dépenses non entreprises dans le courant de la 1ère année de l'exercice.

De dépenses faites, mais non liquidées ou mandatées à la clôture de l'exercice.

De dépenses mandatées à l'époque de la clôture de l'exercice, dont le crédit n'avait pas été nominativement mandaté n'avaient pas été payés.

Ceux qui n'ont pas été régulièrement constatés à la fin de l'exercice, et dont les crédits n'ont pas été reportés au budget courant, ne peuvent plus être acquittés qu'au moyen de crédits supplémentaires. *(719)*

Ils doivent être rattachés au budget de l'année pour laquelle ils ont été votés.

Il doit être maintenu au compte de l'exercice clos.

Mention de l'obligation, pour le Receveur, de les comprendre dans son prochain compte. *(716)*

Sont l'objet d'un vote nouveau, alors elles figurent à la section 2 des dépenses supplémentaires, dans un chapitre comme étant la reproduction d'un crédit annulé. *(718)*

Reportées de droit à l'exercice courant pas été payés. spécial. *(717)*

Portés au chapitre des dépenses supplémentaires après la section du report des restes à payer. *(721)*

Avec mention de l'obligation imposée au comptable de s'en charger en recette dans son prochain compte. *(722)*

Les crédits reportés doivent être employés dans l'exercice, autrement il faut un nouveau vote. *(720)*

À moins que les paiements n'aient été régulièrement faits, dans ce cas, l'excédant sera couvert par les ressources restant à réaliser et transportées au nouvel exercice, Le réglement alors doit seulement le constater. *(723)*

BUDGET.

Fonds commun des Dépenses Communales.

tabli pour faciliter la libération des Communes
uvers des créanciers qui, ayant fait une même
urniture au compte de plusieurs d'entr'elles,
ouraient pu sans difficulté en suivre le recouvrem!
uprès de chacune d'elles.

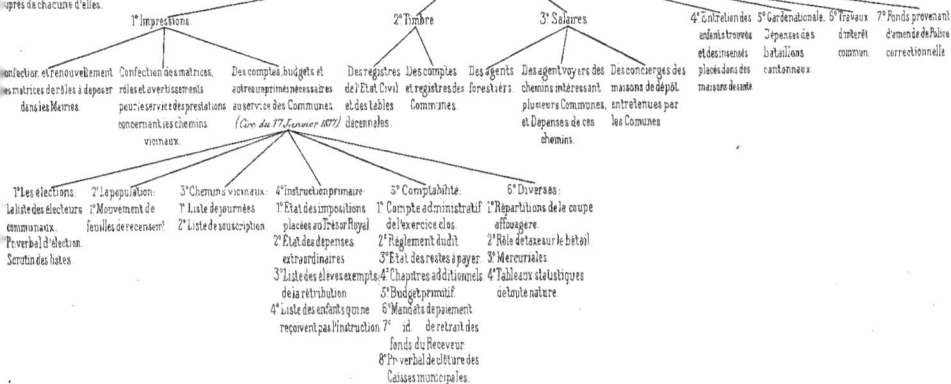

Objets compris dans ce fonds
commun :

1° Impressions | 2° Timbre | 3° Salaires | 4° Entretien des enfants trouvés et des insensés placés dans des maisons de santé. | 5° Garde nationale. Dépenses des bataillons | 6° Travaux d'intérêt commun | 7° Fonds provenant d'amende de Police correctionnelle

onfection et renouvellement es matrices de rôles à deposer dans les Mairies.

Confection des matrices, rôles et avertissements pour le service des prestations concernant les chemins vicinaux.

Des comptes, budgets et autres imprimés nécessaires au service des Communes. *(Circ. du 17 Janvier 1877)*

Des registres de l'Etat Civil et des tables décennales.

Des comptes et registres des Communes.

Des agents forestiers.

Des agents voyers des chemins intéressant plusieurs Communes et Dépenses de ces chemins.

Des concierges des maisons de dépôt entretenues par les Communes.

1° Les élections:
La liste des électeurs communaux.
Procès verbal d'élection.
Scrutin des listes.

2° La population:
1° Mouvement de feuilles de recensem!

3° Chemins vicinaux.
1° Liste de journées
2° Liste de souscription

4° Instruction primaire
1° Etat des impositions placées au Trésor Royal.
2° Etat des dépenses extraordinaires
3° Liste des élèves exempts de la rétribution
4° Liste des enfants qui ne reçoivent pas l'instruction

5° Comptabilité.
1° Compte administratif de l'exercice clos.
2° Règlement dudit
3° Etat des restes à payer
4° Chapitres additionnels
5° Budget primitif.
6° Mandats de paiement
7° id. de retrait des fonds du Receveur
8° Procès verbal de clôture des Caisses municipales.

6° Diverses:
1° Répartitions de la coupe affouagère.
2° Rôle de taxe sur le bétail.
3° Mercuriales.
4° Tableaux statistiques de toute nature.

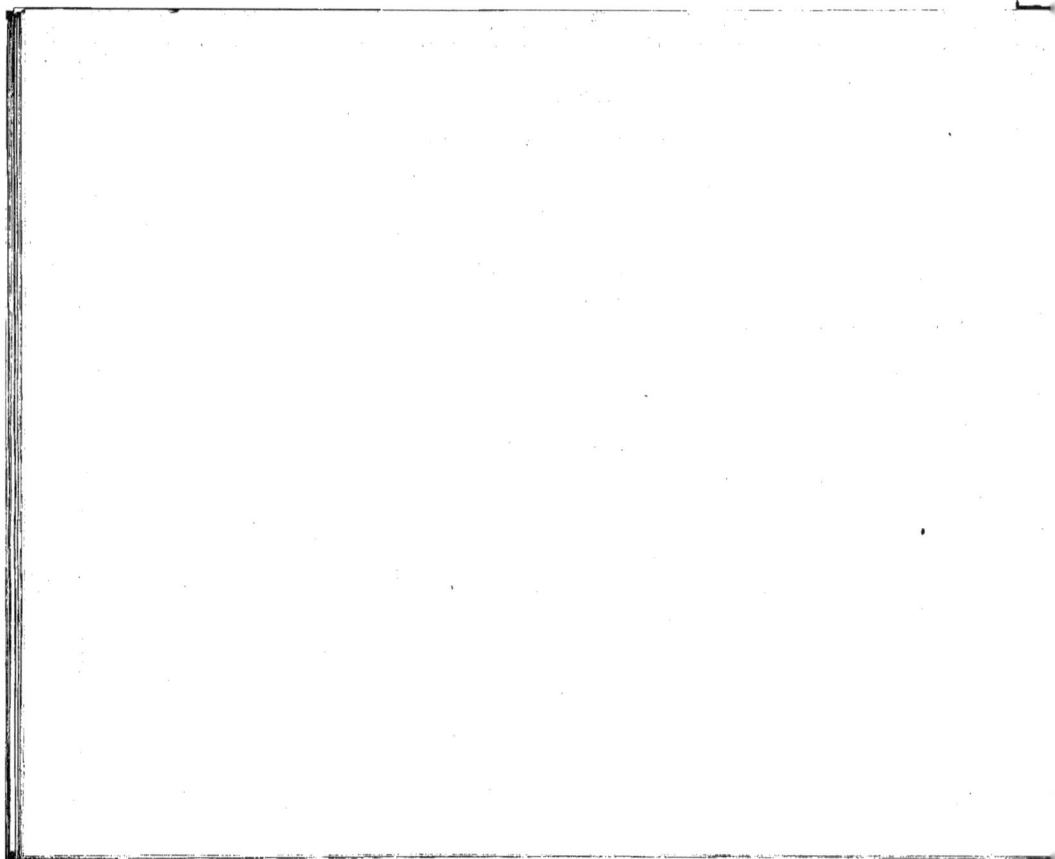

BUDGET.

Remises proportionnelles accordées au Percepteur.

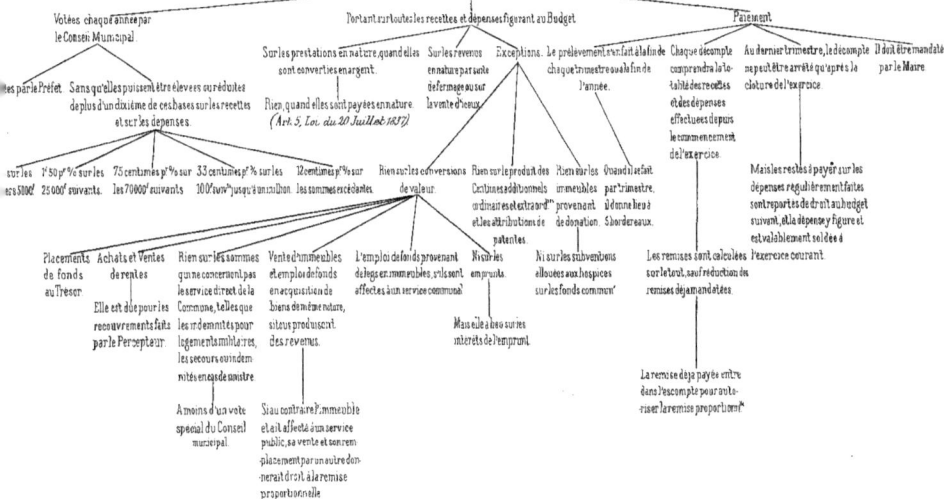

Votées chaque année par le Conseil Municipal

Portant sur toutes les recettes et dépenses figurant au Budget

Paiement

tes par le Préfet. Sans qu'elles puissent être élevées ou réduites de plus d'un dixième de ces bases sur les recettes et sur les dépenses.

Sur les prestations en nature, quand elles sont converties en argent.

Rien, quand elles sont payées en nature. (Art. 5, Loi du 20 Juillet 1837)

Sur les revenus en nature par suite de fermage ou sur la vente d'eaux.

Exceptions.

Le prélèvement en fait à la fin de chaque trimestre ou à la fin de l'année.

Chaque décompte comprendra la totalité des recettes et des dépenses effectuées depuis le commencement de l'exercice.

Au dernier trimestre, le décompte ne peut être arrêté qu'après la clôture de l'exercice.

Il doit être mandaté par le Maire

sur les 1f50p% sur les 25000f suivants.

75 centimes p% sur les 70000f suivants.

33 centimes p% sur les 300,000f jusqu'à un million.

12 centimes p% sur les sommes excédantes.

Rien sur les conversions de valeur.

Rien sur le produit des Centimes additionnels ordinaires et extraord.res et les attributions de patentes.

Rien sur les immeubles provenant de donation.

Quand il se fait par trimestre, il donne lieu à 5 bordereaux.

Mais les restes à payer sur les dépenses régulièrement faites sont reportés de droit au budget suivant, et la dépense y figure et est valablement soldée à l'exercice courant.

Placements de fonds au Trésor

Achats et Ventes de rentes

Elle est due pour les recouvrements faits par le Percepteur.

Rien sur les sommes qui ne concernent pas le service direct de la Commune, telles que les indemnités pour logements militaires, les secours ou indemnités en cas de sinistre.

A moins d'un vote spécial du Conseil municipal.

Vente d'immeubles et emploi de fonds en acquisition de biens de même nature, s'ils produisent des revenus.

Si au contraire l'immeuble était affecté à un service public, sa vente et son remplacement par un autre de ne rait droit à la remise proportionnelle

L'emploi de fonds provenant de legs en immeubles, s'ils sont affectés à un service communal

Ni sur les emprunts.

Mais elle a lieu sur les intérêts de l'emprunt.

Ni sur les subventions allouées aux hospices sur les fonds communs.

Les remises sont calculées sur le tout, sauf réduction des remises déjà mandatées.

La remise déjà payée entre dans l'escompte pour autoriser la remise proportionn.le

SECRÉTAIRES DE MAIRIE

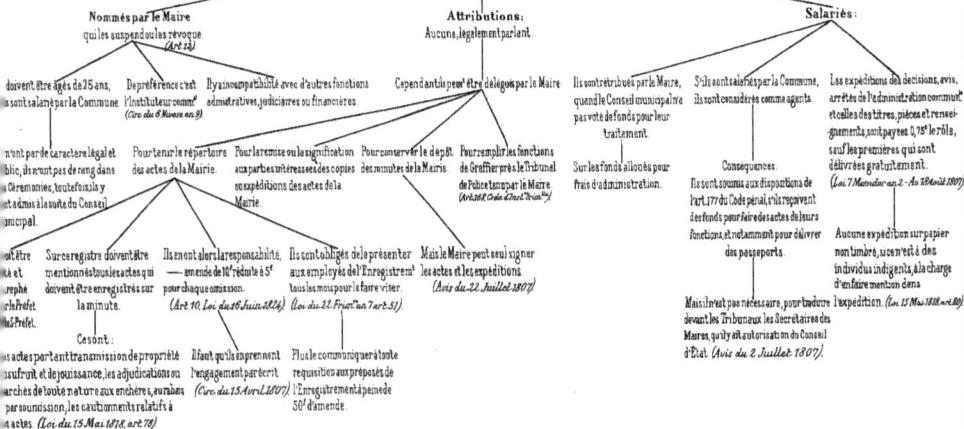

Nommés par le Maire
qui les suspend ou les révoque
(Art. 13)

Attributions:
Aucune, légalement parlant.

Salariés:

---

doivent être âgés de 25 ans, ils sont salariés par la Commune

De préférence c'est l'Instituteur communal
(Circ. du 6 Nivose an 9)

Il y a incompatibilité avec d'autres fonctions administratives, judiciaires ou financières.

Cependant ils peuvent être délégués par le Maire:

Ils sont rétribués par le Maire, quand le Conseil municipal n'a pas voté de fonds pour leur traitement.

S'ils sont salariés par la Commune, ils sont considérés comme agents.

Les expéditions des décisions, avis, arrêtés de l'administration communale et celles des titres, pièces et renseignements, sont payées 0,25ᶠ le rôle, sauf les premières qui sont délivrées gratuitement.
(Loi 7 Messidor an 2 - 28 Août 1807)

---

n'ont par de caractère légal et public, ils n'ont pas de rang dans les Cérémonies, toutefois, ils y sont admis à la suite du Conseil municipal.

Pour tenir le répertoire des actes de la Mairie.

Pour la remise ou la signification aux parties intéressées des copies ou expéditions des actes de la Mairie.

Pour conserver le dépôt des minutes de la Mairie.

Pour remplir les fonctions de Greffier près le Tribunal de Police lorsque par le Maire
(Art. 166, Code d'Inst. Crim.le)

Sur les fonds alloués pour frais d'administration.

Conséquences:
Ils sont soumis aux dispositions de l'art. 177 du Code pénal, s'ils reçoivent des fonds pour faire des actes de leurs fonctions, et notamment pour délivrer des passeports.

---

peut être sté et surché sous Préfet

Sur ce registre doivent être mentionnés tous les actes qui doivent être enregistrés sur la minute.

Ils en ont alors la responsabilité
— amende de 10ᶠ réduite à 5ᶠ pour chaque omission.
(Art 10, Loi du 16 Juin 1824)

Ils sont obligés de le présenter aux employés de l'Enregistrem.ᵗ tous les mois pour le faire viser.
(Loi du 22 Frimaire an 7 art 51)

Mais le Maire peut seul signer les actes et les expéditions
(Avis du 22 Juillet 1807)

Mais il n'est pas nécessaire, pour traduire devant les Tribunaux les Secrétaires de Maires, qu'il y ait autorisation du Conseil d'État. (Avis du 2 Juillet 1807).

---

les actes portant transmission de propriété, d'usufruit et de jouissance, les adjudications ou marchés de toute nature aux enchères, sur bail par soumission, les cautionnements relatifs à ces actes. (Loi du 15 Mai 1818, art 78)

Il faut qu'ils en prennent l'engagement par écrit
(Circ. du 15 Avril 1807)

Plus ils communiquerai à toute réquisition aux préposés de l'Enregistrement à peine de 50ᶠ d'amende.

Aucune expédition sur papier non timbré, ni ce n'est à des individus indigents, à la charge d'en faire mention dans l'expédition. (Loi 15 Mai 1818 art 89)

109

TRAVAUX PÉRIODIQUES DE LA MAIRIE.

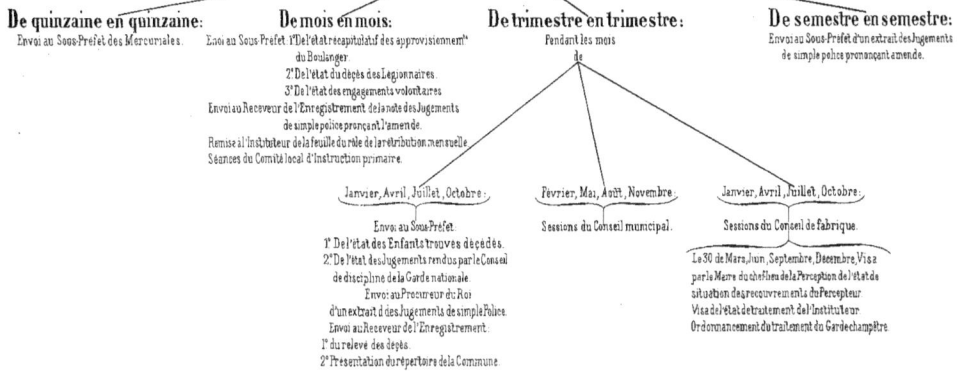

De quinzaine en quinzaine:
Envoi au Sous-Préfet des Mercuriales.

De mois en mois:
Envoi au Sous-Préfet. 1° De l'état récapitulatif des approvisionem.ᵗˢ du Boulanger.
2° De l'état du décès des Légionnaires.
3° De l'état des engagements volontaires
Envoi au Receveur de l'Enregistrement de la note des Jugements de simple police prononçant l'amende.
Remise à l'Instituteur de la feuille du rôle de la rétribution mensuelle.
Séances du Comité local d'Instruction primaire.

De trimestre en trimestre:
Pendant les mois de

De semestre en semestre:
Envoi au Sous-Préfet d'un extrait des Jugements de simple police prononçant amende.

Janvier, Avril, Juillet, Octobre:
Envoi au Sous-Préfet.
1° De l'état des Enfants trouvés décédés.
2° De l'état des Jugements rendus par le Conseil de discipline de la Garde nationale.
Envoi au Procureur du Roi d'un extrait d des Jugements de simple Police.
Envoi au Receveur de l'Enregistrement:
1° du relevé des dépôts
2° Présentation du répertoire de la Commune.

Février, Mai, Août, Novembre:
Sessions du Conseil municipal.

Janvier, Avril, Juillet, Octobre:
Sessions du Conseil de fabrique.
Le 30 de Mars, Juin, Septembre, Décembre, Visa par le Maire du chef lieu de la Perception de l'état de situation des recouvrements du Percepteur
Visa de l'état de traitement de l'Instituteur
Ordonnancement du traitement du Garde champêtre.

TRAVAUX PÉRIODIQUES ANNUELS.

Janvier.

Le 1er .... Coter et parapher les registres de la comptabilité
Du 1er au 8 Confection de la liste des Électeurs communaux.
Le 8 . Ouverture du registre des reclamations sur la liste électorale.
Du 1er au 15 Visa et Publication des rôles des Contributions directes.
Formation des tableaux de recensement pour le recrutement.
Envoi au Sous-Préfet:
1° De l'état des Vaccinations
2° De l'état des Gardes nationaux formant le Jury de revision.
3° De l'état des candidats pour choisir les répartiteurs
Dresser le tableau de recensement pour le recrutemt
Confection et Envoi au Sous-Préfet des états de mouvement de la population.
Envoi au Greffe civil du double des registres de l'État civil.
Convocation du Conseil municipal pour la Session de Février
Session du Conseil de Fabrique

Février.

Session du Conseil municipal.
1re Publication des tableaux de recensement.
2me id id id (8 jours après)
Publication du 1er tableau de rectification de la liste des Électeurs communaux.
Arrêté pour l'échenillage et tournées pour constater son exécution.
Elagage des arbres et haies bordant les chemins vicinaux.

Mars.

Examen des tableaux de recensement et Tirage au sort
Publication du 2me tableau de rectification et Clôture définitive de la liste des Électeurs communaux
Inspection avec l'Agent voyer en tournée des chemins vicinaux.
Le 15 Clôture de l'ordonnancement des dépenses.
Le 31 Clôture de l'exercice quant au payement
Arrêté pour la fermeture des pigeonniers.

Avril.

Session du Conseil de Fabrique.
Publication de l'arrivée du Contrôleur et Convocation des répartiteurs.
Convocation des Commissions administratives des Hospices et Bureaux de bienfaisance pour la reddition de leurs comptes et le vote de leur budget.
Tirage par le Juge de paix, en présence des Maires, du Jury de revision pour la Garde nationale.

Mai.

Session du Conseil municipal.
On y fait l'examen du budget

Juin.

Du 1er au 10 Réunion des Maires pour procéder à la revision des listes électorales du Jury.
Mesures contre les Chiens enragés

Juillet.

Session du Conseil de Fabrique.
Arrête pour la fermeture des pigeonniers

Août.

Session du Conseil municipal
Réunion des Commissions des Hospices pour la liste des candidats en remplacement des membres sortants, et avant le 31 envoi de cette liste au Sous-Préfet.
Publication de l'arrêté sur la Chasse

Septembre.

Le 1er Publication du tableau de rectification des listes électorales et du Jury.
Le 15 Publication du 2me tableau
Le 30 id. du 3me id
Envoi au Sous-Préfet
de l'état des feuilles supposées nécessaires pour les registres de l'État civil de l'année suivante.
Arrêté pour la fermeture des pigeonniers.

Octobre.

Session du Conseil de Fabrique.
Arrêté pour le ban des Vendanges.
Le 20 Publication du 4me et dernier tableau de rectification des listes électorales.
Envoi au Sous-Préfet
de l'état des arbres morts sur la grande route.

Novembre.

Visites générale des fours et cheminées.
Session du Conseil municipal.
Partage des affouages, s'il y a lieu

Décembre.

Travail préparatoire pour dresser la liste des électeurs communaux
Confection des notes de mutation et des listes à remettre au Conseil de recrutement de la Garde nationale.
Le 31 Vérification de la Caisse du Receveur, et Arrêté des registres de toutes les comptabilités.

TABLE DES MATIÈRES.

www.ingramcontent.com/pod-product-compliance
Lightning Source LLC
Chambersburg PA
CBHW071116280326
41935CB00010B/1032